養護教諭のための パソコン活用法

澤　栄美=著

大修館書店

はじめに

　本を書くことになった。はじめての経験である。どこから書きはじめるか，はたと困った。やはり「はじめに」というくらいだから，「はじめに」から書くのだろう。こんな事も迷ってしまうくらい，私は素人である。なぜ，そんな私が本を書くのか。その「素人」がいいらしい。
　先日，編集の山川さんと打ち合わせをした。その際，「私のような者が書いていいのでしょうか」と弱気なことを言ったら（何度も言っているのでどうも慣れておられるらしいのだが），山川さんは「澤先生に書いてもらうのには，意味があるのです。でも，今は言わない方がいいと思うので書いてしまわれたら，言います」と，もったいぶったような事をおっしゃった。しかし，話も弾んできて，本人は気づいておられたかどうかわからないが，こんな言葉が山川さんの口をついて出た。
　「だから，澤先生がいいんです」
　「だから」とくれば，前の会話にそのキーワードがあるはずだ。私は，その前に次のような話をしていた。「これまでは，研修会での発表は，活躍している人が選ばれてする。雑誌の記事や，ましてや本なんて，よっぽどがんばっている人が書くという世界だったと思う。インターネットが普及しだして，特別な人でなく，誰もが意見や実践を出せる時代になったのでは…」
　そんな時代だから私が書く。そういうことか。「それなら，書こう」と今さらながら思った。（書くことは，決まっていたのに！）

　山川さんは，「私は，アカデミックなことはわかりませんし，高級なことは書けません」という私の発言にも，「そんなことは期待していません。そうでない方がいいのです。これからはじめようという人が，『これならやってみよう』と感じるような本を書いてください」とおっしゃった。
　私は，特別な人間ではないが，コンピュータに触れだしてから，それまでには考えられなかったとびきりの体験をしてきた。ある意味では，特別なすばらしい体験である。しかも，それは，パソコンに向かいさえすれば，誰にでもできる体験なのだ。その体験を書けば，たくさんの人が山川さんの言われるように「私もやってみようかしら」と思ってくださるかもしれない。もし，そうなれば，すばらしいことだ。
　インターネットの時代は，ボーダーレスの時代と言われている。ボーダーとは，国境や州の境を言う。私は，この「境界」には国境という意味だけでなく，立場の「境界」も含まれると解釈している。ボーダーレスの時代は，みんなが立場を越えて意見を出し合える時代なのだ。だから，けっして特別でない私が，特別な人とのボーダーを越えてこの本を書く。そのこと自体に大きな意味がある。

ところで，私は「自尊感情」というものに興味を持っている。「自尊感情」とは，簡単に言えば，人がありのままの自分を丸ごと認められる感情である。子どもたちの自尊感情を高める支援ができたらと思い，ここ数年，このことを自分の実践のベースとしてきた。

　ところが，当の養護教諭はどうだろう。けっして自尊感情が高いと言えないのではないか。養護教諭の仕事はつらい。「顔で笑って，心で泣いて」という言葉は，養護教諭のためにある……というのは，オーバーかもしれないが，学校に1人ということで，あるいは，立場的な問題で…。「何でこんなにも」と思うほど，つらい話のネタはころがっている。私自身，悲しい思いやはがゆい思いの中で「どうせダメだ」「こんなものだろう」と自分で自分の実践にブレーキをかけたりあきらめたりしたことも多かった気がする。

　だが，インターネットにつないでから，少しずつ自分が変わってきたと思う。私は，インターネットを利用する中で「自分を出すこと」や「立場を越えたつきあい」をたくさん経験するようになった。また，そのなかで「シェアする（共有する）」ことのすばらしさを知った。そして，その過程で「自分は自分でいいのだ」という自己肯定感のようなものを感じるようになったと思う。インターネットにつないでから得た私のすばらしいこのような経験を，本という形を使って多くの人にシェアすることで，養護教諭をひとりでも元気にできるならとてもうれしい。

　ここ2～3年，「養護教諭のパソコン利用について話を聞きたい」という依頼をたびたび受けるようになった。時代が動いていくなか，多くの養護教諭がマルチメディアを自分の執務に活かしたいと感じているのではないか。そんな鼓動のようなものを感じている。

　「今」は，まさに，多くの養護教諭が「マルチメディア時代の養護教諭」を意識しだした時なのかもしれない。少しだけ先にはじめた者として，私の「経験してきたこと」，「見て来たこと」，そのなかで「これからこうしたいなと思うこと」。そんなことを書いていきたいと思う。

　マルチメディア時代は，すでにはじまっている。そして，それが当たり前の時代がやって来る。たくさんの養護教諭が，生き生きとマルチメディア時代を生き，新しい時代を自分のものにしていってほしい。そして，自分自身もそうでありたいと思う。

　本の構成にあたっては，けっして難しくなく，誰もが気軽に，どのページからでも読める構成を心がけた。自分の興味があるところから読んでいただきたい。コンピュータは，使うことが目的ではない。自分の実践や思いを深めるために，コンピュータを道具として使うのだ。そんなことを，この本から感じていただき，前への一歩のきっかけにしていただけたら，光栄である。

　本を書き終わったら，なぜ私に書かせていただけるのかを教えてくださるという。それを楽しみに本を書きはじめたいと思う。「おわりに」で，その答を読者の皆さんに紹介できるのが楽しみである。

養護教諭のためのパソコン活用法●もくじ●

はじめに

I 養護教諭とマルチメディア　1

1　コンピュータを取り巻く状況の変化　2

2　なぜ，養護教諭がマルチメディア？　3
- ★　養護教諭の仕事　4
- ★　出会いと自分の世界の広がり　7

3　マルチメディアでシェアする　9
- ★　シェアするために実践をまとめる　11
- ★　ポートフォリオとしてのマルチメディア　12

II マルチメディアをどう利用するか　15

1　インターネットを使う　16
- ★　ホームページ　17
  1）ホームページの情報を受け取る　18
  情報が新しい/ひとつの情報をいろいろな角度から収集することができる/いつ，どこにいても情報を得られる/双方向生の情報収集が可能である/ホームページをどう使うの？/さあ，はじめよう！まず必要なものは？/どうやってつなぐの？
  2）情報を発信する　30
  ホームページをこう作る/ポスター型のページ/交流型のページ/さあ，はじめよう！/作成手順
- ★　電子メール　47
  1）メーラー　47　　　2）メールの利点　51
- ★　さまざまな形でメールを活用する　56
  1）メーリングリスト　56
  ●MLを通した共有の形—情報の共有/知識の共有/思いの共有　57
  ●匿名か実名か　71
  ●メーリングリストの枠を越えて—互いに助け合い，学び合う/MLの仲間と共に遊ぶ　73
  ●MLに参加するには—MLを見つける/MLに登録する　77

　　　　　●いろいろなMLに参加する　79
　　　　　●MLを作る　81
★────── メールマガジン ──────────────────84
　　　1）メールマガジン(MM)での共有とは　84
　　　2）メールマガジン(MM)を購読する　85
　　　3）メールマガジン(MM)に投稿する　90
　　　4）メールマガジン(MM)を発行する　98

2 ────── 組み合わせて使う　99
★────── ホームページとメーリングリスト(ML)をつなげる ──────99
　　　1）メーリングリスト(ML)で話し合われた内容をホームページで公開する　99
　　　2）テキストでは紹介しにくい内容をホームページで紹介する　100
★────── メールマガジン(MM)とホームページをつなげる ──────103
　　　1）メールマガジン(MM)の記事を紹介する　103
　　　2）データベースの一部として掲載する　103
　　　3）メーリングリスト(ML)とメールマガジン(MM)をつなげる　104

3 ────── プレゼンテーション　105
★────── プレゼンテーションの材料を作成する ──────────105
　　　コンピュータでスライドを作る
★────── コンピュータを使ってプレゼンテーションする ────111
　　　1）養護教諭とプレゼンテーション　111
　　　2）わかりやすく伝えるプレゼンテーション　112
　　　●主役はプレゼンター──聴衆と向き合う/聴衆の視線が一点に止まらないように工夫する　113
　　　●原稿作成と練習──原稿を作る/練習する　114
★────── 電子教材を作る ──────────────────118
　　　1）電子教材の利点　118
　　　2）電子紙芝居（スライド）を作る　119
　　　3）電子教材を複製する　121

Ⅲ　コンピュータで伝えるための基本的なスキル　123

1 ────── 基本的なスキル　124
★────── コンピュータでワープロを使う ──────────────124
　　　1）初心者編　124
　　　●キーの意味を覚える　124　　●かな入力とローマ字入力　126
　　　●コピーアンドペースト　126

２）ステップアップ編　　129
　　　●タッチタイピング　　129　　　●研修記録に挑戦する　　131
　　　●グラフを作成・加工する　　133
　　　デジタルカメラを使う　　143
　　　●テレビに映し出す　　143　　　●コンピュータ内で利用する　　145
　　　●プリントアウトして利用する　　146

2 ── インターネットのスキル　　154

★──── ネチケット ────────────────────154
　　　１）メールの書き方　　154
　　　２）情報の発信のしかた　　156
　　　３）知的所有権・プライバシー　　157

★──── モバイルコンピューティング ─────────159
　　　１）データを持ち歩くことができる　　159
　　　２）好きな場所で通信ができる　　159

3 ── 学び方のスキル　　161

　　　１）上手に助けを求める　　161
　　　●マニュアル本・雑誌　　161　　　●用語辞典　　161
　　　●人　　162　　　●研修　　162
　　　２）扱うことで学ぶ　　162
　　　●繰り返すことからの学び　　163　　　●失敗からの学び　　163

　　　付録　　164

第 I 章
養護教諭とマルチメディア

マルチメディアとは,いったい何なのだろう。
また,マルチメディアが,養護教諭の仕事にどうかかわることができるのだろう。
ここでは,まず,養護教諭の仕事を見つめ直しながら,
マルチメディアとの接点を考えていきたい。

1　コンピュータを取り巻く状況の変化

　もう10年以上前になるが，学校にパソコンが入りだした頃，養護教諭の研修会で「コンピュータを使うと，子どもたちのデータ（情報）が外にもれてしまう。だから，軽率にコンピュータを使ってはいけない。私たちには，子どものプライバシーを守る義務がある」という発言があったのをハッキリ覚えている。その頃，市内の学校に8ビットのパソコン（今のコンピュータから比べると，ずっと処理速度の遅いパソコン）が数台ずつ配置されていた。興味を持っていた私は，「え〜！，知らなかった。そうなのか…！」と驚いたものだ。本気で，コンピュータを使うと危険だと思っていた。

　しかし，現代のようにインターネット上の犯罪が日常的に報道されるなかでも，「コンピュータを使う事が，即，情報の流出につながる」と思う人はもういないだろう。手書きの書類でも管理が悪ければ，情報はもれてしまう。データの流出は，手段の問題ではなく，あくまで管理の問題なのだ。

　何か新しいものが入ってくると，拒否反応が起こるのは世の常である。「知らないこと」は，不安や否定を生む。非常に不安に思っていたものも，実際に触れてみると「な〜んだ」と思うことは，案外多い。コンピュータもそうだ。

　最近の調査では，日本でのインターネットの利用者は約2000万人（全世帯の1／4）以上と報告されており，コンピュータの利用人口はもっと多いと考えらる。多くの人がコンピュータを使って仕事をしているし，インターネット上でのショッピングやビジネスも珍しいものではなくなった。

　教育の分野でも，テレビ会議やメール，ホームページ等を利用して遠隔地との共同学習をする学校も多くなった。2002年には，すべての学校がインターネットにつながる。そんな時代になったのだ。マルチメディア時代の到来である。私たち養護教諭も，好む好まないにかかわらず，マルメディア時代のまっただ中にいることは事実なのだ。

　では，マルチメディア時代になったから，かならず養護教諭の仕事にマルチメディアが必要なのか。あるいは，マルチメディア時代の中にいるから，いやでも使わなければならないのか。そうではない。しかし，私は，自分の高まりを求めるなら，使って損はないと思っている。

2　なぜ，養護教諭がマルチメディア？

　マルチメディアとは何なのだろう。
　コンピュータを中心として，音声や映像，文字などのメディア（媒体）を組み合わせてできる表現形態をマルチメディアという。そのマルチメディアを，私たちは，養護教諭としてどう使えばいいのだろうか。
　「養護教諭のマルチメディア利用」と聞いた時，読者の皆さんは，養護教諭のどんな様子を思い浮かべられるだろうか。多くの人が，マルチメディア機器を駆使してデータを扱ったり，管理したりという姿を思い浮かべられるかもしれない。何となくかっこいい。しかし，私のマルチメディアのイメージは，少し違う。
　私が，本格的にパソコンを使いだしたのは，7年あまり前だ。その当時の私のパソコンへのイメージは，やはり高度な計算のできる「かっこいい機械」であった。使いだしてしばらくたつと，いろいろな機能がある「（それまで使っていたワープロ専用機よりも）便利な機械」となった。そして，現在。私のパソコンへのイメージは，「シェアする（共有する）ための道具」へと変わった。
　「かっこいい」というより，何だか「人間くさい」のである。
　マルチメディアを駆使したデータ管理は，何となくかっこいいが，どことなく冷たい。「処理する」というイメージが先に立ち，人間としての自分の気持ちが反映されていない感じがするからだろうか…。「コンピュータイコール冷たい箱」というイメージを持つ人は多い。
　しかし，「処理する機械」という枠をもう少し広げ，ひとりの人間としての思いや実践を伝えあうためにマルチメディアを使ったとき，それは，それぞれの思いの実現に大きな力を発揮してくれる暖かみのある道具となる。
　養護教諭の仕事は，マルチメディアがないとできないわけではない。しかし，私は，養護教諭として仕事をしていく上で，これほど自分自身を高めるのに役立つ道具は他にないと感じている。私にとってのマルチメディアは，自分を高めるための手段に他ならない。

養護教諭の仕事

さて、養護教諭がなぜマルチメディアなのか。

そのことを考える前に、まず養護教諭がどんな仕事をしていて、どんな問題をかかえているかなど、私流に「養護教諭」を解剖してみたい。

「養護教諭の専門性」と聞かれたとき、答えに迷う養護教諭は多いかもしれない。少なくとも私は、ずっとその答を探してきたように思う。養護教諭とは何なのだろう。これまで聴いた講演や本から言葉を借りれば、「養護教諭は、ヘルスプロモーションの理念のもとに、子どもたちの健康増進を促す健康教育の専門家である」ということになるだろうか。

こう言うと、何だか難しそうだが、要するに、養護教諭の仕事は「子どもたちの元気を応援する仕事」だと私は思う。しかし、言葉にすれば簡単だが、この「元気」と「応援」は、なかなか複雑な意味を持っている。

まず、「元気」について考えてみよう。人間の「元気」には、いろいろな側面がある。WHO（世界保健機関）憲章前文の言葉を借りれば、「身体的なこと」「精神的なこと」「社会的なこと」がすべて含まれる。人は身体だけで生きているわけではなく、心だけで生きているわけでもない。また、ひとりではなく、社会の中で生きている。そんな人間を、すべての側面から見た上での「元気」なのである。

さらに、その「元気」への「応援」はもっと複雑な意味を持っている。

私が受験生だった頃の深夜ラジオ番組で、「〇〇のようで〇〇でない」「△△のようで△△でもない」「それは何かと尋ねたら…××」というコーナーがあった。

〇〇や△△は、ヒントであり××が答である。ヒントを聞いていろいろ想像しているから、答を聞くと、「なるほど！」と楽しくなる。私は、このコーナーが好きで、受験勉強そっちのけで聴いていた。〇〇や△△は、××とは違うのに、ある意味、××と同じような側面を持っているというのが、何ともおもしろかったのかもしれない。

養護教諭の仕事は、いろいろな側面を持っている。〇〇や△△が多く、あまりにも複雑だから、自分たち自身も、その「専門性」が何なのかわからなくなるのかもしれない。

「〇〇のようで・・」のフレーズを使って養護教諭のなんたるかを探ってみると「養護教諭」が案外見えてくるからおもしろい。（ここでは、実際の免許上や実務の比較という意味ではなく「イメージとしての違い」を中心に考えているので、そのあたりりは、了解して読んでいただきたい。）

「医者のようで医者でない」

応急処置（子どもにとっては治療というイメージ）をするが、その時だけの人間関係ではない。また、目の前の「異常」に向き合うだけでもない。養護教諭は、その子どもと築いてきた人間関係を通して、子どもを丸ごとひとりの人格としてとらえ、判断し、対応している。

「看護婦のようで看護婦でない」

「看（み）て護（まも）る」という点ではたしかに似ている。

しかし、その時のその状態だけを看て護るのではない。子どもの成長を見据えながら対応していく。また、個別だけでなく、つねに子どもの集団全体を意識し、個別の問題を子どもたち全体に返していく活動につなげる。「教育」という視点を持って、子どもたちと接しているのである。

「カウンセラーのようでカウンセラーでない」

カウンセリングマインドを持って、子どもと接している養護教諭は多い。しかし、養護教諭＝カウンセラーではない。いわゆる**カウンセリング***は、条件の整っている場で、また、多くはクライアントの自覚のもとに行われるものである。

養護教諭の子どもたちへの対応は、保健室という誰にでも開かれた場で行われる。その対象は、今問題をかかえていてそれを認識している子ども、問題をかかえているが認識のない

---

*カウンセリング ── 日本カウンセリング学会理事長の國分康孝氏は、学校カウンセリングを治療的カウンセリング、予防的カウンセリング、開発的カウンセリングの3つに分けている。
　ここでは、おもに治療的カウンセリングを、いわゆるカウンセリングとしてとらえた。

子ども，そして，これからかかえようとしている子どもとすべての段階にわたる。また，多くの場合，はじめに相談があるのでなく，子どもの心身の訴えを聴くことを通して相談活動が行われるという独特のスタイルをとることが多い。

　よく持ち出される養護教諭を表わす「〇〇」を3点だけあげてみた。この3つを通してだけでも，養護教諭の仕事が少し見えてくる気がする。しかし，これらの他にも，アドバイザー，コンサルタントなど，〇〇に入れる言葉はたくさんある。ある研修会で，保健関係の仕事をお世話しておられる校長先生が，養護教諭をたとえて「よろず相談所」とおっしゃった。言葉の善し悪しはさておき，ある部分では，言い当てていると思う。

　人間のすべての側面を頭に入れながら，あらゆる立場から，あるいは，あらゆる方法でアプローチしていく点，また，子どもたちの発達段階や問題に応じて，前面に出す役割を変えている点など，子どもたちの「元気」の「応援」は，けっこう複雑な仕事なのである。養護教諭は，判断と対応の繰り返しのなかで，ある時は，医療色を濃くし，ある時はカウンセリング色を…と，いくつもの役割や資質を要求されるのだ。

　けれども，このように多くの事を要求されながらも，自分自身を高める機会をあまり多く持たないのも事実である。その原因は，次のようなことだ思う。

① 　校内に同じ専門性を持つ職員がいないため，同じ職種の間での高まりを校内で持つことは期待できない。

② 　学校にひとりであるため，学校を留守にすることが難しく，学校の外へ出ての勉強（研修会への参加など）がしにくい。

③ 　社会の体制として，家庭生活での女性の負担は未だに大きく，女性が仕事に加えて勉強をするのには大変な労力がいる（養護教諭のほとんどは女性であることを前提に）。

　また，「学校にひとり」であることは，養護教諭の思いや仕事内容を周囲から理解してもらうことも難しくしている（ほとんどの学校が複数制でないことを前提に）。

　このように，養護教諭は，自分の思いを広げたり実践したりする以前に，乗り越えなければならないハードルをたくさん持っているのだ。また，その困難にひとりで立ち向かわなければならないという孤独も同時に持っていると思う。

　私は，マルチメディアは，これらの「困難」を解決していくための助けになるのではないかと考えている。

出会いと自分の世界の広がり

　私は，コンピュータと向かい合うようになってから，自分の中にたくさんの変化があったことを自覚している。
　こう言うと，多くの方が「きっと仕事の能率が上がったのだろう」とか「便利になったのだろう」と思われるかもしれない。しかし，それは，コンピュータを「処理する機械」ととらえた場合の発想だ。
　多くの養護教諭がコンピュータに対して「仕事の効率化」を期待していると思うし，実際，それを目的にコンピュータを使い始める人が多いのも事実である。私のコンピュータとの最初の出会いも，そうであった。
　また，客観的なデータ（たとえば，来室の記録データとか病気のデータなど）が，子ども像を鮮明にする場合もある。データの管理は，コンピュータの得意技である。だから，そのことを否定するつもりはない。
　ただ，私のなかで起こった変化というのは，コンピュータを使ったことによる仕事の効率アップだけを指すのではなく，別の意味なのだ。その「変化」を一言で言えば，「自分の世界の広がり」という言葉で表すことができるだろう。

　後に詳しく説明するが，インターネットを使い，限られたメンバーでメール交換をするメーリングリストというしくみがある。私がお世話をしている養護教諭のメーリングリスト（p.56参照）で，次のような書き込みがあった。

「私は，このＭＬ（メーリングリスト）のおかげで，複数制を経験させてもらっているようなものです」

　私は，まさにこのことが養護教諭がマルチメディアを使うことの意味だと思う。このメンバーが書いた「複数制」は，「仕事の効率化」という意味を指すのではなく，「支え合い，伸びあう相手（人間）の存在」を指している。
　また，メーリングリストの別のひとりは，次のようなメールを私にくれた。

「メールをはじめたからか，『昨年は，なんだか一皮むけたような仕事ぶりだったね』と夫に言われてうれしかったです」

　「一皮むけたような仕事ぶり」。いい言葉である。何が彼女の「一皮」をむいたのだろうか。
　彼女は，同じメールで次のようなことも書いている。

「先生のメールをみてがんばらなくっちゃとやる気が出て勇気が出ています」「きっと，メールの仲間がたくさんいる。困ったときに手をさしのべてくれる人たちがいるということが，

私を少し強くしてくれたのだと思います」

　彼女は,「他にがんばっている人がいる」という心強さに支えられ,またそこから刺激を受けて,自分の執務を見直し実践しているのに違いない。それが,彼女の「一皮」をむいたのだろう。コンピュータが,学校にひとりだけの養護教諭に,仲間を持ち,互いを高め合うという機会を提供してくれているのだ。

　コンピュータによる「人との出会い」は,同じ職種である他校の養護教諭とのそれだけではない。自分自身の経験を言えば,私はコンピュータとつき合うようになってから,実にたくさんの人と出会った。コンピュータ教育研究会のなかで,インターネットを通して,そして,そのようにして知り合った人のそのまた向こうの人と…。一般教員,技術者,研究者,医者,大学の先生,編集者,新聞記者,一般の方,アメリカのスクールナース等々,コンピュータなしでは出会わなかったと思われる人たちとの出会いの数は,この7年あまりで200をゆうに超えると思う。その半数以上は養護教諭以外の人たちだ。
　私は,ときどき「もしコンピュータに出会っていなければ,今の私の生活とはまったく違った生活をしていただろう」とふり返る。この歳になって,「今さら」ではあるが,世の中にはホントにすばらしい人がたくさんいらっしゃることを知った。コンピュータに出会ってからの7年余りは,コンピュータを通してすばらしい人々を知り,刺激を受け続けた日々であったと言っていい。ただ学校に勤め,日々生活しているだけでは,こんなにもたくさんのすばらしい人たちに出会うことはなかっただろう。
　「人との出会い」による「心の支え」,「刺激」,「広がり」。それが,学校にひとりしかいない養護教諭がコンピュータを使うことの大きな意味だと思う。ここで紹介した2人のメール,そして何より,私自身の経験がそのことを裏付けている。

3 マルチメディアでシェアする

　「シェア」という言葉には、「共有する」という意味がある。同じものを2人、あるいは、それ以上で共に持つことを「共有」という。アップルコンピュータの機能のひとつにその名の通り、「アップルシェア」というデータをやりとりする機能がある。これは、まさにコンピュータどうしのデータの「共有」を意味している。コンピュータどうしをケーブルでつないで、コンピュータからコンピュータへデータを移動させるのである。

　最近では、校内LAN（ハブという機械を使って、学校内のいくつかのコンピュータどうしをつなぎ、データをやりとりする）も珍しくなくなった。大きな会社では、ずいぶん前から取り入れられていた伝達方法である。このような考え方をもとに広がったのが、インターネットであり、全世界のコンピュータをつなぐことのできるしくみである。

　ここまで読むと、この「マルチメディアでシェアする」には、マルチメディアを駆使した機械上でのデータのやりとりの方法について書かれていると思われるかもしれない。しかし、何度も繰り返すように、私のコンピュータのイメージは、あくまで人間くさい。機械は、人間の使う道具であって、中心ではない。ここでは、人が何のためにその「道具」を使うかに注目して、「シェア」を語りたい。

　そして、「シェア」という言葉の意味にもこだわりたい。「シェア」という言葉には、「分かち合う」という意味も含まれる。だから、ここでは「シェア」という言葉を、たんに「共有」という意味合いだけではなく、限りなく「分かち合う」という意味を意識して使いたいと思う。

　さて、それでは、ここで質問。

「あなたは，養護教諭として何をだれと分かち合っていますか？」

　地域の養護教諭研究会やサークルで実践を出し合い、意見を交換する。学校内で職員に思いを伝え、話し合う。カウンセリングなど養護教諭の仕事にかかわりのある勉強会に参加する。あるいは、養護教諭仲間とグチを言い合うなど…。いろいろな「分かち合い」の場が存在するだろう。

　ただ、ここで確認しておきたいのは、「分かち合い」の意味である。「分かち合い」は、一方通行のものを言うのではない。お互いの気持ちが通じ、学びあっていてこそ「分かち合い」である。「分かち合い」をそうとらえたとき、自分の身の回りの「分かち合い」は、情報の量、与えられる機会や質など、自分を高めるものとして満足いくものだろうか。

　養護教諭の研修会は年に数回しかない。また、この手の大きな研修会では、参加人数が多いため、あらかじめ準備された情報を受け身的に得る形が中心となり、学びあうという形はとりにくい。「学びあう」という形を求め、互いに実践を出し合うためのサークルを作れば、受け身のみでの参加という部分は解決されるが、情報量は参加の人数分に限られてしまう。

それどころか，家庭を持っていれば，なかなか勤務時間外のサークルへの参加もままならないというのが現実である。
　また，養護教諭以外とのつながりにおいては，さらに機会も少ないだろう。マルチメディアを利用すると，このような分かち合いの場や機会，情報量の限界を広げることができる。不便な地域に勤務していても，あるいは子育て中で手の空く時間が少なくても，誰もが互いの思いや実践を紹介しあうことが可能なのだ。
　さらに，インターネットなどの通信システムを使い，自分の実践や思いを公開すれば，他から意見をもらうことも可能である。つまり，我が家（保健室）にいながらにして，実践の紹介や意見の交換ができるのだ。そして，それはさらなる実践の向上へとつながっていく。
　インターネット時代は，ボーダレス時代。インターネットが，これまでには考えられなかった「場所」と「時」と「立場」のボーダレスを可能にしている。ボーダレスが運んだバーチャル実践研究会が，そこには存在する。

シェアするために実践をまとめる

　読者の皆さんは,「実践をまとめる」と聞いたとき,どんな感じを持たれるだろう。「何だか,大変なこと」というイメージがわかないだろうか。少なくとも私は,「実践をまとめる」というと,とても大変なことをするような気がしていた。自慢できることではないが,私は,数年前まで,よほど研究会の発表でもあたらなければ,自分の実践や考えをまとめ,ふり返ることはなかった。

　「よほど,研究会の発表でも…」という言葉を,つい使ってしまったように,実践をまとめることは,大変なエネルギーを使った特別な作業だと思っていたのだと思う。しかも「発表があたる」という言いまわしには,自分の意に反して,あるいは,特別に選ばれてという感じがつきまとう。

　そんな私が,ここ数年,実践や考えをほぼ日常的にまとめるようになった。誰から頼まれるでもなく,自主的にである。どんな中身か書き出してみると,そのほとんどは,コンピュータの使用によって生み出されたものだということに気づく。マルチメディアが運んだボーダレスの世界が私の日常を変えたのだ。

　いくつか例を挙げてみよう。

① メーリングリスト (p.56参照) で話題になった内容について,自分の意見や実践を簡単にまとめて報告する。あるいは,自分から投げかける。

② メーリングリストのメンバーやパソコン通信の仲間との共同研修会をもち,そのなかで実践をまとめたものを紹介をする。

③ 自分の実践や思いをまとめて,ホームページで公開する。

　もちろん,これらから派生して,研修会での実践紹介などの依頼に応えたこともある。だが,普段やっているこれらのことは,まあ,ハッキリ言ってしまえば,「大きな研修会のために実践をまとめる」というイメージから比べれば,重みは少ない。選ばれたわけでもなく,かしこまった場でもなく,自主的に気軽にやっているのだ。

　私は,この気軽さに大きな意義を感じる。気軽にやるということは,誰もが臆せずやれるということだからだ。実践をまとめ,それをふり返ることは,ただ何となく日々を過ごしていくだけでは得られない自分への気づきにつながる。さらに,つねにまとめを意識した意識的な実践をすることへとつながっていく。まとめるという作業が,こういった自分自身の実践の向上につながることを考えれば,ぜひ「気軽に」まとめる機会を持ちたい。

ポートフォリオとしてのマルチメディア

　総合的な学習が導入され，ポートフォリオという考え方が注目されている。点数での評価ができない総合的な学習において，子どもたちの活動の記録やプロセスをファイルにとじていき，その歩みのなかから子どものよさを見ていこうという考え方だ。

　未来教育デザイナーとして活躍されている建築家の鈴木敏恵さんは，その著書「ポートフォリオで評価革命（学事出版）」で，ポートフォリオを「テーマ（課題）ポートフォリオ」，「ライフ（身体）ポートフォリオ」，「パーソナル（個人）ポートフォリオ」の3つに分けて，紹介している。

　私は，このなかでも「パーソナルポートフォリオ」の考え方は，マルチメディア時代の養護教諭の方向性にひとつのヒントを与えてくれるものだと思っている。

　鈴木さんは，「パーソナルポートフォリオ」を，次のように説明している。

　「その人の仕事歴，生み出した作品や実績，あるいは，得意，センスなどの綴りであり，『私は，これができます。これが私です！』と笑顔と自信でひろげられる『自分が伝わるもの』を綴じたファイル」

　日本で，教育の分野にポートフォリオの考え方が入ってきたのは，ごく最近のことである。とくに，パーソナルポートフォリオの実践に関しては，まだまだ一般的ではない。しかし，鈴木さんは，建築家とかデザイナーなどの世界では，このパーソナルポートフォリオを持つのはごく普通のことだと説明する。ビジネスの相手や，一緒に夢を叶えようとする仲間たちへ，自分の才能やセンス，できることなどを伝えるためにこれを持ち歩くのだという。

　鈴木さんは，子どもたちだけでなく，教師もこの「パーソナルポートフォリオ」を持ったらいいと提案している。とはいえ，「あなたのポートフォリオを作ってみたら？」と言われて，戸惑う教員は多いだろう。悲しいことだが，教員は，自分をアピールするのに慣れていない。多分，自己主張の場やチャンスの少ない養護教諭ならなおさらのことだ。「自分には，まとめる素材は何もない」「～してきた実績なんてない」「自信なんて…」と思ってしまいがちだと思う。

　しかし，ポートフォリオは，とりあえずは，自分がしてきたことの綴りであり，たとえば，保健便り，何かの計画案，講演会の記録などを時系列に綴っていけばいいだけであって，その内容選択には何の決まりもない（鈴木さんによれば，これを「元ポートフォリオ」という）。そして，誰かに伝えるとき，あるいは自分を表現するために，その中から必要なものを取り出し，「凝縮ポートフォリオ」を作ればいいのだ。

　ポートフォリオは，もともと「紙ばさみ」のことを指すのだが，形はどんなものでもいい。情報教育を推進している人間の間では，ポートフォリオの形として，たびたび「電子ポートフォリオ」のことが話題にのぼる。ホームページやCD-ROM[*1]，プレゼンテーションデータ（p.105参照）がこれにあたるだろう。これらも，立派なポートフォリオなのである。

　私もホームページやプレゼンテーションデータなどを，実践のまとめとして作っている。しかし，たまたま，チャンスがあって作ったのであって，このようなポートフォリオの考え方を知っていて実践化したわけではない。

　ただ，ここに来て，電子ポートフォリオというものが，ある意味，「パーソナルポートフォリオ」として，とても活用できるのではないかと思うようになった。電子ポートフォリオは，紙ばさみと違って，それをもとに，たくさんの相手との交流ができるからだ。たとえば，自作教材や実践記録をCD-R*2に何枚も焼き付け，たくさんの人に配ることもできる。

　また，プレゼンテーションデータ（p.105参照）として作成しておき，何かの会で多くの人に紹介することもできるだろう。

　さらに，ホームページの公開という形で，オンラインネットワークを利用すれば，ポートフォリオを提示する相手の範囲がぐっと広がる。そして，互いのホームページを見たことがきっかけとなり，そこから実践の交流が始まっていくのである。

　このように考えてくると，電子ポートフォリオは，マルチメディア時代の養護教諭に必須のものではないかとさえ思えてくる。いつも近くに仲間がいるといった環境を持たない養護教諭にとって，このポートフォリオとオンラインネットワークの存在は，養護教諭どうしが共に向上していくことを保障するものだと思う。

---

*1 CD-ROM ── 読み取り専用のコンパクトディスクのこと。大きな容量のプログラムや画像・音声などを一度に収めたもの。
*2 CD-R ── 1回だけ書き込み可能なCD。書き込んだデータはCD-ROMドライブでもCDプレーヤーでも読みとることができる。

しかし,「そのよさは,わかったけど。いったい何をまとめればいいと言うの。やはり,まとめるとなるとねぇ…」という声も聞こえそうだ。前に述べたようなことを,あくまで,「気軽に」でいいと思う。

　鈴木敏恵さんは,「ポートフォリオで評価革命」のなかで,いくつかのポートフォリオの事例を紹介している。そのなかに小学生が取り組んだ「パーソナルポートフォリオ」の実践例が紹介されている。その実践報告によれば,子どもたちは最初,教師の「自分のいいところ,できることを10個書きなさい」という指示に対し,「そんなにたくさんない」と戸惑ったそうだ。多分,「よさ」には「他と比べて上か下か」という他との比較のイメージがつきまとうからだと思う。

　けれども,子どもたちは,自分のよさを見つける作業を進めていく過程で「自分らしいよさ」を見つけだし,すばらしいポートフォリオを作ったという。

　「子どもたちには,『あなたは,あなたでいいのよ』と言いながら,自分が(他からの評価に)縛られてどうするの」と言われたことがある。まず,養護教諭が自分自身を認め,自分自身を大いに出したい。マルチメディアやオンラインネットワークを使えば,それが可能だ。子どもたちの元気を応援する養護教諭として,養護教諭どうしの交流を積極的に持ち,意見を出し合おう。子どもたちの元気の応援者として,自分自身もマルチメディア時代を元気に生きたいものだ。

第 II 章

マルチメディアを
どう利用するか

ここでは，具体的にマルチメディアをどのように使えるのかを，
自分の経験をもとに紹介していきたい。

1 インターネットを使う

　通信回線を利用して世界中のコンピュータを接続し，コンピュータどうしの通信を可能にしたしくみをインターネットという（図1）。インターネットは，アメリカの軍事用として1969年にはじまったアーパネットがその原型である。

　その後，大学の研究用として広がり，世界中のコンピュータをつなぐしくみができあがった。日本がインターネットにつながったのは，1989年のことである。それから10年あまり，今では，インターネットという言葉を聞いたことのない人の方が珍しい時代になった。

　インターネットでできることはいくつかあるが，その中でも一番活用されているのは，電子メールとホームページ（**ウェブページ***）だろう。電子メールとは，インターネットを介してやりとりされる手紙，ホームページとは，インターネット上の広告（本），あるいは掲示板のようなものだと思うといい。

　ここでは，これらを使ってどのようなシェアができるか具体的に紹介していきたい。

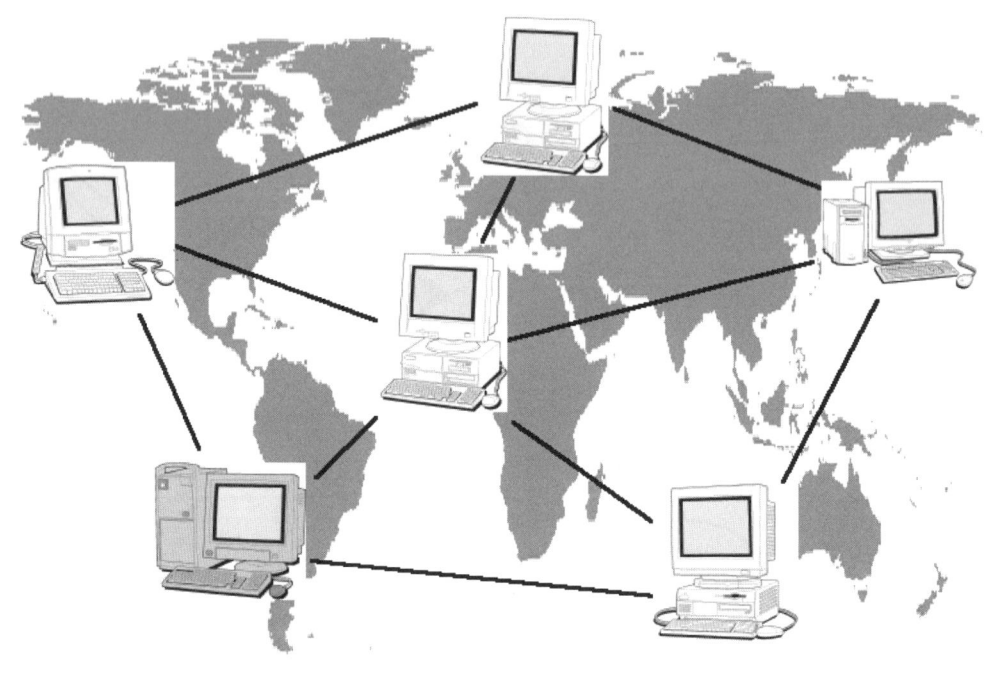

図1　インターネットの模式図

ホームページ

　インターネット上には，www（ワールドワイドウェブ）サーバというコンピュータがたくさん埋め込まれている。ホームページは，そのwwwサーバの中にある「文字，画像，動画，音声などで構成されたファイル」である。

　ホームページのファイルは，HTML（p.35参照）という方式で書かれており，wwwサーバー内では，ただの記号や文字として存在している。しかし，インターネットを介して送られきたファイルは，ブラウザ（p.24参照）というソフトを使うと，文字や画像などを組み合わせて表されたホームページとして見ることができるのである。

　それぞれのホームページは，URLといって，いわばインターネット上の住所のようなものを持っている。ブラウザの上方の欄にこのURLを打ち込むと，世界中のどのwwwサーバにある情報も即座に受け取ることができる。もちろん，自分自身がホームページを作り，情報を発信することも可能である。

＊ウェブページ ── 日本では，「ホームページ」という言い方が，一般的になっているが，もともとはウェブページが正しい言い方。正しくは，ウェブページの中の最初のページをホームページという。

1) ホームページの情報を受け取る

　企業のPRやマスコミなどの情報サービスを目的とするホームページ，あるいは，公的機関からのお知らせや広報，新聞社の記事などを掲載する組織や団体が作るホームページなど，インターネット上には，数え切れないほどのホームページが存在する。最近では，ホームページを介しての販売やオークションも盛んになってきた。このように，企業や組織のページから趣味のサークル・個人のアルバムのようなページまで，あらゆる作り手がそれぞれの目的にそって，インターネット上でホームページを公開している。

　教育関係のホームページも多い。学校のページ，教育サークルのページ，あるいは，一教師としての個人のページなど，多くのページが存在する。以前は少なかった保健室のページも，最近ではかなり増えてきた。

　いろいろな情報を得るのなら，本や雑誌，新聞を使ってでもできる。あえてホームページを使う理由は何だろう。ホームページには，以下のような利点がある。

情報が新しい

　何かの情報を得たいとき，本で調べようとしても，本の原稿ができてから製本までの期間を考えると，その情報は最低でも2〜3か月くらい前の情報だろう。また，雑誌であれば1か月から1週間，新聞であっても，昨日の情報が精一杯である。それに比べて，ホームページで得る情報は新しい。たとえば，感染症の情報などを，リアルタイムで得ることが可能である（図2）。基本的な病像など，変動のほとんどない事実は別として，「最近の傾向」や「現在の状況」といった類の情報の新しさに関しては，インターネットにかなう本や新聞はないだろう。

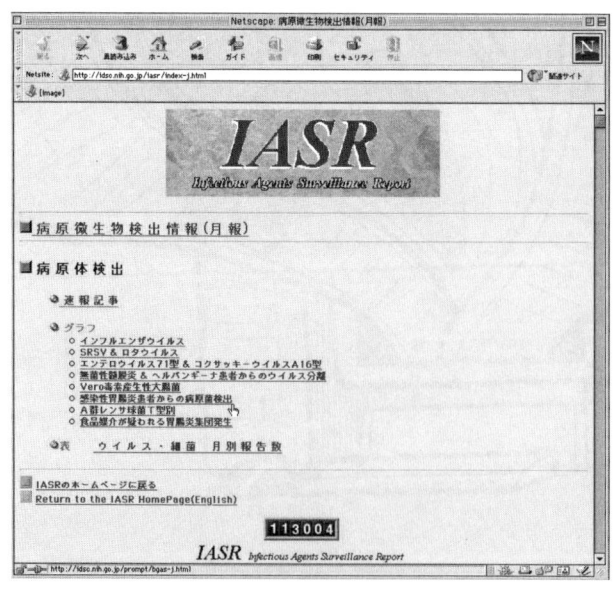

図2　国立感染症研究所のホームページ
　　　感染症の流行状況などの情報を提供している。

ひとつの情報をいろいろな角度から収集することができる

　雑誌や新聞は，多くの内容を含む。だから，1つひとつの話題に関してはその情報量が多いとはいえない。また，手にした雑誌や新聞にかならず自分のほしい話題が掲載されているとも限らない。

　ホームページも，1つひとつのページの情報量は，そう多くない。だが，インターネットでは，ほしい情報にしぼって検索をすることが可能である（図3）。だから，ひとつの話題に関する情報だけを集中して集める事ができるのだ。つまり，検索して情報を得るというやり方は，いくつかの雑誌や新聞の中から目的の情報だけを拾い出して読むようなものだと思えばよいだろう。

　このように，ひとつの話題に関していろいろな情報が得られるということは，あるひとつの話題をいろいろな角度から見ることができるという可能性を意味している。

　さらに，インターネット上には，個人のページも数多く存在しており，検索によってそういったページも拾い出される。だから，その話題に対する個人レベルの意見や考え方に触れることもできるのである。

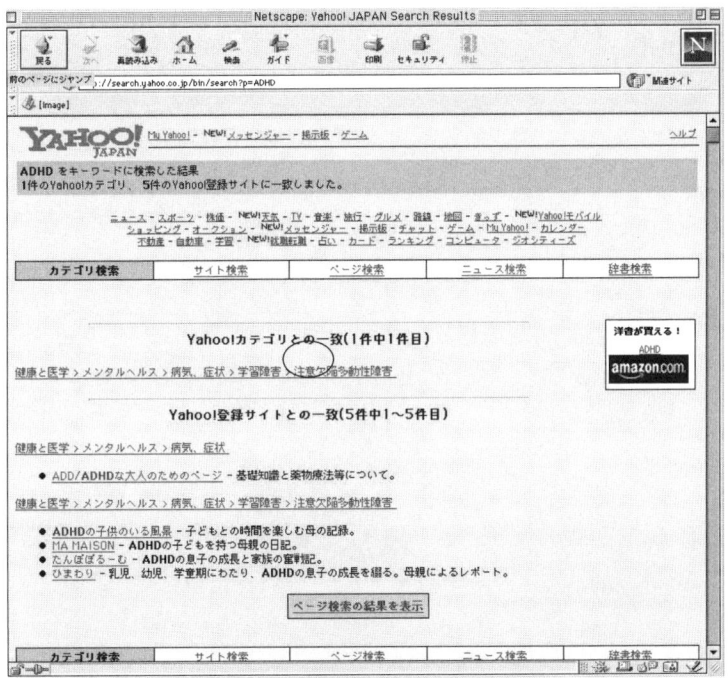

図3　検索をすることで個人レベルの意見も参考にできる

いつ，どこにいても情報を得られる

　インターネットの大きな利点のひとつは，いつ，どこからでも**アクセス**[*1]ができるという点だろう。定期購読している新聞や雑誌ならまだしも，その他の雑誌や本は，ほしいものがかならずすぐに手に入るというわけではない。

近くに本屋や図書館がない，あるいは，あっても行く時間やほしいものを捜す時間がないなど，案外制約があるものだ。ところが，インターネットなら，パソコンと電話線(あるいは携帯電話)さえあれば，学校からだろうが家庭からだろうが，ほしいときにほしい情報を得ることが可能だ。また，雑誌や本を購入することを考えれば，電話代だけですむから，安上がりでもある。

双方向性の情報収集が可能である

　ホームページには，作者(個人，団体)に連絡が取れるしくみがある場合も多い。具体的には，ページのなかに作者への連絡先がリンク[*2]されている形，また，ホームページ上に掲示板(p.57参照)を作り，アクセスした者が直接意見を書き込めるという形などもある。このように，多くのホームページがアクセスした人の反応や声が作者へ伝わるしくみを持っている。

　このことは，アクセス者がホームページを見た感想や，疑問などを，直接作者に投げかけることを可能にしている。そして，場合によっては，作者から返事をもらえることもあり，双方向性の情報収集が可能となるのである。

　作者に連絡をとることは，雑誌や新聞でもできないわけではない。しかし，その速さや気軽さは，これまで紹介したホームページの利点で述べたとおりである。

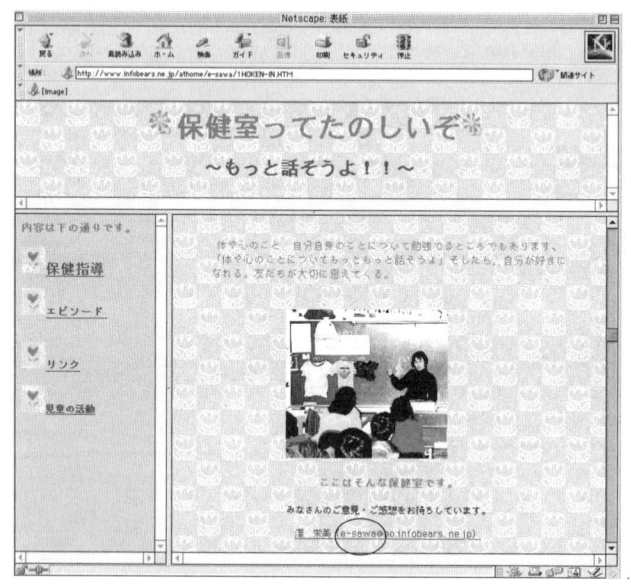

図4　ここをクリックすれば，作者にメールが送れるようになっている

[*1] **アクセス** ── つなげるという意味。通信用語としては，ホームページやプロバイダにつなぐことをアクセスという。

[*2] **リンク** ── ホームページとホームページをつなぐ仕組み。または，その状態をいう（p.28参照）。

ホームページをどう使うの？

さて、それでは、養護教諭がどのようにホームページを使えるのだろうか。いくつかのステップに分けて紹介しよう。

step 1 ：ホームページの利点（速さ，量，手軽さなど）を活かす

専門職といわれる養護教諭にとって、専門的な知識や新しい情報は、仕事をしていく上で欠かせないものである。養護教諭は、子どもたちや保護者への広報活動、保健指導、あるいは、相談に対するアドバイスとして多くの知識や情報を必要とする。

たとえば、毎年のインフルエンザの時期。どの種類のウイルスが流行しているのか。どんな症状があるのか。自分の地域での流行状況はどうか。予防法や罹患したときの対処法はどうすればいいかなど、専門職としての養護教諭が持たなければならない知識や情報は多岐にわたる。

新聞、雑誌、地域の保健施設から情報を得ることも可能である。けれども、前に紹介したように、「最近の傾向」といった類の情報の場合は、「速さ」「量」「手軽さ」などの点で断然ホームページ（図5）に軍配が上がる。

電話代

「アメリカの友だちとEメールでやりとりしている」と言うと、「毎回国際電話をかけるなら、インターネットもお金がいるでしょうね」と聞かれることがあります。

「え？私も、そう思った…」という人のために、これから先を書きます。「ははは…」と笑った人は、「オチ」が見えていると思うので、先に進んで下さい。

さて、「私もそう思った」というクチの方、私も最初はそう思いましたから、安心して下さい。「電話回線を使っている」というのですから、アメリカとのやりとり＝国際電話という発想は、ごく自然なもの。とても素直な発想です。しかし、答えは"No."インターネットは、世界中のコンピュータをつなぐ仕組みですが、電話線でつながっているのではありません。私たちは、一般的にインターネットにつなぐために、プロバイダと呼ばれる会社と契約をしています。そして、そこを通してインターネット上のホームページをのぞいたり、インターネットを使って送ってきた手紙を受け取ったりしているのです。たとえ、地理的にはどんなに遠くの国のホームページだろうがあるいはメールだろうが、プロバイダまで電話しさえすればいいのです。「今からインターネットにつないで下さいね」という信号をコンピュータで送ると、プロバイダがインターネットから情報を持ってきてくれるという仕組みなのです。

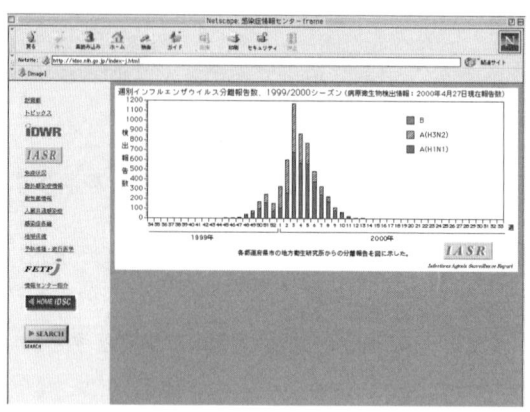

図5　国立感染症研究所　インフルエンザ情報のページ

step 2 ：実践の交流の場として活かす

　第Ⅱ章でもたびたび取りあげたように，養護教諭は学校にひとりであるため，他の養護教諭と実践の交流をする機会が少ない。ホームページはその機会を広げてくれる。現在では，まだまだ保健室のページは少ないが，養護教諭の多くがポートフォリオとしてホームページを作るようになれば（p.12「ポートフォリオとしてのマルチメディア」参照），Web上での実践の交流が可能となる。

　たとえば，指導案をそのままページに掲載する。あるいは画像を使って指導の様子や教材を掲載するなど，いろいろな活用の可能性がある。私も，実際に自分の実践を紹介し，アクセスされた方に使っていただけるようにしている（図6）。

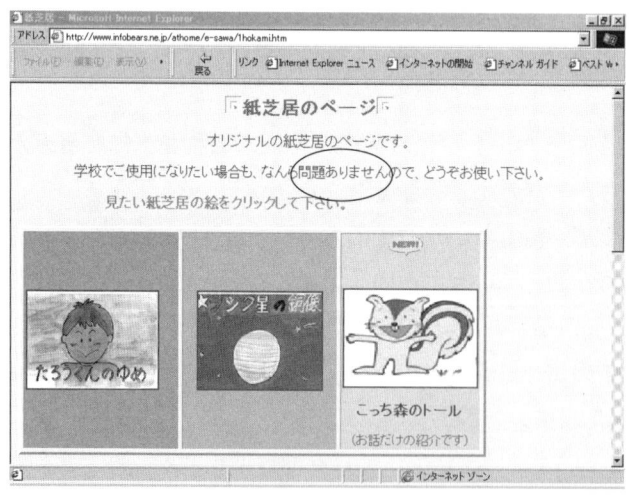

図6　使用可能であることを明示しておく

　また，このほかにも，文字情報としての意見交換ではあるが，ホームページ自体を，アクセスした人が書き込む「掲示板」の形にする事で交流をすることもできる。ただ，この場合，ホームページの性質上，どうしても「公開性」が高いので，後で紹介するメーリングリストなどに比べると，本音の意見を出し合うことが難しいという欠点は残る。

| step 3 | ：学習の場面に使う

　総合的な学習が導入され，テーマによっては養護教諭がクラスでの学習活動に協力する場面も多くなる。子どもたちの調べ学習への協力もそのひとつだ。保健室や図書室に準備した健康に関する本だけでは得られない情報も，インターネットを使って調べることができる。とくにトピックス的なことは，図書室の本の情報だけでは十分でないことが多く，そんな場合，インターネットが活躍することになる。

　たとえば，エイズの学習をするとき，病気の特徴などは本での調べ学習が成り立つが，最近の感染状況，あるいは薬害エイズの裁判の状況，感染者の声などを調べたいときは，ホームページがその力を発揮する（図7）。

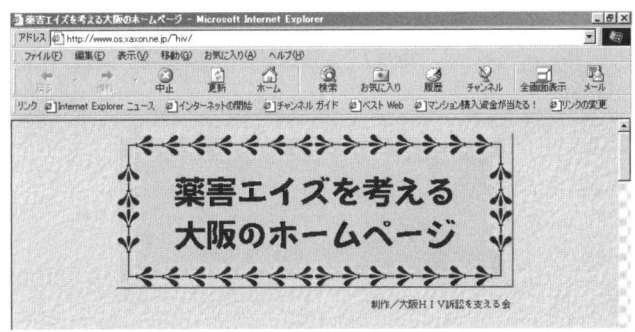

図7　薬害エイズを扱ったホームページ

さあ，はじめよう！まず必要なものは?

〈プロバイダ〉

　前に述べたように，インターネットは，通信回線を使ってコンピュータどうしをつなぐしくみである。だから，この通信回線に自分のコンピュータをつながなければ，インターネット上の他のコンピュータが発信している情報を受け取ることはできない。もちろん，自分の側から情報を発信することもできない。インターネットを利用するには，まず，インターネットの回線につなぐ必要がある。

　大きな組織では，「専用線」と言って，直接インターネットの回線に接続し，情報のやりとりをするしくみをとっている。個人の場合でも，最近では，ケーブルテレビの回線を利用するなど，24時間直接つなぐしくみを利用している人も多くなってきている。しかし，今のところ，個人でインターネットを使う場合は，プロバイダとよばれる中継役の接続会社を介してインターネットに接続するのが一般的だろう。契約しているプロバイダにコンピュータと電話回線を使って連絡し，そこを窓口としてインターネット上の情報を得たり，こちらから発信したりするのである。

〈ブラウザ〉

　ホームページを見るためのソフトをブラウザという。このソフトがコンピュータに入っていないと，ホームページを見ることはできない。インターネットエクスプローラ，ネットスケープコミュニケータなどがもっとも使われているブラウザだろう（図8）。最近のコンピュータには，最初からインターネット接続キットやブラウザが**インストール***されている。内容的には，どのブラウザもほとんど差はないので，どれを使うかに関しては，試してみて自分が使いやすいと思うものを選ぶといい。

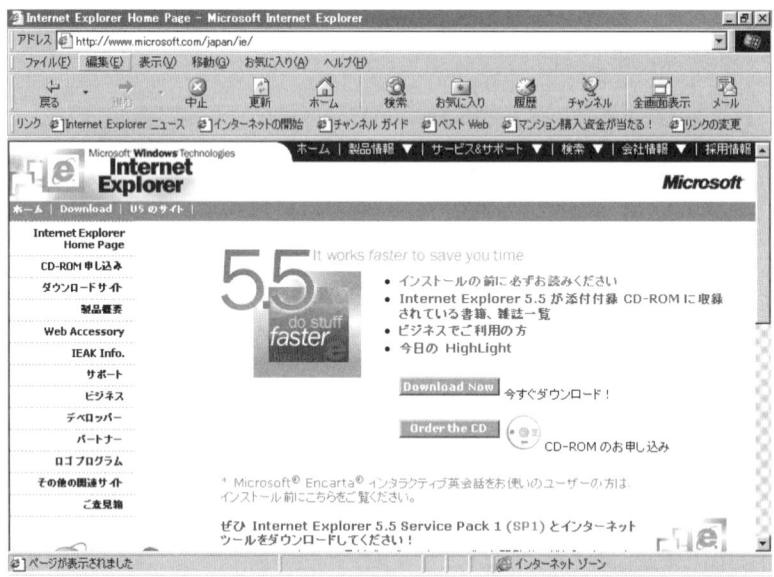

図8　エクスプローラ（上）とネットスケープコミュニケータ（下）

どうやってつなぐの?

〈URL〉

WWWサーバーの中にあるファイルの場所とそのファイルに対するアクセス方法を記号で表したものをURLという（図9）。インターネット上の住所のようなものだと思うといい。コンピュータがインターネットにつながった状態で，図10のようにURLを所定の場所に打ち込みリターンキー（エンターキー）を押すとそのページを見ることができる。

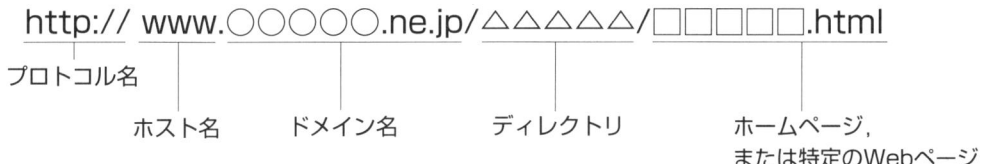

図9　URLの意味
　インターネットの住所にあたるのがURLである。
　プロトコル名は，ホームページ，電子メールなど，インターネットのサービスごとに使われるプロトコルを表している。
　ホスト名は，サーバーとなるコンピュータ名を表している。
　ドメイン名は，その組織を代表する名前を表し，その次のディレクトリやファイルなどは，ホストコンピュータの内部の階層を示している。
　この場合，○○○○○.ne.jpというWWWサーバーの△△△△△/□□□□.htmlというページからデータを転送するという意味である。
　なお，neの部分がgoなら政府機関，coなら企業であることがわかる。jpは日本のことであり，各国で略語が決まっている。

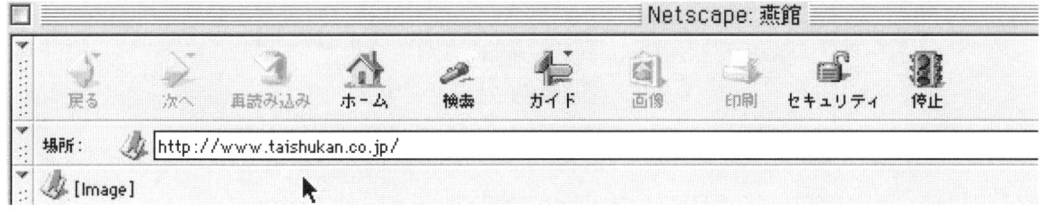

図10　矢印の部分にURLを入れる（ネットスケープコミュニケータの例）

〈検索〉

自分の見たいホームページのURLがわからない。あるいは，漠然としたテーマしか頭にないときに「検索」という方法を使うことができる。検索は，検索エンジンというしくみを使って行う。ブラウザを使って検索エンジンのサイトにアクセスし，キーワードを入力して検索すればいいのだ。

検索エンジンにはいろいろあるが，もっとも利用されているのはYAHOO! だろう。YAHOO! は領域別の検索を行うディレクトリ型の検索エンジンである。YAHOO! でホームページを検索するにはまず，ブラウザを使ってYAHOO! のホームページ（http://www.yahoo.co.jp/）にアクセスする。そして，図11のように「検索」の欄に，自分が見たいページのキーワードを打ち込む。すると，図12のようにYAHOO! に登録されているページが呼び出されるのである。

---

*インストール ── 「組み込む」「装備する」という意味。コンピュータ用語としては，ハードディスクにアプリケーションソフトを組み込む作業をインストールという。

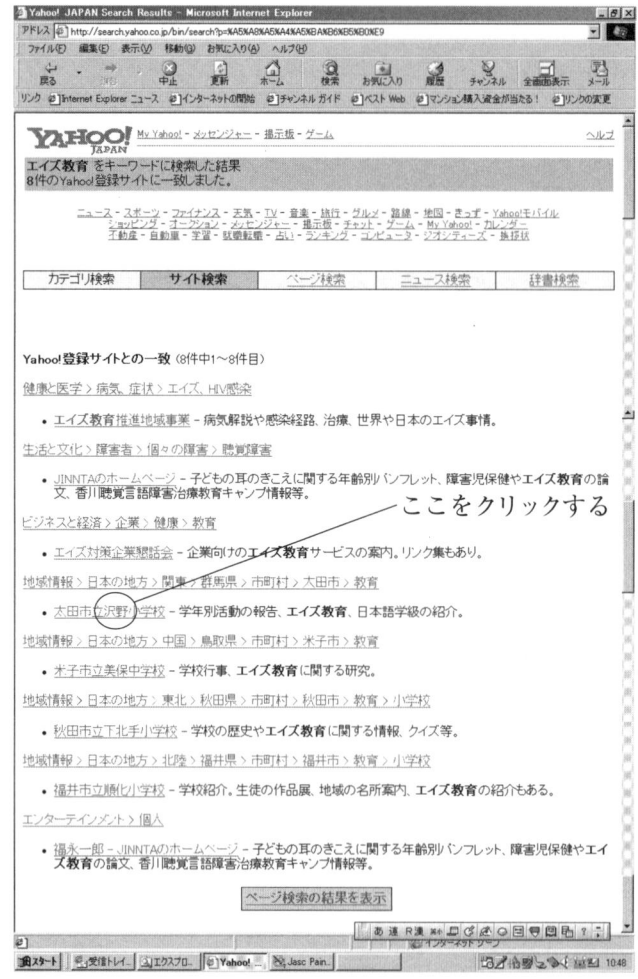

図11 「エイズ」というキーワードで検索する

図12 ページにたどりつく

また,「性教育」などのようにテーマを打ち込んで検索することも可能だ。ただ,この場合,テーマの設定が大きいと,200件とか300件とかかなり多くの検索結果が表示される数百もの検索結果をひとつずつ調べるのは大変である。そこで,さらに検索のキーワードを絞り込み(たとえば,「性教育」の中の「エイズ教育」など)検索すると,テーマにそった内容の焦点化ができることになる。

　YAHOO!は,基本的に作者の自己申告によって登録されたページを検索するエンジンだが,他に作者が登録していなくても,wwwサーバー上に関連の文字情報が存在するだけで,検索を行うエンジンもある。これは,ロボット型情報検索エンジンと言われるもので,代表的なエンジンにgooがある。興味のある単語からサイトを検索したい時に役立つ。

恐るべきロボット検索

　本文にも書いていますが,検索エンジンにはディレクトリ型とロボット型があります。ディレクトリ型であるYAHOO!は,ホームページの作成者本人が登録したページでないと検索してくれません。ところがロボット型であるgooの場合は,本人が登録していようがいまいが,インターネット上の文字情報を元に検索のキーワードに関連したページを捜し出してきます。

　まだ,ホームページを作っていなかった頃,試しに知人の名前でgooを使って検索をしたことがあります。すると,いくつか検索結果が…。「さすが,有名人は違うな…」なんて思って,感心しておりました。そうこうするうちに,「まあ,私はホームページを持たないから出てこないだろう」と思いながらも,自分の名前を検索してみようかという気になり,やってみました。すると,何と「検索結果２(だったと思います)」という数字が出たのです。

　実は,市のコンピュータ研究会で「ホームページを作ってみよう」という講座があり,そこで１枚の自己紹介のページを参加者全員で作ったことがありました。そのページがちゃんと市の研究会の研修記録としてアップされていたため,gooは,その名前をしっかりと検索してくれたのでした。

　今回,このことを書くために,もう一度検索をかけてみました。するとその数６件,さすがに増えていました。自分のページはもちろん,所属する団体のページなどの「澤栄美」もしっかり検索してくれたのです。

　なかには,私のアドレスを調べるためにgooで「澤栄美」を検索。ホームページからアドレスを調べてメールをくれた友だちもいます。どんな小さな文字情報でもちゃんと答えを出してくれる…恐るべし,ロボット検索！

〈リンク〉
　あるページと他のページをつなぐ仕組みをリンクという。ホームページは，一般的にいくつかのページで構成されており，ひとつのページから他のページへ移るときに，この仕組みを使う。このように，同じホームページ内でのページ同士のつながりのこともリンクというが，まったく別のホームページ同士をつなぐこともまた，リンクという。ここでは，後者のリンクについて述べてみよう。
　多くのホームページが，他のホームページへのリンクを行っている（図13）。たいていのホームページは，関連するホームページにリンクをしていることが多い。だから，自分が知りたい情報を含むホームページをひとつ見つけると，そのページからのリンクをたどることで同じような情報に行き当たり，情報の範囲をさらに広げることが可能となる。

リンクは続く。どこまでも…。

　最近でこそ，保健室や養護教諭のホームページも多くなってきましたが，以前は本当に少なくて，検索しても「ちょっと関係ないかな…？」と思えるものが拾いだされることが多かったものです。

　ある日，「養護教諭」というキーワードで検索をしていました。すると，何だか小説のようなページに行き着きいたのです。日記的に学校の子ども達の様子などを書いている先生も多いので，その類のものだろうと思い読み始めました。すると，どうも変！養護教諭が主人公のアダルト小説のページだったのです。

　「は〜，看護婦さんや婦警さんなど，制服のある職業はそういった対象になると聞いたことあるけど，養護教諭も…？？？？　そうか，『白衣』のイメージか…！」と思わず感心してしまいました。そして，この手のページを作る人の心理を知りたくて，そのページのリンクをたどることにしました。友だちの輪もホームページのリンクも，似たもの同士でつながりますからね。

　そして，最終的についたのが「巨乳」のページ（もちろんもっとつながっていたと思うのですが，そこでやめました）。いや〜生まれて初めて見るその立派な乳房に同じ女性ながら思わず驚いてしまいました。と同時に，世の中には，色々な世界があることを再確認したのでした。また，ドキドキしながら「18才立ち入り禁止」をくぐり抜けそのページに向かっていく世の男性諸氏の気持ちをかいま見ることができました。なんか寂しい気持ちもしましたけど。

　教訓。「リンク」はどこまでも続く…。

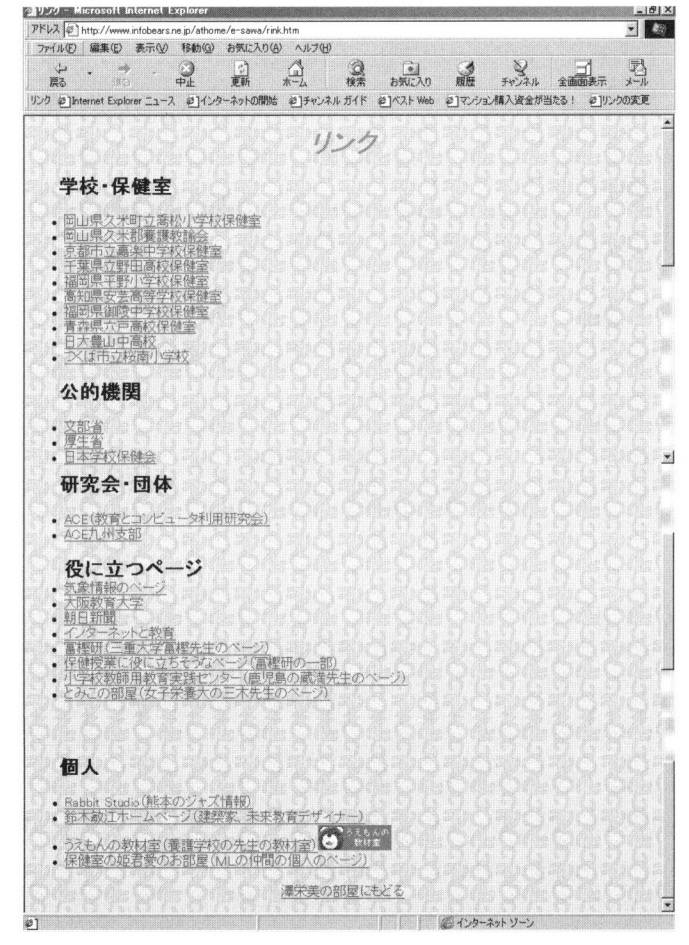

Ⅱ　マルチメディアをどう利用するか

図13　リンク図
　　　リンクをクリックすると，リンク先の一覧が現れる。それぞれの名前を
　　　クリックすると，そのホームページにつながる。

ネットサーフィンという言葉をよく耳にする。これは，リンクをたどりホームページからホームページに波乗りをするようにわたっていくことを表現した言葉だ。実は，これがクモの巣上に広がるインターネットのひとつの特長でもある。情報から情報へとどこまでもつながって行けるため，自分で予測していなかったような思いがけない情報を得られることもある。

　このような特長を生かせば，リンクは「検索」のためのしくみとしても使える。検索エンジンを使った検索で拾い出される対象ページが多すぎるという場合，リンク機能を検索の機能として代用することができる。自分のほしいテーマに関連するページにアクセスすれば，そのページのリンクから関連のホームページにつながっていけるからだ。リンクは，ある時には検索を目的として利用することもできる便利なしくみなのである（図14）。

図14　たくさんのリンクがはられている

2）情報を発信する

　ホームページのしくみを使ってできることは，情報を得ることだけではない。ホームページを使って自分の持つ情報を発信することもできる。インターネット上には，学校のホームページも数多く存在する。数はそう多くないが，保健室のページも増えてきた。また，教員としての個人のページを持つ人も多い。学校やサークルレベル，あるいは個人レベルで，多くの教師がホームページ作りを行っているのである。

　ホームページを作るには，何の資格も許可もいらない。最低限必要なのものは，自分のやる気だけである。第Ⅱ章でも述べたように，受け身的に情報を得るだけでは，本当の意味でのシェア（分かち合い）はできない。互いの実践や考え，思いを交流しあってこそ，「シェア」と言えるだろう。アクセスしたホームページに対してメールを出すのも，ひとつのシェアだ。

だが，もうワンステップ積極的な方法が何かないか。そのひとつが，ホームページ作りであろう。自分の実践や考えをまとめるものとして，あるいは交流する手段として，ぜひホームページ作りに挑戦してほしい。

ホームページをこう作る

　ホームページのよさや必要性は分かっても，ホームページ作りは「やる気」のみでできるものではない。作ってはみたものの，最初の意気込みだけで，作りかけのまま終わったり，更新をしないページというのも案外多いものである。ホームページを作る目的をきちんと持っておくことがたいせつなのだ。

更新

　ホームページには，更新がつき物です。更新の内容にもよりますが，私のようにグータラな人間にとっては，結構苦痛な作業だったりします。ホームページ開設の最初の頃は，自分のホームページを精力的に更新するものです。また，アクセス数を表示するカウンタをつけたりすれば，カウント数が気になり「よし，いいぞ。○人増えている」と自分のホームページを見てニッコリしたりもします。

　そして，「はあ～。インターネットってすごいな。自分の知らない人がこのページを見てるのよね…」と，コンピュータの向こうに沢山の人がいることを再認識したりするのです。

　ホームページを色々訪ねてみると，中には，ホームページを通して悩み相談みたいなことをやっている人もいます。私は，それを見て，すごいなと感心していました。不特定多数の人の相談にのるというのは，並大抵の覚悟でできるものではありません。それが職業というのであれば別ですが。

　ただ，ひとりで「不特定多数」を処理するのには無理もあるのでしょう。こういった類のページにしばらくして行ってみると，開店休業状態だったりする事も結構あります。

　本文で，ホームページを作るときには「作成の目的をきちんと持っていることが大事だ」と書きました。その他にも，頭に入れておいた方がいいことがもうひとつあります。それは，ホームページは不特定多数の人がのぞくものだということです。自分の考えを公開するという点でも，ホームページを介して双方向のやりとりをするという点でも，必ず頭に入れておかないと，結果的に自分自身が苦しくなることもあります。

　どんな内容だったら，ホームページを続けていけるのか。見通しを持って作ると，長続きするでしょう。ページの更新や運営が苦痛になるようなページは，やはりどこか無理があるのかもしれません。

私は，学校（教育関係）のホームページを分類すると，大きく分けて，次の2つのタイプがあると思っている。

ポスター型のページ

　学校（保健室）紹介，実践紹介などのページは，ポスター（広告）型のページと言ってもいいだろう。不特定多数に対して，自分の考えや実践をどちらかというと一方的に紹介する形である。ただし，一方的と言ってもアクセスした人に自分のページに対する感想や意見を求めることも可能だ。前にも述べたように，ホームページ上から直接自分宛にメールが届くしくみを作ればいいのである（p.20図4参照）。

　また，対象を意識して作成すれば，「不特定多数」から「特定の多数」へと対象をある程度絞り込むこともできるだろう。たとえば，教育関係者なら教育関係者，養護教諭なら養護教諭というように，自分の頭のなかで，ある程度ターゲットを限定しながら作成すれば，おのずと内容が定まってくるからだ。そして，内容が定まると，それに興味のある人が集まって来るので，結果的にアクセスしてくる人は，自分がターゲットと考えていた人となり，自然とアクセス者が限定されることになる。

交流型のページ

　不特定多数ではなく，相手を限定して作成される場合もある。たとえば，他の学校との交流のためだけに作られたページ（図15）。あるいは，メーリングリストなどの仲間に情報を提供するために作られたページ。さらに，必要なときに（たとえば，自分の意見や研究に対して質問があったとき），自分の実践や主張をまとめたポートフォリオとして特定の相手に実践を紹介するためのページである（図16）。

図15　アメリカの交流相手校との交流計画用のページ　URLは公開されていない

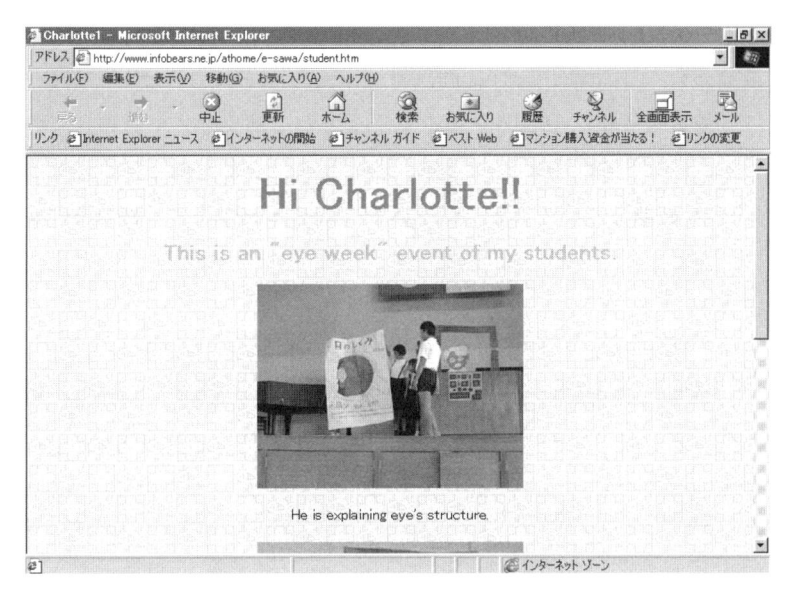

Ⅱ　マルチメディアをどう利用するか

図16　文通相手であるアメリカのスクールナースに日本の委員会活動を紹介したページ

　URLを交流の相手にしか教えないし，他のページとリンクをはらないでいれば，基本的には(**ハッカー***などは別として)限られた対象だけが利用するページとなる。前にあげたポスター型が，「だれでもどうぞ」というオープン型であるのに対し，こちらは「メンバー制」のようなクローズ型であると言える。
　どちらの型が優れているというわけではない。だが，作成にあたっては，目的意識を十分に持ってページを作ったほうがいい。目的意識のあるページは，説得力のあるページでもある。

　インターネットは，世界中のコンピュータをクモの巣のようにつないだしくみである。だから，インターネットにつないでいれば，日本だろうが外国だろうが，そのホームページを置いているwwwサーバがインターネット上にありさえすれば，めあてのページに飛んでいくことができる。ホームページが盛んになりだした頃には，このような特長がクローズアップされ，「世界(全国)に向けて発信する」という言葉がたびたび使われた。
　ホームページを作ると，本当に世界中(全国)の人が自分のページを見るのだろうか。答えは否である。インターネット上には無数のホームページが存在する。日本の学校のホームページだけでも，現在でも数千という数があるのだ。これから先，すべての学校がインターネットにつながれるようになれば，この数はさらに増えるだろう。これをすべて見るのは，どう考

***ハッカー** ── パスワードやIDを割り出したり，セキュリティーをくぐり抜けて，不正アクセスをする人。元々は，すぐれたコンピュータネットワークの技術者やソフトウェアの問題点をみつけたりする人をこう呼んでいたが，日本では，不正アクセスをして，情報を盗んだり機能を停止したりする人（クラッカー）と同様の意味で使われている。

えても無理である。

あまりにも漠然とした「世界(全国)に向けたメッセージ」は，かえって対象を狭めることになる。逆に，見てもらう相手や範囲を限定することが，結果としてその利用の範囲を広げ，意味のあるホームページとなっていく。自分がホームページをどんな目的のために作るのか，「自分自身がしっかり確認していること」それがホームページ作りの一番の条件かもしれない。

さあ，はじめよう！

ホームページ作りは，「はじめよう」と言われても，作文のようにとりあえず作文用紙と鉛筆さえあれば，だれでも書き始められるという類のものではない。しかし，考えてみれば，作文も最初からちゃんと書けたわけではなかったはずだ。鉛筆の握り方から始まって，文字の書き方，作文の筋立てなど，今では忘れてしまった「作文のためのスキル」を持っているからこそ書けるのだ。

ホームページ作りも，まだやったことのない人にとっては，どうしていいのかわからないに決まっている。だが，作成のためのスキルを身につけさえすれば，誰にでも作れるものだと言っていい。そして，それは，作文のようにそれぞれの思いを伝えられるものとなるだろう。

ホームページは，特別の用紙(コンピュータの中)に特別の様式を使って書く作文(作品)だと思えばいい。また，作文と同じように筋立ても必要だ。ここでは，ホームページを作るための様式やその手順について大まかに紹介しよう。

〈HTMLと作成ソフト〉

　ホームページは，HTMLという方式（コンピュータ言語）で書かれたファイルである。HTMLとは，ホームページを作成するための記号のようなもので，それぞれの記号（タグ）が，その**ファイル**[*1]上に書かれた文字の大きさや色，あるいは，どの画像ファイルを使うかなどを命令している（図17）。

```
<HTML>
<HEAD>
    <META NAME="GENERATOR" CONTENT="Adobe PageMill 2.0J Mac">
    <META HTTP-EQUIV="Content-Type" CONTENT="text/html;CHARSET=x-sjis">
    <TITLE>Untitled Document</TITLE>
</HEAD>
<BODY BGCOLOR="#89dde9" BACKGROUND="back364.jpg">
<BLOCKQUOTE>
    <P><CENTER><FONT COLOR="#330099"> </FONT><B><I><FONT COLOR="#F02B5C" SIZE=+1>みなさんは、どんな時に保健室に行きますか？</FONT></I></B>
    <P><CENTER><FONT COLOR="#F02B5C" SIZE=+1>けがをしたとき、病気のとき、検査のとき、保健室の先生に相談があるとき・・・いろんな時に保健室に行きま
    <P><CENTER><FONT COLOR="#F02B5C" SIZE=+1>体や心のこと、自分自身のことについて勉強するところでもあります。「体や心のことについてもっともっと話
    <P><CENTER><IMG SRC="sawa.jpg" WIDTH="209" HEIGHT="188" ALIGN="BOTTOM"
    NATURALSIZEFLAG="3"><FONT COLOR="#F02B5C" SIZE=+1> </FONT></CENTER></P>
    <P><CENTER><B><FONT COLOR="#F02B5C" SIZE=+1>ここはそんな保健室です。</FONT></B></CENTER></P>
</BLOCKQUOTE>
```

　　　　　　画像の指定　　文字の大きさの指定　　色の指定

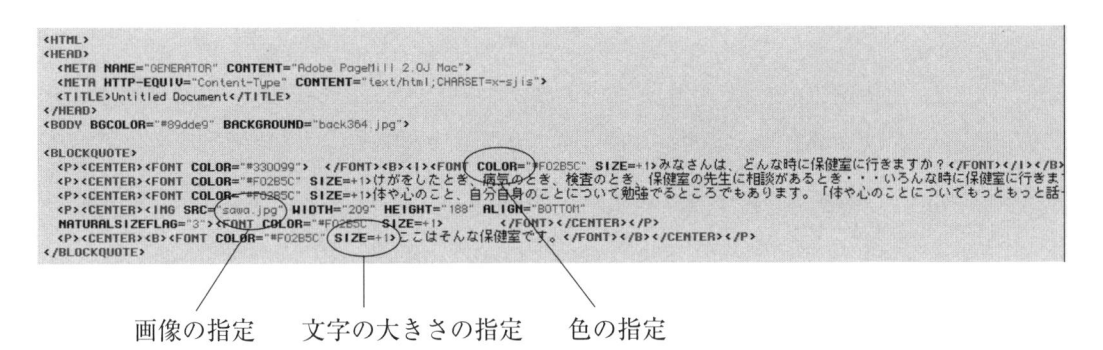

図17

　wwwサーバー内には，このようなHTMLファイルがたくさん埋め込まれており，これをブラウザを通して見ると，文字や画像の混じったきれいなページとして見えるのである。

　HTMLのタグは，覚えてしまえば，そう難しいものではないが，記号を見ただけでアレルギーをおこし，作成の意欲がなくなるという人も多いだろう。実は，私も，どちらかと言えばそのタイプなので，よくわかる。

　それでも作成をあきらめてはいけない。**ホームページビルダーやゴーライブ**[*2]などのホームページ作成ソフトを使うと，ブラウザで見る画面の状態でホームページを作ることができるからだ。つまり，表面上はタグを使わなくても，ホームページを作ることができるのである。ブラウザで見るようなホームページ状の画面に，直接文字や画像をのせていく作業だけでOKなのである。

　それでも，ブラウザ状の「作成画面」を「**ソース画面**」[*3]に切り替えると，ちゃんとしたHTMLファイルができている。作成ソフトが，裏側でHTMLファイルを作ってくれているのだ。

[*1] **ファイル** ── コンピュータで作った「書類」のこと。文字で構成されるものをはじめ，画像や音楽，動画を収めたものも全て「ファイル」という。

[*2] **ホームページビルダーやゴーライブ** ── ホームページビルダーは，Windows用のソフト，ゴーライブはMacintosh用のソフト。この他にブラウザやワードなどのソフトにもホームページ作成機能が付いている。

[*3] **ソース画面** ── HTMLで書かれた画面。ホームページ作成ソフトでは，一般にブラウザで見た状態でページを作成して行くが，画面を「ソース画面」に切り替えると，HTMLのタグをのぞくことができる。

このように，ホームページ作成ソフトを使えば，HTMLのタグをまったく覚えなくても，ホームページの作成ができる。ただ，時間があれば，ときどきソース画面をのぞいて，どのタグがどの命令に対応しているのか調べてみるといい（図18）。ブラウザ状態の画面でうまくいかないときに，ソースを開いて書き換えると，うまくいくこともあるからだ。やはり，ホームページ作成の基本は，HTMLのタグなのである。

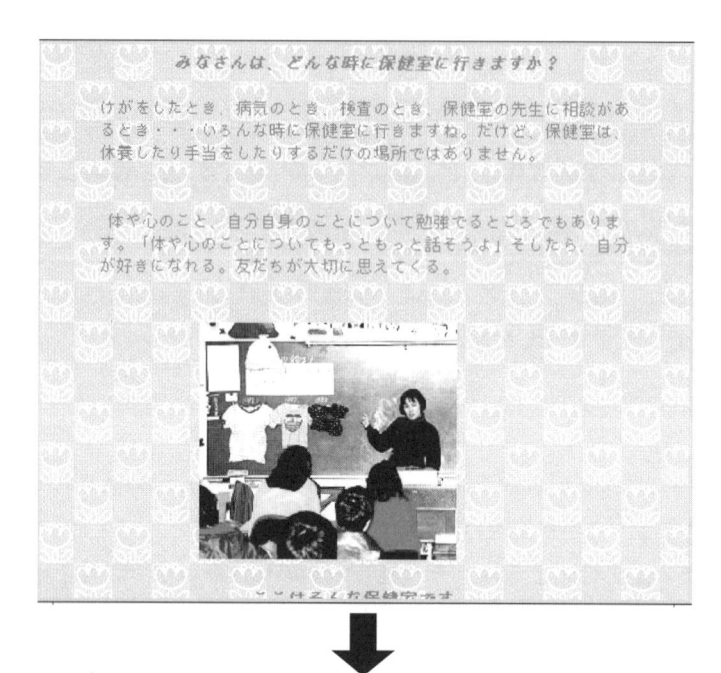

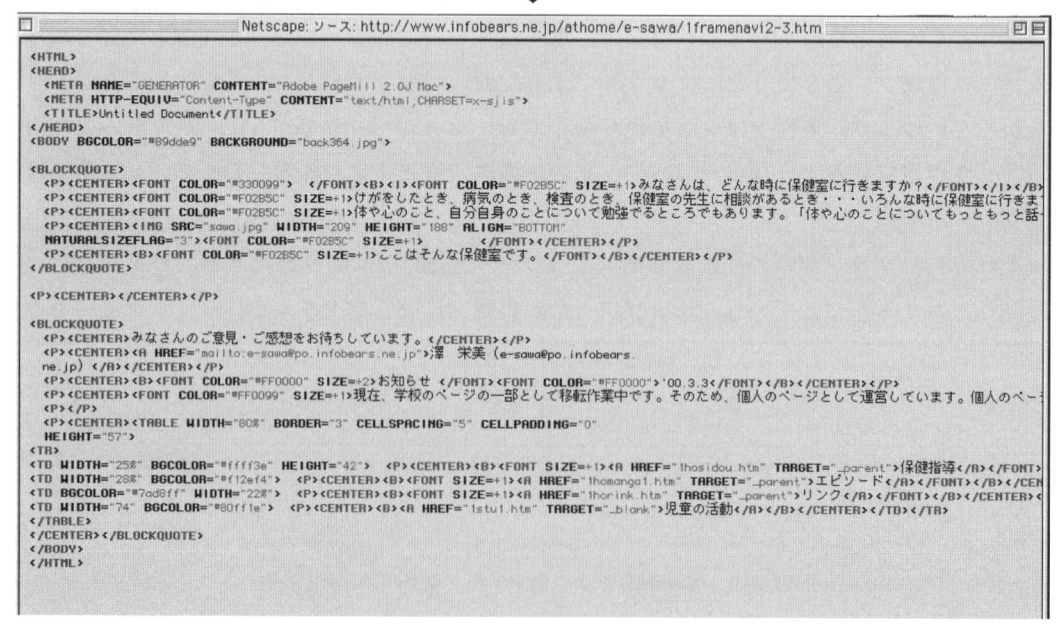

図18　上のホームページをソース画面でみると…

作成手順

ページを作り始めてしばらくすると，たいていの場合，「はて，私は何を作りたかったのだろう…」という事態に陥る。

作成の目的やホームページ全体のイメージがきちんと頭の中に入っていない事が原因だ。人それぞれの，作り方があると思うが，以下のような手順で取りかかると，比較的スムーズにできるだろう。

> ① テーマを考察する
> ② デザインする 〜ストーリーボードの作成〜
> ③ 材料を揃える
> ④ 作成
> ⑤ FTP 〜ファイルの転送〜

①テーマを考察する

まず，対象に何を伝えたいのか，テーマを決めることがたいせつだ。テーマが決まったら，そのテーマにかかわると思われる項目を書き出してみよう。とくに決まりなく，できるだけたくさん書き出すといい。

次に，集めた項目を似たものどうしに分類する（下の分類は，保健指導というテーマを内容別，機会別，方法別に分けた例）。ちょうど，**ブレインストーミング***の作業と似ている。最後に，分類したどの項目が上位になるか，あるいは，それぞれがどうつながっているか，大まかなプロット（本で言えば，目次の部分にあたる大まかな流れ）を考える作業をする。

〈項目の分類例〉

> 例：テーマが「保健指導」のページの場合
> ○保健指導の内容
> 　　歯に関する指導，目に関する指導，風邪予防に関する指導，性に関する指導，健康観，歯の衛生，食，救急処置，命の指導，喫煙防止教育，薬物乱用防止教育，など
> ○保健指導の機会
> 　　集会，健康の時間（測定と保健指導の時間）個別指導（救急処置時，健康相談時，その他の来室時など），学級活動
> ○保健指導の方法
> 　　紙芝居，お話，お便り，ビデオ，放送，パネル，OHP,コンピュータなど

---

*ブレインストーミング ── 互いの意見を尊重しながら多くの意見を出させる手法。

②デザインする　〜ストーリーボードの作成〜

　「ホームページで情報を受け取る」の「リンク」でも触れたが，ホームページはいくつかのページをつないでできている。1枚のページで作成することもできないではないが，この場合，ブラウザの画面をず〜っと下まで**スクロール**＊しなければならない。そのようなページは，大変見にくいので避けるべきだ。1枚のページにすべての情報を載せるのでなく，いくつかのページに分けたほうがよいだろう。

　なぜ，1枚のページではいけないのか。住宅をイメージするといい。入り口を入っていきなりすべての生活スペースがある家はない。台所，浴室，リビング，寝室など目的によって区切りがあるはずだ。ホームページも，まず入り口があって，そこからそれぞれの目的の部屋に行けるような形を基本にする。トップのページ（入り口）から，いくつかのページ（各部屋）に飛ぶようなデザインを考えるといいだろう。

　ところが，頭の中では，何となく「こんなページ」というイメージがあるのに，実際に作ってみると，何だか前後がつながらなかったりして，案外難しいものだということに気づく。そこで，住宅にも設計図があるようにページの流れをフローチャートのような図にしてみると，思いのほか，自分の考えがまとまる。ホームページの流れを鮮明にするために書いたフローチャート。それがストーリーボードである（図19）。

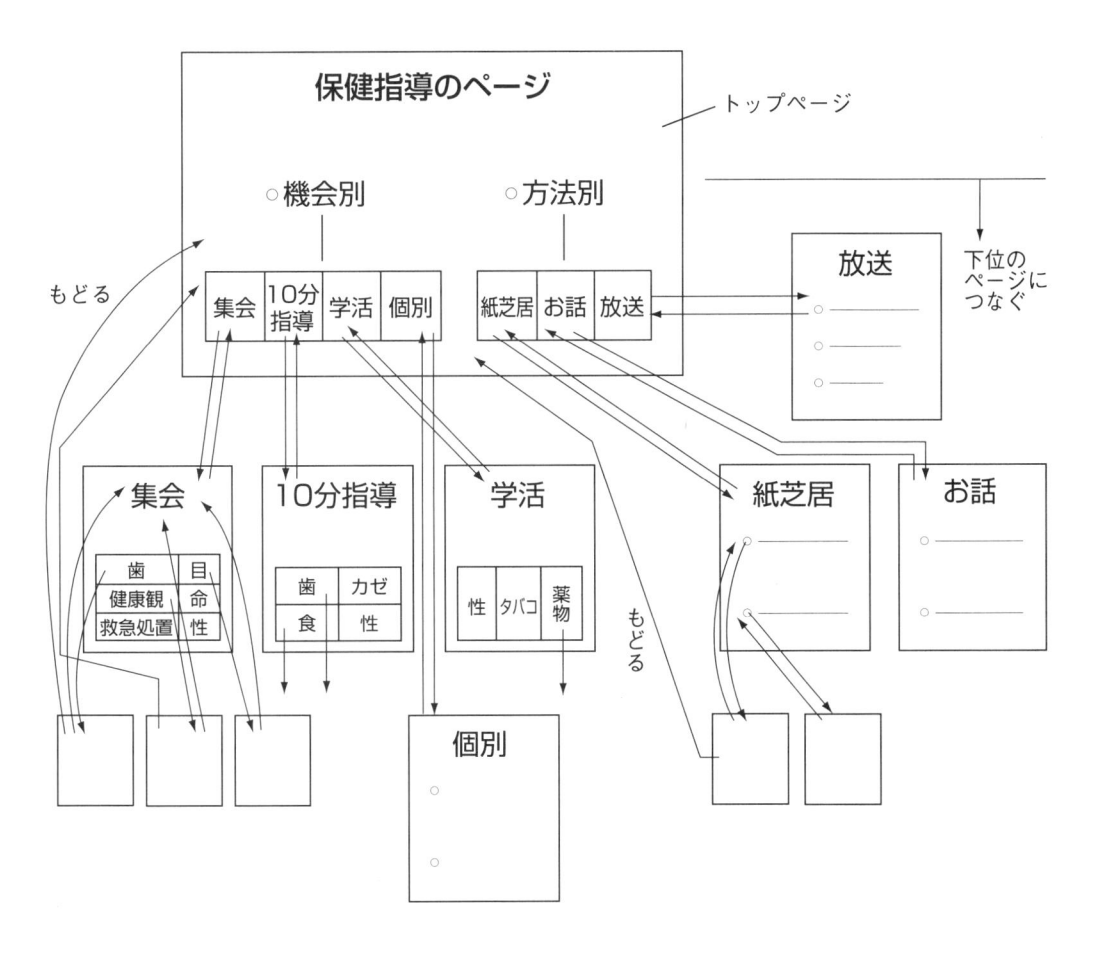

図19 ホームページのストーリーボードの作成

　まず、入り口(トップページ)から始める。トップページは、おおよそ、テーマについての説明とプロット作りの際に分類したような大きな項目を表示する程度にする。本で言えば、目次の中の「章」のようなものだ。そして、次のページに、トップページで表示した各項目に関する細かい中身を紹介する。そして、トップページのどの項目がどの中身につながっているか線でむすぶ。つまり、トップページの下にトップページの項目につながる下位ページを書き加え、そこからさらにつながる下位ページ…というように「ページどうし」のつながりを箱と矢印で表していくのだ。

＊**スクロール** ── 画面を上下左右に動かすこと。ワープロソフトやブラウザ、メーラーなど多くのものにスクロールバーがついていて、その中のボタンをドラッグしたり、矢印をクリックすることでスクロールできる仕組みがある。最近では、スクロールバーがなく、カーソルを動かすだけで、画面が移動する仕組みもある。

ストーリーボードは，基本的には，それぞれのページのつながりに視点をおいて作成すればよい。しかし，それぞれのページにどんな内容を載せるか，大まかに考えながら作っていったほうがつながりをイメージしやすいし，後でページを作成するときに楽である。

　ところで，ここで注意しなければならないのは，ページからページへの移動が「一方通行（袋小路）」にならないようにするということだ。かならず前のページか，トップページ（あるいはホーム）に戻るように逆の矢印も考えておく。ブラウザの「もどる」のボタンを使うことでも前のページにもどれる（図20）が，次のような場合は，「もどる」のボタンだけでは不便である。

> ・一度にトップやホームに戻りたいとき
> ・今見ている流れをやめて，違う流れに移りたいとき

図20　Netscape communicatorの例
　　　前のページに戻りたいときは，戻る のボタンを，
　　　次のページにいきたいときには，次へ のボタンをクリックする

③材料をそろえる

　ストーリーボードができたところで，それぞれのページに必要な材料を捜す。ここでいう材料とは，実際のホームページにしていくためのパーツや飾りである。ホームページの材料には，文字，画像，音声などがある。ページのテーマを決めたときに，そのテーマにかかわる項目を思いつくだけ出し，プロットを作った（p. 37参照）。その項目に関連した文や画像を集めればいいのである。

　材料は，パソコンで作った文章やデジタルの画像のこともあるだろう。デジタル素材は，必要に応じて，次のようないくつか処理をすれば，すぐに使える。

> ・文章を短くする
> ・容量を軽くする[*1]（画像の場合：p. 45参照）
> ・ファイルタイプを変える（p.118参照）

　また，パソコンで作ったものではないふつうの写真や絵を使いたい場合もあるだろう。そんな場合は，スキャナで画像を取り入れ，デジタルの画像に処理しておくことも必要になる

　さらに，直接テーマには関係ないが，全体の体裁を整えるために素材集（p. 45参照）などにある飾りなども準備する。これらを，ストーリーボード作成のときに考えたそれぞれのページにのせていけばいいのである。

　材料には，具体的に次のようなものがある。

文字情報として	指導案，指導記録，子どもの感想など
画像として	指導中の写真，指導の教材の写真，指導にかかわる何らかの写真など
飾りとして	バックの柄，**ボタン**[*2]，**バナー**[*3]など

④作成

　ストーリーボードと材料の準備ができたら，次は，実際に作成に移る。ストーリーボードで作った流れに，どの材料があうか考えながら，実際のページを作っていくのである。

　作成は，p.35の「HTMLと作成ソフト」でも述べたように，自分のできる方法で（作成ソフトを使ったり，HTMLで書いたり）作成すればよい。

　ホームページ作りの基本は，見やすさである。ホームページには，不特定多数または特定

[*1] **容量を軽くする** ── デジタルカメラやスキャナで撮った画像は，画像ソフトを使って解像度（画像を構成する点の密度）を下げ，容量を小さくすることができる。
[*2] **ボタン** ── リンクの表示等に使う飾り。
[*3] **バナー** ── タイトル等をのせる受け皿のような飾り。

の対象に「見せる」という前提がある。だから，見やすいホームページを作るというのが基本になるのである。せっかくのすばらしい内容も，見にくければ見ようという気にならない。
　見やすいホームページにするには，次のようなことを頭に入れておこう。

i) 文字情報が少ないこと
　　図21と図22を比べてみよう。どちらが見やすいだろうか。間違いなく図22である。図21は，なぜ見にくいのか。ひとつの画面の中の文字情報があまりに多いからだ。
　ページを見やすくするには，文字数をできるだけおさえる必要がある。さらに，画像を多く使ったりテーブル（表のようなもの：図23の上図を参照）を取り入れたりなどの工夫をしたい。また，文字数が多いうえに，文字サイズが小さいと，さらに見にくさに拍車をかける。だから，文字は，一番小さい文字でも12ポイントくらいの大きさを使用したほうがいい。
　とは言っても，論文などのように文字でしか表せない情報もある。そんな場合，どうしたらいいのだろうか。
　「ストーリーボードを作る」でも少しふれたが，ホームページを作る際は，ページの上下のつながりを考えておく。一般に，一番上位になるのは，目次的なページであり，その下のページにそれを説明するページ，そのまた下にさらに詳しいページと続かせるような流れを考えて作る。
　論文のような文字でしか表せないものを紹介するときは，基本的にそのトップになるページに「見やすさ」を持ってくるようにすればいいのである。どんなに文字数が多くても，必要性があれば，見るわけだから，そこ（文字の多いページ）に到達したいアクセス者と，別に到達しなくてもいいアクセス者を振り分けるしくみを作ればいいわけだ（図23）。

ii) 色合いがきれいであること
　好みやセンスの問題もあるのでひとまとめにして言うのは難しいが，少なくとも色合いはたいせつな要素だということを頭に入れて作りたい。あまり奇抜な色使いや，使用色の多すぎるページは，目を疲れさせる。できるだけ，ひとつのページの色使いは，全体に同系色でまとめたり，使用色を少なくした方がいいだろう。
　また，最低でもバックの色と文字色との関係は頭に入れておこう。たとえば，白っぽいバックに黄色の文字を使ったり，同系色の色どうしを合わせると文字が見えにくくなる。バックが濃ければ文字は薄い色，バックが薄い色であれば，文字は濃い色にするなどの工夫をし，色使いにおいても「見やすさ」を頭に入れて作りたい。

図21　文字の多いホームページ

図22　文字の少ないホームページ

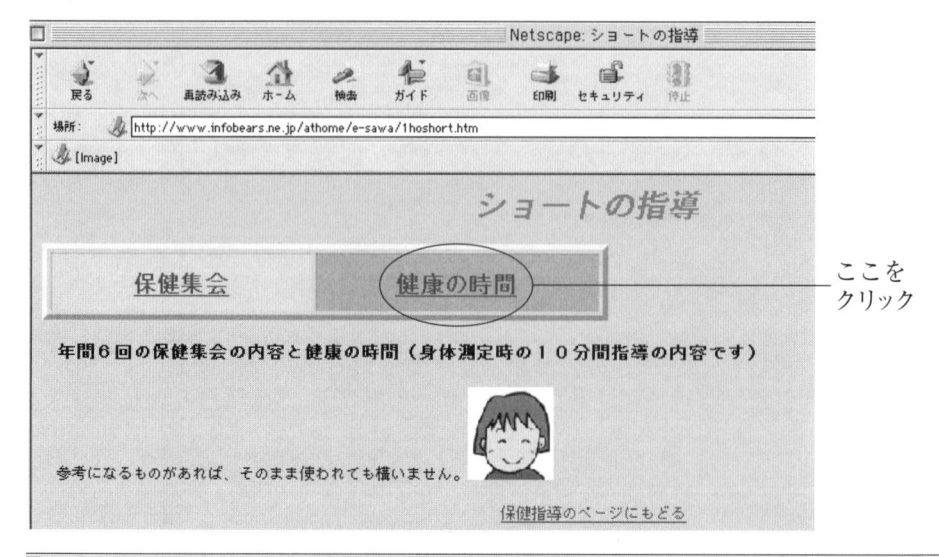

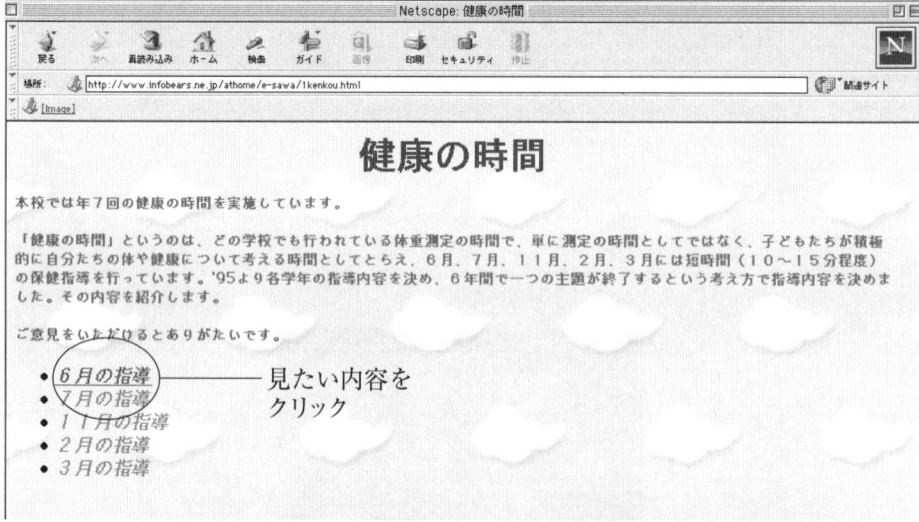

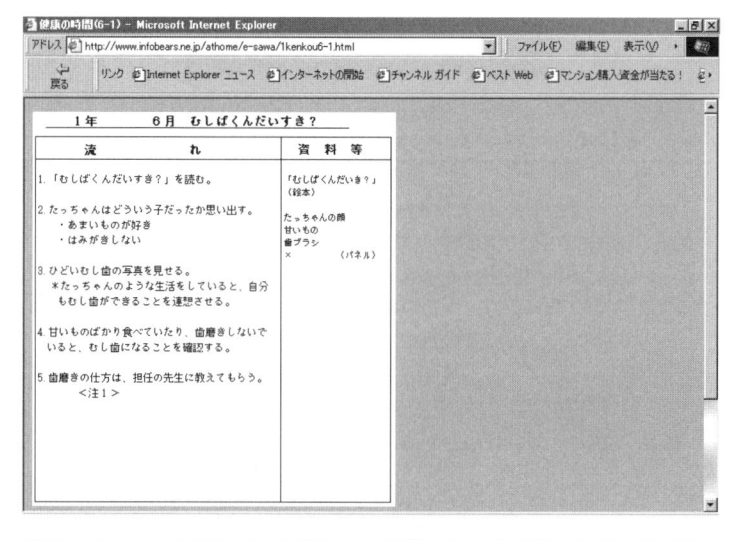

図23 アクセスしてきた人を，目的によって到達したいページに振り分けるしくみ

iii）重くないこと

　コンピュータで作る**ファイル**＊（コンピュータ上の書類）には，「容量」といって，そのファイルの持つ大きさがある。そして，「容量」が大きいものを通常「重い」と表現している。

　ページの容量が大きい（重い）と，アクセスしてから画面が表示されるまでに時間がかかる。見たいページにアクセスしても，表示までにあまり時間がかかると，待つ時間がイヤで，結局は途中であきらめて違うページに行ってしまうということは多い。だから，「重くないページ」というのがホームページ作りの大きな条件のひとつと言えるだろう。

　では，「重い（容量が大きい）」とは，どんなことなのだろう。イメージしやすいように，紙の書類にたとえて説明しよう。たとえば，文字が数行しか書いていない書類と100行も200行も書いてある書類が1枚ずつあると考えてほしい。行数の少ない書類を「容量が小さい書類」，行数の多い書類を「容量が大きい書類」と考えれば，少しイメージがわくだろうか。

　両者を比べると，書いたり読んだりするのにかかる時間はずいぶん違うはずだ。重いファイルとは，行数の多い書類のようなもので，コンピュータがそれを処理するのに時間がかかってしまうものをいう。

　ホームページは，文字，画像，音声などの情報によって構成されているが，そのなかで一番軽い要素は，文字情報である。画像や音声はそれに比べるとかなり重くなる。だから，ホームページにこれらを使うときは，「容量」を意識しながらページを作るべきだ。とくに，画像は，ホームページを見やすくするために多く使用するものだから，気をつけなければならない。

　とは言っても，バックの絵柄やボタンなどは，ホームページ作成ソフトにも数種類入っているし，素材集（CD-ROMとして，ホームページ用の画像などを収録したもの）が安く出回っている。それらの素材を使用すれば，最低限の容量に抑えてあるので，あまり悩む必要はないだろう。また，フリー（無料）の素材を提供しているホームページもあるので，インターネットに慣れてきたら，そういったものを利用する方法もある。

　子どもたちの活動の紹介や教材の紹介など，内容によっては，自分で撮ったデジカメの写真やスキャナで取り込んだ画像を使う方が効果的な場合も多い。また，将来的にはもっと高度な技術として，動画とともに音声を取り込むことも多くなるだろう。そんな場合，使用する画像や音楽の保存形式（p.118参照）を選ぶことで，ずいぶん容量が軽くなるので，頭に入れておくといい。

＊**ファイル** ── コンピュータ上に保存された書類のことを言う。ファイルには，文書（テキスト）ファイル，画像ファイル，音声ファイル，動画ファイルなどがある。

⑤ファイルの転送

　ホームページを作っても，自分のコンピュータの中にデータをおいているだけでは，誰もそれを見ることはできない。「ホームページの情報を受け取る」でも述べたように，ホームページは一定の手順をふまなければ見ることはできない。wwwサーバー内に存在するHTML文書をインターネットを使って自分のコンピュータに取り込み，ブラウザを使っていわゆる「ホームページ」として見るのである。

　つまり，他の人にホームページを見てもらうには，自分の作ったホームページのデータをインターネット上にあるwwwサーバーに置かなければならないのだ（プロバイダと契約している場合，プロバイダの持つwwwサーバに転送する）。

　インターネットを使って自分のコンピュータから他のコンピュータにファイルやフォルダを転送するには，FTP（File Transfer Protocol）というソフトが必要である。FTPを使えば，逆に，wwwサーバにあるファイルやアプリケーションなどを自分のコンピュータに**ダウンロード***することも可能である。

　FTPは，ホームページ作成ソフトに組み込まれているものもあるし，単独のソフトウェアの場合もある（図24）。

　ホームページのファイル転送は，HTMLファイルだけでなく，そのなかで使った画像ファイルも一緒に行わなければならない。HTMLは，あくまでテキストファイルであり，画像は別のファイルとして存在するからだ。

　ホームページ作成ソフトでホームページを作成すると，あたかもそのなかに画像があるように見えるが，実は，HTMLの書類が他の場所にある画像を読み込んでいる。図13でも紹介したように，HTMLのタグが，どこにあるどの画像を使うという命令を組み込んでいるのである。

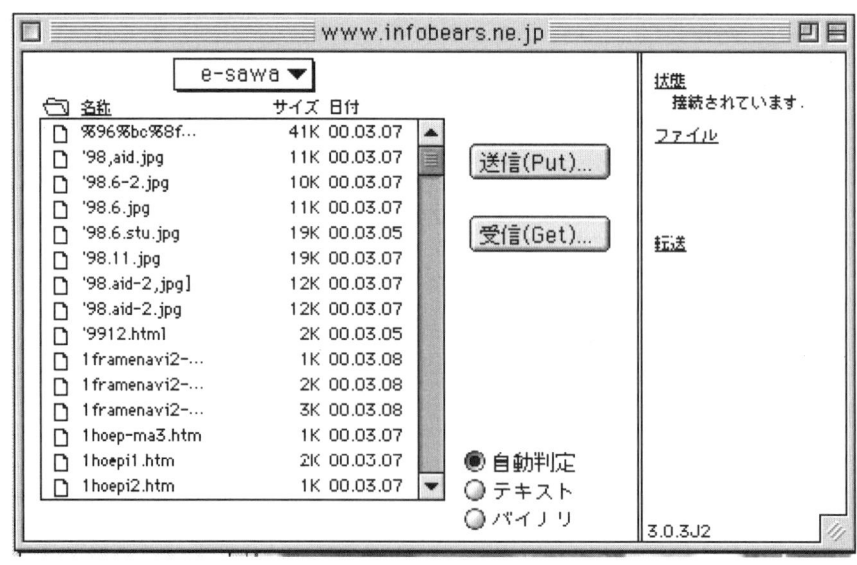

図24　FTPの例（単独のマッキントッシュ用FTPソフト　Fetch）
　　　jpgがつくものは画像ファイル，htmまたはhtmlがつくものはテキストファイルである。

電子メール

インターネットでできる伝達方法の中でホームページと並んでよく使われるのが，電子メール（以下，メールと略す）である。インターネットを介してやりとりする手紙のようなものと考えてよい。

1）メーラー

ホームページを見るのにブラウザが必要なように，メールを使うためには，メーラーと呼ばれるソフトが必要である。メーラーには，アウトルックエクスプレスなど，メールの送受信専用のソフトもあればネットスケープコミュニケータのようにブラウザ機能と一緒になっているソフトもある。私の知っている限りでは，メールの送受信の操作は，どのメーラーも基本的にあまり変わらない。自分が使いやすいと思うものを使えばいいだろう（図25）。

また，メールを送受信するには，メールアドレス（以下，アドレスと略す）が必要である。アドレスは，プロバイダと契約すると，その人固有のものをもらうことができる（図26）。それぞれのアドレスは，世界にひとつしかない。

だから，メールを作成する際，相手のアドレスを「宛先」に記入して送信すれば，確実に相手に届けられるし，1文字でも間違っていれば，絶対届かない。

```
メールアドレス
sawa@△△△△△.□□□□.ne.jp
アカウント名  サーバ名    組織名  組織種別 国名
```

組織種別
- co：企業
- ac：教育及び学術機関
- go：政府機関
- ad：ネットワーク管理組織
- ne：ネットワークサービス（プロバイダ等）
- or：上記以外の団体

国　名
- jp：日本
- uk：イギリス
- kr：韓国
- ch：中国
- fr：フランス
- it：イタリア

図26　メールアドレスの意味

---

* **ダウンロード** ── インターネットやホストコンピュータなどにある情報を自分のコンピュータに転送することをいう。逆に，ホームページなどに情報を転送することをアップロードという。

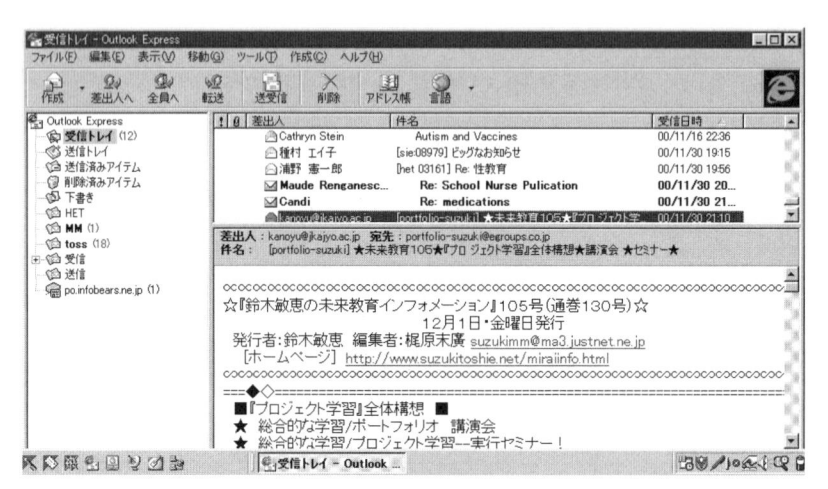

図25　ネットスケープコミュニケータ（上）とアウトルックエクスプレス（下）
　　　（この他にも多くのメーラーがある）

メールアドレス

　メールアドレスが少しでも間違っていると、メールは届きません。メールがちゃんと相手に届かなかった場合、Mail administratorという差出人から「Mail System Error-Returned Mail」というサブジェクトのメールが届きます。本文にはThis Message was undeliverable due to the following reason:（このメッセージは、以下のような理由のため配達されませんでした）と書かれ、「unknown address（不明のアドレス）」などの理由が続きます。

　さて、送られてきたメールに「返信」機能を使ってメールを返す場合、返信メールは、元メールの送り主がメーラーで設定した返信用アドレスに自動的に「返信」されます。ですから、送り主が設定したアドレスが間違っていると、アドレス間違いで返ってくるということが起こります。

　先日、いつもメールをやりとりしている方からメールが来て、「返信」機能を使ってメールを送りました。ところが、すぐにメールが送り返されてきました。「おかしいな。いつもメールのやりとりをしているのに…。アドレスが変わったのかな。」

　そこで、送信済みのメール（送信したメールは記録として残ります。）の宛先にあるアドレスと、こちらで控えているアドレスが違っていないか調べてみました。すると、なぜか、今回送ったアドレスには、控えのアドレスにはある＠の後ろ二文字がぬけています。そこで控えていたアドレスどおりに宛先を書き直し、新たにメールが返ってきた旨をお知らせするメールを出しました。すると、メーラーを変えたため、設定をやり直したが、その設定が間違っていたということでした。納得しました。

　また、ちょうどその頃、MLの仲間のメールの送受信が何だか変だという相談を受けていました。メールが届いたり届かなかったりするのだそうです。MLからのメールはちゃんと届いているといいます。ちょうど、先に紹介した例を経験したばかりでしたので、すぐに「メーラーでのアドレス設定間違い」が頭に浮かびました。つまり、MLや他からの新しいメールでは送り手が元々、登録しているアドレスを使うためメールが届いている。しかし、「返信メール」は、アドレスがまちがっているため届かない。そう予測したのです。

　試しに、そのメンバーからの個人メールに「返信」でメールを出したところ、案の定、「Mail System Error-Returned Mail」からメールが返ってきました。

　そこで、MLに登録してあるメールアドレスと、今回の返信先のアドレスをよ〜く眺めてみました。1回目。「別に間違っていないようだけど…。」2回目。気づきました。なんと、文字と文字の間の「.」（ピリオド）がぬけているではないですか！

　その旨、本人に伝えると、やはり、メーラーを変えて設定し直したとのこと。その際、「.」を打ち忘れていたらしいのです。原因がハッキリしました。

　「.」くらい勘弁してよと思いますが、コンピュータって、頑固です。「間違いは間違い！」と間違いを許してくれません。

メール送受の仕組みを考える時，プロバイダが郵便局，アドレスがそれぞれの私書箱の番号のようなものと思えばわかりやすい（図27）。受取人は，いつでも郵便局（プロバイダ）の私書箱（アドレス）にメールをとりに行って，自分の私書箱の鍵（パスワード）を開け，メールを受け取ることができるのである。

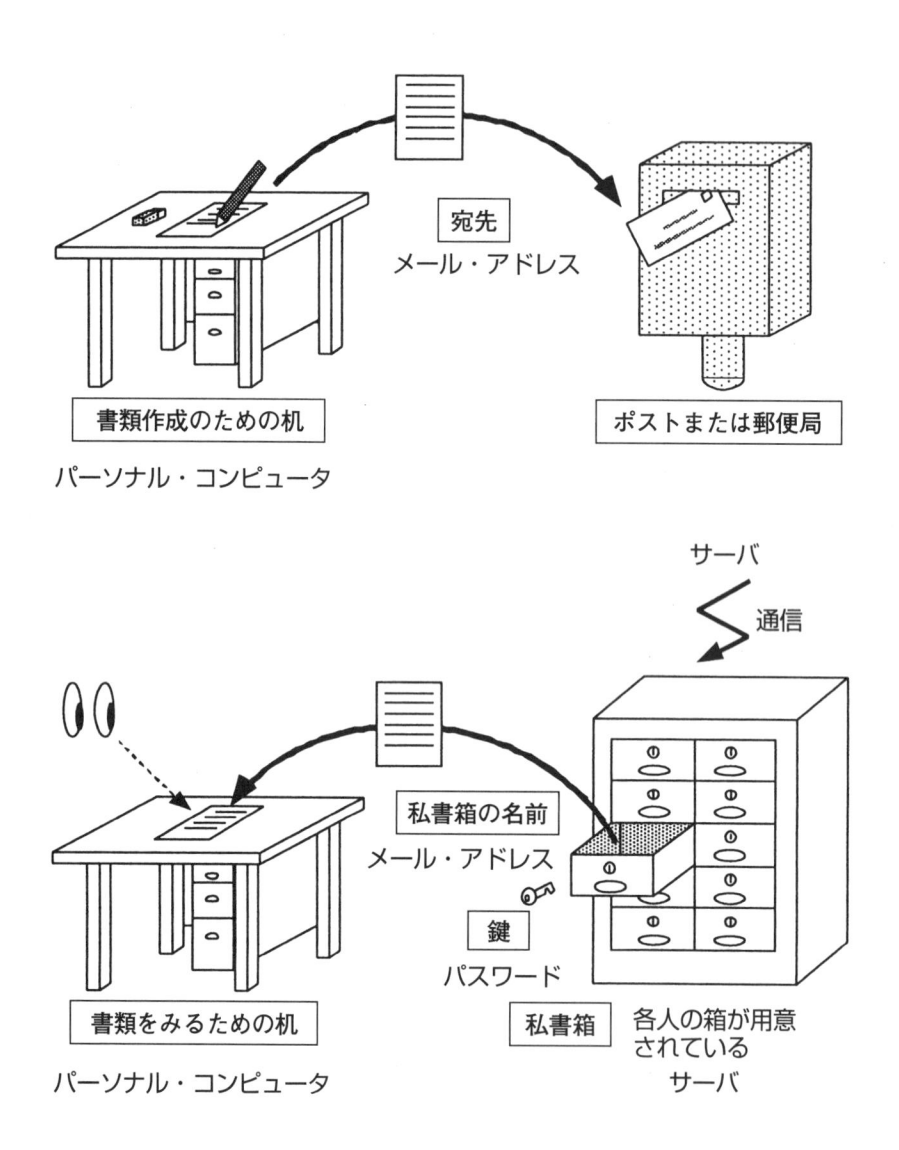

図27　メールのしくみ

2) メールの利点

同じ文字情報を中心とした視覚的な伝達方法である手紙やFAXと比較してみると，メールにはいくつかの利点がある。

①たくさんの情報を速く送ることができる

インターネットを使用する時間帯やコンピュータの処理能力，インターネットへ接続方法によって多少の差はあるが，メールの配信は数分内に行われる。もちろん，手紙よりは，ずっと速く相手にメッセージを伝えることができる。

また，メールには，メールの本文以外にいくつかの書類を添付して送ることもできる。たとえば，画像のような文字情報以外のもの，あるいは論文・原稿など，郵送すればかなりの量になるものを即座に送ることが可能なのである。しかも，コンピュータどうしの直接のやりとりのため，FAXのように文字や画像に乱れがない。

②複数への発送が可能

　招待状や研究会案内などを多数の人に発送した経験があれば実感できると思うが，手紙を複数の人に送るには，大変な労力を要する。まず，送る文面を人数分印刷しなければならない。そして，それぞれの送り先の宛名書きをした封筒に，書類を入れて投函するという面倒な作業がいる。

　ところが，メールを使えば，文面はコピーすることなくひとつだけ準備するとよい。そして，あとは宛名（アドレス）を相手の数だけメーラーの「宛先」に書き込むことで，同じものを全員に配送することができるのである。また，あとで紹介するメーリングリストのように，送付先が一定のグループであれば，そのグループのアドレスをひとつ入れるだけで，数十人数百人に一度にメールを発送することも可能だ。

インターネットの渋滞と早起きの関係

　「インターネットをすると，早起きになる」って話，聞いたことありませんか？

　インターネット人口が増えて，NTTなどの通信関連会社がいろいろなサービスを次から次に提供しています。夜間割引サービスはその代表的なものでしょう。これは，あまり電話が混み合わない夜中に電話回線を使う分は，料金を安くしましょうというサービスです。

　帰宅後，食事や入浴，家事などが大体終わってからパソコンに向かう人は多いものです。私の知っている人は，「11時からが通信の時間」ときっちり日課に組み込んでいます。

　インターネットの情報は，通信回線を通して送られてきます。ちょうど，幹線道路を「情報」という荷物を積んだトラックが運んでくるような感じだと思っていいでしょう。みんながいっせいにトラックを動かせば，道路はいっぱいになって，渋滞が起こります。昼間，あまり車が通らない時間帯は30分ですんでいる道のりが，夕方などの渋滞する時間帯は1時間かかるということはよくあることです。

　インターネットも同じで，みんなが同じ時間帯に通信回線を使えば，情報の流れは悪くなります。家庭の仕事が終わり，かつ夜間割引のある11時から1時くらいまでは，インターネット通信回線の渋滞時間といえるでしょう。

　インターネットが渋滞するとホームページの表示にとても時間がかかったりします。渋滞がイヤな人は，時間帯を変えてその道を通る。インターネットの渋滞時間がイヤな人は，早めに寝て朝からアクセス。そんな人って多いですよ。私の周りには，通信するために5時台に起きている人はけっこうたくさんいます。

　「インターネットをすると，早起きになる」これって，確かです。

安らぎの画像

メールには書類や画像を添付することができます。

私は，マッキントッシュユーザーで普段はほとんどマッキントッシュのコンピュータを使っています。ウインドウズにしかないソフトで作成されたデータはマッキントッシュでは読めません。このようなことが原因で，添付されてきたものが読めなくて困ったという経験も何度かしています。また，同じ機種同士でも読みとり方式の設定のしかたの違いで添付された書類が開かないことはよくあることです。画像の読みとりの形式についても同じことが言えます。

けれども，形式さえあえば，添付されているものをそのまま見ることができるので，機種や形式の問題がクリアできれば，画像をメールに添付して送るのは，とても便利な方法です。ただ，画像を送る場合には，「ホームページ」でも触れたように，「容量」には十分気をつけて送る必要があります。

ずいぶん前のことですが，ある日メールボックスを開けると，メールが届くのにとても時間がかかります。届いているのはそこ数通のメールのはずなのに（ネットスケープコミュニケータでは，届いたメールの数と受信状況を小さなグラフのようなもので表示してくれます），なかなか受信を完了してくれないのです。メールを受信し出してからすでに3～4分経ちますが，いっこうに完了しません。パソコンの調子が悪くなったかなと心配していると，5分近く経って，やっと，メール受信を完了しました。

メールを開いてみて，その訳がわかりました。ある方が「気持ちが安らぎますように」と，暑中お見舞いとして旅行に行かれたときデジカメで撮った風景をわざわざ添付書類で送って下さったのです。

たしかに心休まる画像ではありましたが，それが届くまでの5分間は，「パソコンが壊れたか」「何か新種のウイルス？」とハラハラドキドキでした。後で調べてみると，なんと，1枚が1メガ（フロッピーディスク1枚が1.4メガ）くらいの画像が2枚添付されていたのです。

その方のご厚意を考えると，「涼しい画像をありがとうございました」としか，お返事が書けなかった私でしたが，ホントのところ，とてもビックリしました。

画像は，できるだけ小さくして送る。これって鉄則です。

③転送や加工が可能

　自分に届いたメールを他の人にそのまま送ることもできる。有益な情報，他の人も知っておいた方がいい内容などを受け取った場合，メーラーの中の「転送」という機能を使って，別の誰かに送ることができるのだ。もちろん，情報の発信元に許可を得てからのことだが。

　また，メールを使うと文字情報は文字情報のまま，画像情報は画像情報のままコンピュータからコンピュータへ通信回線を使って送られる。そのため，送られてきたデータは自分のコンピュータ内で加工することもできる。メールに添付されたグラフや画像を，少し加工して自分のコンピュータ内の文書に貼り付けて使うといったことが可能なのである。しかし，これもまたお互い（送り手と受け手）の了解のもとに行われるべきことであり，勝手に送られてきた文章や画像を加工して使うことはできない。

常識

　昨年，アメリカから講師を招いた研修会に参加しました。そこで，日本ではあまり話題にならない「知的所有権」の話が出ました。何かの理論，実践，あるいはアイディアなど，形として存在しない「知的所有権」が，最近のアメリカでは厳しく言われているそうです。

　たとえば，誰かがある学習方法の開発をしたとします。他の人がその方法を使うためには，開発者の名前をハッキリさせること。あるいは，その実践を使用する場合，開発者に許可を得てからやるといったルールを守らなければならないということです。

　私は，以前，人の実践を真似たものを，そのまま自分の実践として地域の実践集に紹介していた人がいて驚いたことがあります。このような例は，ちょっと常識外ですが，私自身，自分の自作教材が知らない間にどこかで使われているという経験を持っています。自分が作ったものを，必要として使ってくださることは，とてもうれしいことです。しかし，まったく知らないところで，自分の意志とは少し姿を変えて使われるとなると，あまりいい気持ちはしません。

　優れた実践を追試したり，紹介することは悪いことではありません。けれども，それは，あくまで開発者がその実践や教材を作った過程や労力に敬意を払った上でなされるべきものです。

　これからインターネットなどの通信を通じて，簡単に情報が行き来するようになってくると思います。自分が使おうとしている情報は，自分の判断で使うことができるものなのか，あるいは許可を受けなければならないものではないのか，インターネットを使うなら，使用者としての「常識」を身につけていきたいものです。

このように，メールを使えば，手紙よりずっと速く相手に用件を伝えることができる。また，リアルタイムな伝達方法である電話とくらべてみても，たいへん優れた点が多い。

④相手の時間を拘束しない

電話は，基本的にかける側の都合に合わせなければならない。電話がかかれば，たとえ食事の準備中でも火を止めて応対する。相手の都合で自分の時間をとられ，不愉快な思いをした経験は誰にでもあるだろう。

メールの場合は，受け手が自分の都合のいい時間にコンピュータを起動させ，メーラーを開くことで，はじめてメールを受け取ることになる。だから，送り手側にとっても，相手の都合を気にせず，夜中だろうが，早朝だろうが，いつでも自分の都合のいい時間に気がねなくメールを送ることができるという便利さもある。

ただ，連絡を急ぐ場合，相手がいつ受け取ってくれる（メールを開いてくれるか）かがわからない不安もある。だから，緊急の場合は電話で連絡して，メールを送信したことを相手に伝えると送信側と受信側の時間のズレは少なくなるだろう。

さまざまな形でメールを活用する

　前に紹介したように、メールは、一度にたくさんの人に送ることが可能である。このことは、多人数の相手とやりとりをする手段としてメールが活用できることを意味している。
　多人数とのシェアという視点でメールをとらえた場合、非常に注目すべき形がある。ひとつは、メーリングリストという仕組みを利用したやりとりの形。もうひとつは、メールマガジンという仕組みを利用したやりとりの形である。
　メーリングリストとは、許可されたグループ内でメールのやりとりをする仕組みのことを言う。また、メールマガジンとは、インターネットを介したメール状の雑誌（記事）配送システムである。
　これらの仕組みを利用すると、多くの養護教諭はもちろん、養護教諭以外の方々ともつながることができる。そして、情報や知識の共有の可能性がさらにふくらむ。

1）メーリングリスト

　インターネットという限りない情報網の中であえて限られた枠を作り、ひとつのグループ内でメールのやりとりをするしくみをメーリングリスト（以下MLと略す）という。もともと、MLというのはグループアドレスのことで、このアドレスに登録した人がML宛にメールを送ると、すべてのメンバーに同じメールが届くというしくみを持っている（図28）。

（登録者）

図28　メーリングリストのしくみ

●MLを通した共有の形

　第Ⅰ章で，養護教諭の共有(横のつながり)の必要性について書いたが，私はMLという仕組みを「共有の最前線」と言ってもいいと思っている。前にも紹介したように，ホームページでも掲示板をつくったりして，多くの人との交流をすることは可能だ(図29，図30)。しかし，MLは，それとは異なった空間である。掲示板と違い閉じられた空間であるため，掲示板のように話の内容がメンバー以外に公開されることはない。また，そのMLの趣旨に賛同した者が集まっているから，安心して本音でものが言い合える空間でもある。

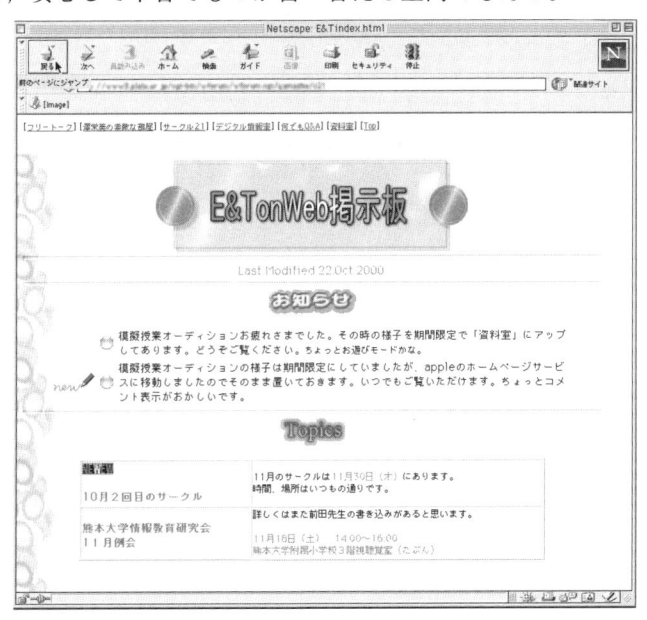

図29　E&T（Education&Teachers）掲示板の表紙

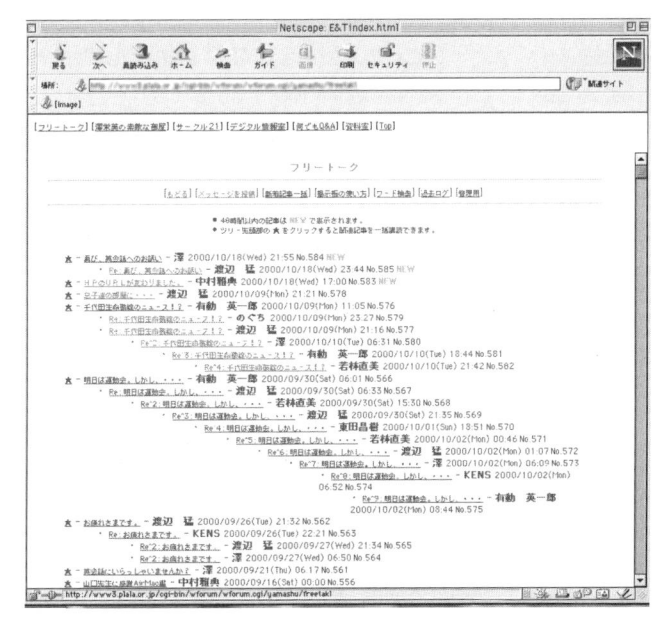

図30　E&T掲示板フリートークページ

閉鎖された掲示板

　ホームページの掲示板は，CGI (Common Gateway Interface) というプログラムを使って，作られています。掲示板の多くは，そのページを訪れた人は誰でも書き込みができるように作られていて，とても公開性の高いものです。しかし，CGIを使えば，アクセス制限の機能を付け加え，閉じられた空間にすることもできます。「アクセス制限」とは，たまたまそのページにたどり着いて掲示板のページに入ろうとしても，IDとパスワードがないと入っていけないしくみです。

　私の参加するE&T (Education and Teachers) ネットは，もともと熊本の教員数十名で作るパソコン通信のネットだったのですが，現在は閉鎖されたタイプの掲示板として運営されています。E&Tの掲示板は，話し合いの内容によっていくつかの掲示板（ページ）に分けられています。それぞれの掲示板ごとに話題が投げかけられると，それに対するレスポンス（返事）がツリー上に表示されます。そして，そのレスポンスのタイトルをクリックすると書き込みが見えるようになっているのです（p.57図29，図30参照）。

　また，共有できそうなプログラム（たとえば，会員が作ったスポーツテスト集計プログラムとか時数計算プログラムだとかそういったもの）や，画像や講義録などさまざまな情報をダウンロードできるように作られています。

　このようなタイプの掲示板であれば，閉じられた空間での話し合いということで，メンバーの安心感や責任感は高くなり，MLと同じような感覚で参加ができると思います。

　ただ，MLと違い，ホームページの形ですから，投稿されたメールはインターネットにつないだままで読むことになり，MLに比べれば電話代がかかることになります。

　また，管理者側にとっては，アクセス制限に関しての手間の問題があります。アクセスを制限するためには，パスワードとIDの発行をしなければなりません。これは，メンバー全員が同じものを使う設定にもできるし，個人個人に割り当てることもできます。基本的には後者の形式の方がいいのですが，この場合，人数が多くなってくると発行の手間がかかることになります。かと言って，全員を同じパスワードとIDにしてしまうと，前からの知り合い同士といった安心できるメンバー構成の場合はあまり心配いりませんが，広い範囲でメンバーを求めた場合，少し心配が出てきます。もし何らかのトラブルを起こす人がいる場合に，問題が出てくるです。

　MLの場合は，管理者側でリストからその人のアドレスを削除すれば，その後，削除された人がいくらMLにメールを出しても，メールは受け付けられないし，MLメンバーからのメールも配送されなくなります。しかし，閉鎖的な掲示板で，共通のパスワードとIDを使っている場合は，その人をグループから削除するのに，全体で使っているパスワードとIDを変更しなければならなくなってしまい，かなりの手間がかかってしまいます。このようないくつかの問題点を解決できれば，閉鎖性を兼ね備えた掲示板は，たとえば，バーチャル研究サークルの場として活用するなど，大きな可能性をもっていると思います。

さて、それでは、その安心のある空間の中で、何を共有するのか。ここでは、趣味のMLなど単なるおしゃべりで楽しい時を過ごすという類のものは取り上げない。MLというしくみを使って養護教諭どうしの横のつながりをどう広げられるか(共有できるか)、さらには、養護教諭以外の方たちとどうつながっていけるか(共有できるか)を語っていきたいと思う。

ホームページと同様、インターネット上には、多くのMLが存在する。私の入っているMLは、すべて教育関係のMLだが、そのなかでも私が運営している養護教諭のML(HET ML)を中心にして「MLを使った養護教諭の共有」について考えていきたい。

私は、1997年9月にインターネットにつないだと同時にMLというしくみがあるのを知った。それ以前に1994年から約3年間**パソコン通信***を経験していた私は、通信を使ったやりとりの楽しさを十分知っていた。そして、いつか、このような方法を使って、全国の養護教諭とやりとりができないかと考えていた。ところが、パソコン通信でその夢を叶えるには、いろいろな限界があった。まず第一に、その頃、通信手段を目的としてパソコンを使っている養護教諭が少なかったこと。また、広がりに限界のあるパソコン通信という方法では、一緒にやっていく人を捜すこと自体が難しかったのである。その後、インターネットにつなぎ、MLというしくみがあることを知ったことで、私の期待は、大きく膨らんだ。いくつかのMLに参加することにより「限りなく広がるインターネットを使うことで、ヒューマンネットワークも同じように限りなく広がっていく」ということを知ることができたからだ。

私が最初に参加した地域のコンピュータ研究会のMLでは、会の運営や研究会案内、あるいは実践についてなど多くのことが話し合われていた。しかも、県内とは言わず、他県に勤務するメンバーも含めて有意義な話し合いが行われていたのである。そういったMLでの話し合いに参加する中で、私は、このしくみを使えば、長い間持ち続けていた「全国の養護教諭とのネットワーク作り」という夢が現実へと大きく近づくことに気づかされた。その時点で、ホームページを介して知り合った養護教諭、あるいは、コンピュータ研究会の仲間の知り合いの養護教諭など数名とつながっていた私は、養護教諭MLの可能性を頭の中に描いていった。そして、1998年1月、「全国の養護教諭と交流したい」そんな私の思いを支えてくださる多くの方々の助けを借りてHET(Health Education Teachers)MLを発足させたのである。

発足から3年半。発足当時11名だったメンバーは、2001年5月現在172名となり、日々、さまざまな情報を交換している。MLでかわされたメールは、カウントを始めてから3500通余り、その前のカウントしなかった時期(はじめて半年ほどは、メール数をカウントしていなかった)のメール数を加えると、この3年半で4000通をゆうに超えると考えられる。その内容は、研修会や本の紹介、実践内容の検討、メンバーが直面している問題へのアドバイスなど、多岐に渡っている。

2001年1月15日～22日の1週間をとってみても、図31のようにさまざまな話し合いがなされ

***パソコン通信** ── コンピュータから電話回線とモデムを使ってホスト・コンピュータに接続
し、情報を交換する通信形態。

た。そして，このような話し合いのなかで，参加者は，実に有意義な「共有」を経験してきたと思う。このMLを介しての3年半，どのような「共有」があったかを次に紹介する。

```
01/01/15 01:14:39  寒いですね
01/01/15 01:15:07  Re: [Fwd: よろしくお願いします。]
01/01/15 10:40:58  Re: 寒いですね
01/01/15 12:04:55  Re: [Fwd: よろしくお願いします。]
01/01/15 22:13:43  ただいま。
01/01/15 23:07:45  雑誌の購読について
01/01/16 08:10:48  Re: 雑誌の購読について
01/01/16 10:15:41  Re: [Fwd: よろしくお願いします。]
01/01/16 10:15:52  Re: ただいま。
01/01/16 10:16:00  Re: 雑誌の購読について
01/01/16 17:06:35  かぜひき調べについて
01/01/16 20:42:05  情報ありがとうございました。
01/01/16 21:14:09  RE: かぜひき調べについて
01/01/16 22:29:57  Re: かぜひき調べについて
01/01/16 22:52:26  ドラマ見てますか？
01/01/16 23:31:34  Re: かぜひき調べについて
01/01/16 23:33:18  Re: 寒いですね
01/01/17 14:51:24  Re: ドラマ見てますか？
01/01/17 16:48:23  Re: ドラマ見てますか？
01/01/17 19:34:09  RE: ドラマ見てますか？
01/01/17 23:12:27  Re: かぜひき調べについて
01/01/17 23:29:08  感染性胃腸炎
01/01/18 00:06:17  Re: ドラマ見てますか？
01/01/18 00:42:18  RE: 感染性胃腸炎
01/01/18 09:37:25  Re: 感染性胃腸炎
01/01/18 11:01:55  RE: 感染性胃腸炎
01/01/18 20:46:10  お茶うがい　感染性胃腸炎など
01/01/18 20:56:14  お茶うがい
01/01/18 21:19:02  教えてください
01/01/20 11:57:52  かぜひき全国マップ作成について
01/01/20 14:37:14  こんなけががありました。
01/01/20 23:05:49  学校の自動販売機
01/01/22 09:29:58  Re: 感染性胃腸炎
01/01/22 10:00:34  Re: かぜひき全国マップ作成について
01/01/22 10:19:12  Re: かぜひき全国マップ作成について
01/01/22 10:39:56  RE:  感染性胃腸炎
01/01/22 10:43:13  FW: 感染性胃腸炎
01/01/22 10:43:15  FW: 学校の自動販売機
01/01/22 11:06:39  失礼しました（＾＾；
01/01/22 15:58:22  Re: かぜひき全国マップ作成について
01/01/22 23:00:12  Re: 感染性胃腸炎
01/01/22 23:00:23  Re: かぜひき全国マップ作成について
01/01/22 23:00:31  Re: こんなけががありました。
01/01/22 23:00:39  Re: 教えてください
01/01/22 23:55:56  Re: 感染性胃腸炎
```

図31　2001年1月15〜22日の1週間のサブジェクト一覧
Re（RE）がついているのは「返信」の意味

情報の共有

たとえば，インフルエンザの流行状況など，自分が今知りたいと思うことの情報をMLに投げかけて，情報をもらう。あるいは，本やホームページの情報，研修会情報など自分が有意義だと感じている情報を流す。このような共有を「情報の共有」と表現したいと思う。

〈保健室におく本を検討する〉

あるとき，「保健室におく本」というサブジェクトで次のような投げかけがあった。

> Subject：[het 02004] 保健室におく本
> Date：Mon, 6 Dec 1999 19:34:21 +0900
>
> こちらはこのところ毎日雨です。
> 明日は雪が降るらしい…積もらないといいなあ…
>
> 現在，うちの保健室には生徒用の図書がありません。休み時間に遊び（？）に来た生徒や「目指せ神田うの！」とダイエットに興味津々の生徒，男女交際でちょっと心配な生徒，心が疲れている生徒などに読んでほしい本を置きたいなあと常々思っていました。
>
> 今日，図書主任にお願いしたら「いいですよ。どんな本がほしいか教えてください」との返事。みなさんの学校ではどんな本を保健室に常備しておられますか？
> 私が備えようと思っているのは
> （中略）
> 中学校に限らず，小学校，高等学校，養護学校でもかまいません。保健室で人気の本やお勧めの本をぜひ教えてください。よろしくお願いします。

この投げかけに対して，9通のメールが寄せられた。保健室でどんな子どもに読まれているか，どんなときに利用しているかなど，実際の本利用の様子や養護教諭としての意見も添えての情報であるため，参考になるものが多かった。ひとりでは捜すのに時間がかかったりして，限界のある情報の範囲が大きく広がる可能性を感じた。

〈ツ反・BCG実施の実態把握から改善へ〉

HET MLの参加資格は「養護教諭であること」のみであり，勤務校種は問うていない。だから，参加者の勤務する校種はさまざまである。メンバーの勤務校種は，小学校が一番多く，次が中学校で，高校，特殊教育学校と続く。そんななかで，ある養護学校の養護教諭から「ツ反・BCGについて」というサブジェクトで次のような投げかけがあった。

Subject：[het 02309] ツ反・BCGについて
Date：Sun, 5 Mar 2000 10:21:40 +0900

みなさま，こんにちは。
肢体不自由養護学校の○○です。

ツ反・BCGについて，聞いてください。

養護学校では，小1から高3までの児童生徒が在籍しており，当然，小・中でのツ反，BCGについても実施しなければなりません。

一般の小学校・中学校では市町村の教育委員会の方である程度すすめ方なり段取りなど整えてもらえると思います。ところが県立盲・聾・養護学校の場合，「学校長が実施」と，それだけがよりどころとなり，学校に任されている状態です。保健に関する，学校の上の組織は，県の教育委員会，学校保健課ということになるのですが，まったく関わってくれません。
具体的には，本校の場合，薬液の準備は，私が薬局に注文して，学校に届けてもらいます。接種当日までは，保健室の冷蔵庫で保管します。接種医は，校医さんにお願いします。看護婦さんは，市に登録している看護婦さんなどを，探しだし，個別にお願いをして，来ていただきます。市は関係ありませんので，学校とその看護婦さんとの関係のみです。問診票は，何年か前に県から結核に関する文書が来たときに載っていたものを，学校で印刷して使っています。
使用済みの薬液や注射針等は，校医さんに持っていって頂き，処分してもらいます。

このような状態を何とか改善してほしいと，毎年のように県の学校保健課にお願いするのですが，改善の見込みがありません。

でも，昨年は結核菌緊急事態宣言もでましたし，BCG接種における針の二重使用などの事故の話なども聞くと，大きな事故が起こらないうちに改善したい，と，ひしひしと思います。

長文，すみません，ご意見お聞かせください。

　このメールに対して，他県の養護学校の養護教諭や以前盲学校に勤務していたという養護教諭などからいくつかのメールが寄せられた。そのメールを読むことで，特殊教育学校の経験がない他のメンバーも特殊教育学校でのツ反・BCG実施の実態を知ることとなった。

私自身は小学校勤務の経験しかなく，整った環境，恵まれた協力体制の中でツ反・BCGを実施してきた。そして，それが当たり前と思って過ごしていた。そのため，このメールの情報にはひじょうに驚かされ，校種や自治体の考え方によって，こんなにも体制が変わるのだと勉強になった。

この投げかけに対しいくつかの反応があった後，このメンバーからは次のようなメールが届いた。

Subject：[het 02801] ツ反・BCGについて
Date：Sat, 29 Jul 2000 13:26:00 +0900

みなさま，こんにちは。
××県立○○養護の△△です。

ずいぶん前に，ツ反・BCGの件で皆様にいろいろ教えていただきましたが，
また，アドバイスを頂きたくて出てきました。

この夏休みから秋ぐらいをめどに，県内の盲・聾・養護学校それぞれの実施方法をまとめて，校長先生方や県の学校保健課の方にお見せする資料を作ろうかと考えています。

客観的に，今の時点で工夫できている点と，問題点を両方挙げようと思っています。そして，どうせなら，自分たちのことだけでなく法的な問題や，全国の状況，養護学校だけでなく，一般小・中でのことなども，参考として提示できたらすごいだろうなと，頭の中でどんどん考えがふくらでいるところです。
つまり，交渉，という観点からだけでなく，いろいろな場で，検討していける資料が作りたいのです。

ただし，うまいこと地域の保健センターと連携している学校もあり，それがかならずしもきちんとした段取りではなく，何となく今までの流れで…，という学校も多く，その場合あまりつっこむと，やぶ蛇になってそれが崩れる心配も，なきにしもあらずです。

前置きが長くなりましたが，お聞きしたいことは，ツ反・BCGに関して，
資料を集めるとしたら，どこかにいいものはないでしょうか。たとえば，2重接種など，過去の事故を集めたものだとか，そういった事故を防ぐために工夫していることだとか…。
もし心当たりがありましたら教えてください。

> また，こういったことを，相談し，アドバイスを頂けるとしたら，どういうところでしょうか。それこそ，そういったことに関わっている保健婦さんとかがいいでしょうか。結核予防会とかも，良さそうですよね。
>
> さらに，ちょっと違う質問ですが，私立の学校では，業者にお願いする，という話題を見たことがあるように思うのですが，その「業者」とは，どういった所なのでしょうか。
>
> 以上です。
>
> 暑い毎日，やりたいことはあれど，やはり休養も必要だ…，と，ゆらゆら揺れる日々です。

その後，このメールに対しても具体的な自治体や教育委員会への働きかけの方法などについてアイディアが寄せられた。情報の共有が具体的なアクションへと発展している例である。

MLでの情報の共有は，ひとりではなかなかつかみにくい実態に関しての情報やかかえている問題の解決の糸口になるような情報を必要とする場合，とくにその力を発揮すると感じている。日本全国に会員のいる私たちのMLは，「広範囲の実態」を知るためのデータベースであり，問題を解決する知恵袋でもある。

ROM会員

ROMという言葉があります。Read Only Memberつまり，「読むだけの会員」という意味です。MLの発言の様子をみていると，よく話題を持ちかける人，何か起こったときに話題を持ちかける人。また，その投げかけに対して，ほとんどの話題に反応する人，話題によっては反応する人，ごくたまに話に入ってくる人がいます。

そして，もう一タイプ，まったく発言も反応もしない人がいるのですが，これがROM会員です。どのMLでも，投げかける人より，ROMで過ごす人が案外多いものです。

特に途中から参加した人は，それまでの流れや雰囲気がつかめず，何となく入っていきにくいという感じがあるかもしれません。それは，管理者側が新しい人が入ったときに温かく迎える雰囲気を作ったり，MLに流される話題が一部の人だけのものにならないように心配りのある雰囲気を作ったりすることでずいぶん解消される部分もあります。

日常の社会でも，発言が苦にならない人，できるなら発言したくないという人など，いろいろです。だから，MLの中にもいろんな人がいていいのです。しかし，思い切って発言してみましょう。きっとMLをもっと身近に感じるはずです。

知識の共有

養護教諭が保健室で扱う事例はさまざまであり，つねに新しい知識を必要とする。雑誌や本を調べればわかることもあるし，インターネットで検索したホームページで調べることもできるだろう。だが，それらよりもっと手軽に知識を得たり深めたりするためにMLを活用することもできる。MLのメンバー数が多くなってくると，なかには「このことならよく知っている」という得意分野を持った人も出てくる。また，その人自身が詳しくなくても，「それに関するホームページがここにあります！」というホームページに詳しい人もいて，会員の間でさまざまな助け合いがされるようになってくる。このように，それぞれの知識や知恵を出し合うことで，参加メンバーの知識の共有が可能になるのである。

〈拒食症の治療法を知る〉

あるとき，拒食症の子どもをかかえるメンバーが「行動療法について教えてください」というメールをMLに投げかけた。小学生の拒食症の例は少ない。このメンバーは，小学校の勤務経験しかなく，拒食症の子どもに出会うのははじめてだった。手探りでこの子どもとかかわり，やっと入院にこぎつけたとき，主治医から言い渡された治療方法が「行動療法」だったのである。

Subject：[het 00309] 行動療法について教えて下さい。
Date：Thu, 17 Sep 1998 22:15:29 +0900

夏休み前から，拒食の子とつき合っていました。今週初め，やっと入院までこぎつけ何とか，身体面で安心できるようになりました。
（体重29K，脈が40台にまで下がっていました。）

すぐにでもお見舞いと思ったのですが，
1週間くらいは，親も面会できないということでした。それで，先週から始めた交換ノートを渡すつもりでいたら，今日，親御さんが来られ，「行動療法」で，とにかく体重が30Kになるまで，親とも面会できない。
本もテレビも駄目。安静仰臥の指示だということで，31Kから，勉強の許可，32Kで友達との連絡可ということでした。
私は，勉強不足でこの「行動療法」がよくわからないのです。

○さんがいろいろ勉強しているので電話で話したのですが，やはり，何かの目標を持ちそれを到達していくのが「行動療法」ではないかということでした。
今夜，研修会で○さんと会う予定だったので，関連のある本を2冊ほど持ってきて頂きました。

> しかし，直接的な行動療法の本ではありません。どなたか「行動療法」についてご存じありませんか？本の名前でも構いません。
>
> お断りする必要もないと思いますが，個人名はあげていないものの，体重など具体的な記述をしています。
> この子の話題は，このMLの中だけにしておいてください。

　この投げかけに対して，高校の養護教諭を中心に行動療法についての情報や，それに関連した情報が寄せられ，迷いの中にあったメンバーの力となった。
　その後，拒食症の子どもはしだいに回復した。数か月後，このメンバーは，本事例のまとめのレポートをMLで紹介し，拒食症の事例をメンバー全員で共有する形となった。

〈まめの処置法を考える〉

　普段から疑問に思っていることが非常に基本的なことであるため「基本的なことすぎて聞きにくいな…」とあやふやな知識のままですごすことがある。「そんなことも知らないの？」と言われそうで，言い出せないのだ。そんな質問を，「MLでなら，まあ顔を知っているわけじゃないし…」と，思い切って投げかけてみると，恥ずかしいどころか，案外，多くのメンバーが同じ疑問をもっていて，共通の話題として続く場合がある。
　体育大会の時期，次のようなメールがMLに寄せられた。

> Subject：[het 01655] まめの処置
> Sat, 12 Aug 2000 23:38:21 +0900
>
> 今日は台風で延期になっていた体育祭がありました。
> 裸足で走った生徒がたくさんいてクラス対抗リレーの後では行列ができるくらい手当を受けに来ました。
> 砂埃の中，不十分な手当をしたわけですが，直径2センチくらいの破けたまめもたくさんありました。ちょっと恥ずかしい話しですが，皆さん，こんな時，どんな処置をされますか？
> 担任の先生の中には病院に行かせた方がいいでしょうか？と聞いてくる人もいてさて？と思ってしまいました。
> この前の看護婦さんの保健室での処置を紹介したあたりから，自分の応急処置に自信がなくなっています。

　すると，この投げかけに対して，多くのメンバーから，「自分も自信がないのだけど…」とそれぞれが普段やっている処置に関しての紹介がなされた。また，ひとりのメンバーは，外

科のドクターに指導してもらった内容について紹介し，医学的な考え方と保健室という場で養護教諭ができる処置の範囲についても深く話し合うことができた。

このように，MLでのやりとりをふりかえってみると，結果的にはみんなが日頃何となく迷っていたことの投げかけが，「こうすればいいんだな」という知識や知恵の共有へとつながっていくことも多いのである。

また，みんなが共通して行っている執務（たとえば，歯科保健に関する取り組み，あるいは薬物乱用防止教育など）に関して，新しい知識やアイディアをMLの中で紹介し合うことも多い。

思いの共有

参加者どうし，互いの思いの共有ができることは，MLの大きな魅力である。とくに，養護教諭の場合は，学校にひとりであることから同じ職種どうしならわかり合える微妙な部分が校内の他の職員にはわかってもらえないことも多い。また，理解してくれそうな他校の養護教諭と頻繁に連絡ができるわけでもない。「養護教諭の仲間に投げかけたい思い」あるいは「今すぐ誰かに聞いてほしい思い」など，それぞれの「思い」を共有できることは，養護教諭にとって，情報や知識のそれより，もっと大切な共有の機会であるかもしれない。

これまでのMLでのやりとりのなかで，養護教諭の日常や，その日常に対する気持ちがよく表れている事例を2つ紹介しよう。

〈やりきれない思いを支え合う〉

Subject：［het 00008］やりきれない思い
Date：Wed, 17 Jun 1998 22:04:16 +0900

昨年度から，不眠・頭痛で来室する子どもがいます。原因は，母とその夫（継父）との不仲，母の不安定さから来るものです。

ここ数日，元気がなかったのですが今日，ふらっと入ってきて「おもしろくないから来た」と言います。
「話を聞いてほしい」という意味です。
これまで，「自分で解決できないことは，かならず先生が力になる。心配しないで」と励まし続けていましたが，本日は半端でないことが起こっていました。
担任と相談し，校長に話をしました。
家庭内のことで，学校が深く介入できないこと。民生委員さんの手を借りることにし，急きょ民生委員さんとお会いしました。

帰るまでに何の連絡もなく，どうなったかと気にかかっています。

一番，安息の場であらねばならない家庭が，一番の辛い場所になっている
彼が，今夜どうしているのかと可愛い顔が浮かんできます。どうにかしてやりたい。でも，彼を救う力は，私にはありません。
他の子どもと同じようにたいせつな命を受けて生まれてきたのに，あまりにも不幸なこの子どもが可愛そうでやりきれない気持ちです。

　保健室で扱う事例には，あまりにも根が深すぎて子どもを受け止めるだけで精一杯というものがたくさんあり，自分の無力さにやりきれなくなることがある。この事例もそうだった。多くの養護教諭がこのような「やりきれない思い」を経験する。
　このメールに対しては，以下のような励ましのメールが続いた。そこには，同じ経験をもつ者どうしの支え合いがある。メールの一部を抜粋して紹介する。

心のケア，体の処置，安全管理，疾病予防…そんな雑多なことを一つの部屋で同時に行う。かなり無理があります。限界があります。
「やりきれない思い」…本当にやりきれない，切ないですね。

一生懸命な○○先生の様子が伝わり，私も頑張らなくちゃ！とパワーをもらいました。いくつになっても「一人じゃない」ということは，勇気百倍です！！

悲しい体験の生徒と共に寄り添うことしか出来ませんが，保健室が，すこしでもオアシスになればと思っています。

○○さんの思い，話をしたひとにもきっと伝わり，よい方向に解決できることと祈ってます。

○○さん貴方の思いはきっといろんな人に伝わっていると思います。

こうしたからこうなった。とはっきり現れなくてもあなたの思いは，十分だと思います。川の流れの様に，時には，激しい顔も見せますが，穏やかに緩やかに行きましょう。

〈保健室を理解してもらうために…〉

　また，第Ⅱ章でも触れたように，養護教諭の立場でなければわからないつらい経験については，やはり仲間に聞いてもらいたいというのが本音だろう。

　多くの養護教諭の課題となっている問題について，次のようなメールが寄せられた。

［het 01326］一学期の反省会議でこんなこと言われました。
Date：Tue, 6 Jul 1999 00:19:59 +0900

××@高校です。書き込みは久しぶりです。
今日一学期の反省会議がありました。
その中である担任の先生から，授業に行きたがらない生徒がいて，先生の指示に従わなかったらすぐに呼んでほしいと言われました。また，他の先生方にも養護教諭1人で対応はたいへんだから，たまに覗いてみて下さい。という意見でした。
ここまでは，とくに反論したいと思いませんでしたが，管理職がここぞとばかりに，保健室について話はじめました。
まずは教頭が「必要のない人がたくさん行って，必要のある人が行けない状態ではまずい」とそして校長は「保健室から話し声がするので，行ってみれば……具合が悪い人がただしゃべっている。とか，チャイムが鳴ってから保健室から出たらベル着を徹底できない……などなど」

その時は私も頭がかーっとして，とくに挙手して意見を言いませんでした。

その後会議が終わってからも校長が私のところに来て「それでも去年より利用人数が減ったことはいいことだね」などと言うので
「私も言いたいことがたくさんあったのですけど今日は控えました」と言うと
「反論か！せっかく先生方が協力するって言ってるのに！」と言われました。

管理職がこのような考えでちょっと失望しました。規律正しいビシビシした学校にしたいのもわかりますが，保健室はそれを邪魔するものだといわんばかりに…
しかも職員会議の場で…

愚痴って申し訳ありません。
もう一度職員会議などの場で保健室について
理解を求めるべきでしょうか……
きょうはなんだか寝付けません。(T^T)
クゥー

保健室側が考える「開かれた保健室」が，外部から見ると「たまり場としての保健室」というとらえ方になってしまう。こういったとらえ方の食い違いに関して，自分の思いがなかなかうまく伝わらず，悲しい思いをする養護教諭は多い。このメールに対しては，多くのメンバーがすぐに反応し，励ましや怒りの声が寄せられた。

　ここでよかったと思うのは，このことに関するメールのやりとりが，ただの愚痴や慰め合いに終わらず，メールの最後に「もう一度職員会議などの場で保健室について理解を求めるべきでしょうか…」とあるように，このメンバー自身が前向きにこのことと向かい合ったことである。

　そして，それに対して，「こんな方法で理解を求めたら」というアイディアもいくつか出されていった。そして，投稿から5か月後の2学期末，この会員からMLのメンバーに相談という形で再度投げかけがあった。職員や管理職に保健室経営を理解してもらう資料（発達，カウンセリングなどに関して）をホームページとして作成してみたので，それを見て意見がほしいという旨をMLに投げかけたのである。

　この投げかけに対しても，他のメンバーからいくつかの意見やアドバイスが寄せられた。なかには，参考にと校内で提案した「保健室来室者の実態資料」を同じようにホームページとして作り，紹介してくれた人もいた。

　次のメールは，この会員がMLでのアドバイスを参考にしながら資料を完成させ，職員会議で保健室の利用について提案した後のものである。

Subject:［het 02074］職員会議終わりました（＾。＾;）ホッ！
Date:Fri, 17 Dec 1999 20:09:28 +0900

こんばんは～××です。保健室の理解について職員会議で言ってきました！
事前にこのネット上で先生方にみてもらい，いろいろアドバイスや参考資料など
UPしていただき，無事会議を終えてきました。ありがとうございました。

いろいろ言った管理職のコメントはもらえませんでしたが（司会者である教頭が質疑応答やまとめを言いませんでした），会議が終わってからいろいろな先生に声援いただきました。理解者がいるって本当にいいですね。

かなり感情的といいますか，トゲトゲしい部分はカットして（生徒指導主任にも事前にみせたので），自分としてはこうですという部分しか言えませんでしたが，かなり気持ちは伝わったと思います。なんだか今まで悶々としていたのがさっぱりしました。

追々言われるのかもしれませんし，理解が得られたともまだ言えませんが
とりあえず（＾。＾;）ホッ！としました。

> このメーリングリストのおかげです。ありがとうございました。m（＿）mﾍﾟｺ

　このメールの最後にある「このメーリングリストのおかげです。ありがとうございました」という言葉は，この事例だけではなく，多くのメンバーがたびたびメールの中に書く言葉である。

　前にも紹介した，別の会員が書いた「いくつになっても『ひとりじゃない』ということは，勇気百倍です！！」という言葉が表すように，学校でつらい思いや解決できないような悩みがあるとき，ひとりで悶々と過ごすのではなく，いつでも同じ立場からいろいろな言葉かけや意見をもらえる環境というのは，非常に心強いものなのである。MLは，会員の「思いの共有」というたいせつな機能を持っている。

●匿名か実名か

　HET MLは実名で運営されている。私は，HET MLを開設する前に3つのMLに入っていたのだが，どのMLも所属と名前を公表して運営していた。だから，それがふつうだと思っていたので，HET MLを作る際，何の疑問もいだかず実名という形を採ったのである。

　その後も，所属している研究会がMLを開設したりして，次々に新しいMLに参加。今では，10近くのMLに参加している。そのほとんどは，氏名や所属を公表したMLだが，2つだけは匿名のMLである（匿名を強いられているわけではないが，実名という指定がなければ，おおかたの人が匿名またはハンドル名で投稿するようだ）。

　HET MLは，ホームページや雑誌を見た人が，管理者である私にメールなどで連絡し，私が所属や氏名を確認してMLに登録するという形をとっている。

　参加希望者から連絡があると，まず最初に，HET MLが実名を公表して運営されていることを伝える。そして，そのことを了解してくださることを確認できたら，そこで登録作業をするという手順となる。ところが，ごくたまに，実名であることを伝えた時点で連絡が来なくなることがある。多分，「実名」を嫌ってのことでしょう。

　「お互いのことを知らない方が，気が楽」そんな気もするが，私の経験から言えば，匿名のMLより実名を公表しているMLの方が活発に意見が交わされているように思う。

　HET MLのメンバーで，HET ML以外の養護教諭を中心メンバーとして運営されているMLにも参加しているという人が2人いた。そのMLは，匿名で運営されているのだが，ML運営についての迷いがあった頃，この2人に，実名で運営しているHET MLと匿名のMLの違いについて意見を聞いてみたことがある。その返事を以下に紹介する。

****

　○○MLとHETの大きな違いは，やはり匿名と実名だと思います。匿名だと気軽に参加できると思います。そして気がねせずに意見を書き込めるような気がしますが，同時に自分の意見に責任を持つという点が薄らぐように思います。時おり，○○MLできつい意見が出ていたのもそのためかなと思います。

また，どんな方が参加しているのかわからないのも活発な意見交換の妨げになっているのかなという気がします。

　実はHETに参加するにあたり，実名や所属を出すことに少々不安がありました。けれど自分の書き込みに，みなさんからの暖かい言葉が返ってくることで，今ではそんな不安は取り越し苦労だったなあと思えます。実名が明らかになっている分，相手を信頼する気持ちが生まれているのかもしれません。「コンピューターの向こうに人がいる」というのはこういう感じかなと思います。
****
　私はHETの方が大好き！○○MLにもしばらく入ってましたが，雰囲気がどうも好きになれなくてやめてしまいました。×××に対する抗議のメールが交わされたあたりでです。何だか読むのが悲しくなってきちゃって，やめてしまいました。

　それに比べて，HETはやっぱり暖かいです。はじめに皆さんに紹介していただいて，澤先生から歓迎のメールがすぐに入るじゃないですか。それが，ほっとするというか，とにかくうれしいです。すぐに仲間入りできます。

　でも，はじめは皆さんのお名前などを覚えていなかったので，何だか個人的なお話が多いのかなぁ，入り込みにくいなぁと思ったこともありました。最近は私も，全然会ったことも話したこともないのに，皆さんとお友達？いやいや，とても頼りになる存在です。

　所属と名前をみんな知っているからこそ近くに感じるような気がします。
　安心して悩みも書けるのだと思います。
　どこの誰が読んでいるかわからないと，あまりかけない気がします。
****
　「実名が公開されていることで，相手を信頼できる」あるいは，「所属と名前を知っているからこそ近くに感じる気がする」という安心感から，活発な意見が出されるという2人の意見は，私の経験からもうなずける。

　また，そういった安心感だけでなく，誰かが必ず応えてくれるという存在感のようなものも，MLを活発化させるひとつの要因だと感じている。そういう雰囲気を作るためには，管理者がきちんと位置づけられていて，話し合いの流れや雰囲気に気を配るというのもたいせつなことだと思う。

●メーリングリストの枠を越えて

MLを続けるなかで，たんにメールをやりとりをするというだけでなく，いろいろな広がりが生まれてきた。

互いに助け合い，学び合う

前にも触れたように，メールにはメールの本文以外に画像や文書などのファイルを添付して送ることができる。あるとき，次のようなメールがMLに届いた。

> Subject:［het 01898］かさぶた
> Date:Thu, 11 Nov 1999 22:38:15 +0900
>
> 12月に，発表をするのですがその中の資料のひとつに「擦り傷のなおりかた」という簡単な子ども向けのものを作りたいのですが，なかなか，かさぶた！という感じのものがなくデジカメにおさめることができず，こまっています。足にできたかちかちのかさぶたを，見た方どうかデジカメにとって送っていただけないでしょうか。よろしくお願いします。

ちょうど息子が膝に大きなかさぶたを作っていたので，このメンバーに連絡。ぜひほしいということで，さっそくデジカメで撮影し，コンピュータに読み込んでその日のうちにメールに添付書類としてつけ個人便で画像を送ることができた。このような形で，お互いの実践への手助けをする事も多い（図32）。

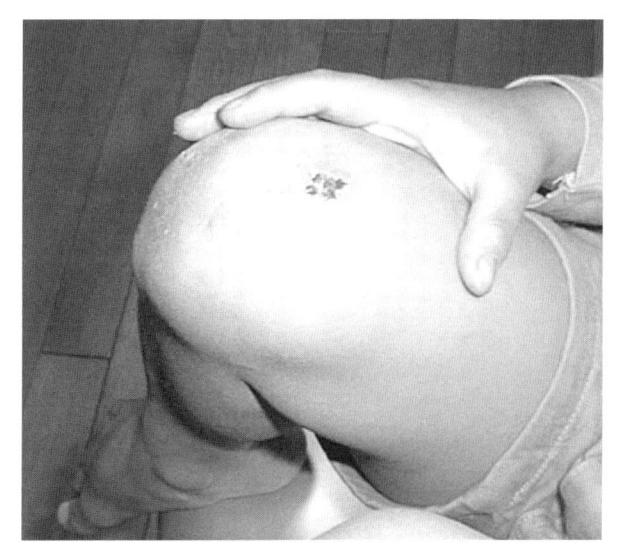

図32 送付したかさぶたの画像

また，テレビ番組の情報も多く寄せられる。あるとき，虐待に関する番組の情報が寄せられた。私は，たまたま録画を失敗したのだが，その旨をMLに書き込んだところ，数日後，私の手元にその番組を録画したテープが届いた。番組の情報を提供したメンバーからだった。「実在する人物がいるからメールのやりとりがある」というのは，考えてみれば当然のことなのだが，いつもはコンピュータの中だけの存在であるメンバーを「実在の人物」として実感する瞬間であった。

　このように，MLではメールのやりとりだけでなく，資料を添付書類のほか，郵送でやりとりすることも多い。夜尿に関しての質問があれば，その資料を送ってくれるメンバーがいる。また，日焼けに関しての資料がほしいといえば，やはり「お送りします」という声が出る。このように，郵送での資料のやりとりも珍しくない。MLがメールを通した情報や知識の共有の場から，さらに協力し合い，学び合う場へと発展していることを感じる。

悩み相談

　MLが心許す空間になってくると，個人的なことの書き込みも増えてきます。

　実際，HET MLでは，「子どもが滲出性中耳炎なんですけど……」「夫がアキレス腱を切りました」とか「網膜剥離と言われてしまいました」「インフルエンザに罹ってしまいました」など，子どもや自分自身の体の不具合に関しての相談。そして，「結婚しました」「妊娠しました」というおめでたい話なども報告しあうようになりました。

　参加しているのは，養護教諭。みんな，とても聞き上手です。悩んでいる人がいれば，「たいへんでしたね」。体調が悪いという人がいれば「大丈夫ですか」「私も経験あります」など。

　私は，ときどき，ここは養護教諭が通う保健室みたいだな…と思ってしまうのです。

MLの仲間と共に学ぶ

　インターネットを使った人間関係というと,「バーチャルな世界で架空の相手とだけ人間関係を結び, 血の通った人間関係を結べなくなる」ととらえる人も多い。たしかにそういう側面もあるかもしれない。しかし, 私はいつも「コンピュータの向こうに人がいる」ことを実感している。そのことは, 今まで紹介したMLでの共有の事例を読んでもらえば, 理解していただけると思う。

　ただ, コンピュータの中だけのバーチャルな人間関係だけに終わらないために, コンピュータの世界から飛び出して, 実際に会うことは, たしかにたいせつなことである。MLを通してそんな経験もさせてもらった。

　私は, これまで数回, 全国規模の養護教諭研修会やその他の研修会で, 一部のメンバーと実際に顔を合わせている。MLで研修会の案内をしあい, その研修会に一緒に参加して一緒に学んだり, その前日や当日,「オフ会」と称して互いの資料を持ち寄り紹介し合ったりしたのだ。

　また, 近県の養護教諭どうしで長期休暇中に研修会を持つという試みも実施した。写真は, 熊本のメンバー数名と, 鹿児島のメンバーが主催している研究会との合同研修会の様子である（図33, 図34）。

　MLは, メール交換の場を提供している。しかし, それはただの交流の場に終わっていない。通信回線上の共有の可能性だけでなく, そこを基点にした学びの輪の広がりという大きな可能性を持っているのだ。

図33　1999. 夏. 熊本・鹿児島合同研修会

図34 合同研修会で「養護教諭」についてブレーンストーミング中

オフ会

　ネットを離れて，ネットのメンバーと会うことをオフ（off）会といいます。私が最初に経験したオフ会は，パソコンをはじめた頃から参加していたパソコン通信のネットのものでした。いつもネットの中で話し合っている印象と実際の印象がどう違うのか確認できるのがオフ会のひとつの楽しみといえるでしょう。

　私は，パソコン通信の中でふざけたことばかり書いていましたので，最初のオフ会の時は，みんな「澤栄美ってどんな人だろう」と思っていたようです。会ってみて，イメージと同じだったかどうかわかりませんが，同じという場合も違うという場合も，どちらも楽しいのがオフ会の良さです。

　本文でも書いたように，HET MLでも，何度かオフ会をしています。2000年の夏，私が参加している研究会が主催した全国レベルの研究会にMLの仲間が参加してくれました。その際，私はスタッフとして働いていたのですが，やはり自分の参加する研究会の主催ということでリラックスもしていたし，自分の地が出やすい係をしておりました。MLでの私の書き込みからまじめな私を想像していた彼女，その後のMLへのメールに次のように書いています。

　「澤さんはユーモアセンスが抜群でした。メールの限界をちょっとかいま見ました。直接お会いしてわかる事って多いですよね。」

　そのままのイメージでいてくださった方がよかったと思う気持ちもないではないですが，事実を知ることも大事です。百聞は一見にしかず。ネットを離れて，実際に会ってみることって，とっても大事です。これまでお会いしたMLのメンバー。どの方もお会いするまでより身近に感じるようになりました。互いを知る。そして，さらに結びつきを深める。それがオフ会の魅力だと思います。

●MLへ参加するには
MLを見つける

　私のMLに参加している人のほとんどは，私のホームページや雑誌でMLの紹介欄を見て連絡してきた人，あるいは会員からその存在を聞き参加を勧められて参加した人がほとんどである。このように，MLの存在を知るには，まず，ホームページや関連の雑誌を調べたり，人から情報を得るのが一番手軽な方法だろう。

　また，そのほかに，検索エンジンを利用して調べるという方法もある。いずれの方法でも，MLの案内の中に，そのメーリングリストの趣旨や参加資格などが明記されているので，それを参考にして参加を検討するとよいだろう。

MLに登録する

　参加したいMLを見つけたら，MLへの登録をしなければならない。登録には大まかに3つの方法がある。

①管理者による手動登録

　そのMLの管理者に連絡をとることで，管理者に登録してもらう方法である。私のMLはこの方法をとっている。管理者としては，登録や変更作業などでけっこう時間をとられるのだが，登録する側としては，管理者にメールなどで参加したい旨を連絡するだけなので，登録の手続きとしては一番簡単な方法だと言えるだろう。

お国自慢

　私たちのMLの会員は，「北は北海道から南は沖縄まで」というどこかで聞いたようなセリフがそのまま当てはまります。まだ夏休みの気分に浸っている8月半ばすぎ，北海道ではすでに「2学期が始まりました」という報告がされることもあります。また，九州で「桜が咲き始めました」と報告すると，東北では，「まだ雪が積もっています」など，日本全国の季節の変化を文字で感じることができる風情のある空間になることもあります。

　さて，風情といえば，その土地土地の名産物ですが，私はこれまで幾度か，MLの仲間やインターネットを通じて知り合った方から地方の特産物をいただきました。オフ会でお会いしたおりに，また，わざわざ送ってくださって。なかには，この年になるまで「知らなかった！」という有名なものもあり，ビックリです。

　名古屋の「味噌かつ」。実は私，これを知りませんでした。豚カツにかける特製のソース。とても有名らしいんです。遠い地の今まで味わったことのない味を我が家で味わう。そんな贅沢なおまけまでもらえてしまう。MLって，何だかとってもおいしいです。

②**コマンドによる自動登録**

　ML宛のメールに，コマンド（英単語で構成された命令）を書いて送る方法である。たとえば，HET MLに登録するとしよう（実際には，HET MLにはコマンドでは登録できない）。HETの登録専用のアドレスHET@××××.ne.jpに,指定されたコマンドを書き込んだメールを送るとよいのである（図35）。

図35　指定されたコマンド（subscribe等）を書き込み
MLに送れば登録できる

クイズ

　さて，ここで問題です。

「石動」「川面」「笛木」

　この3つ。何と読むでしょう。

　答です。「いするぎ」「かわつら」「ふえき」

　では，次の問題。この3つの単語，いったい何でしょう。

　実は，この3つは，どれも人の名字なのです。会員が170名を超えると，いろいろな名前の方がおられます。ご本人の許可を得て，珍しいなあと感心する名前を挙げさせていただきました。

　さて，次は，「珊瑚」。

　これなら，どなたも読むことができるでしょう。そうです。「さんご」。あの珊瑚礁の珊瑚です。実は，これも，名字なんです。しかも，南の地方の方でないところがおもしろい（勝手な思いこみ？）。珊瑚さんは，珍名さんとしてラジオで紹介された経験もおありとか。MLで漢字の勉強までしてしまうとは……。MLでいろんな勉強をさせてもらっている私なのでした。

③ホームページのフォーム登録

ホームページから直接登録できる方法である。これは，ホームページの問い（アドレス，氏名など）に答えていけば，登録が自動的になされる方法で，コマンド登録よりは，やや簡単な方法である。

一般に，参加の意志があれば誰でもMLに登録できるし，参加継続の意志がなくなれば，いつでも脱会ができる。メールアドレスを取得してメールの送受信に慣れたら，ぜひMLに参加してその魅力を体験してほしい。

●いろいろなMLに参加する

私は10近くのMLに登録している。

まず，インターネットにつないだと同時に自分の参加しているコンピュータ関連の研究会のML2つに入った。そしてHET MLを開設。その後も必要と思われるMLや所属している会のMLができて……というふうに参加していったら，現在の数になったのである。

登録のところでも書いたように，そのMLへの参加が必要でないと感じたときは，脱会するのは簡単なことである。けれども，私はどのMLの参加も続けている。それぞれに魅力があるからだ。

それぞれのMLの魅力を紹介しよう。

養護教諭のML

HETに関しては，先に触れた。

参加している研究会のML

会員の実践についても流されるが，おもに研究会の連絡事項が流されることが多い。メール数は少ないが，自分の参加する研究会の情報だから，かならず必要なMLである。

教育サークルのML

同じ志を持つ者の集まりなので，研究会案内のほか，自分の教育実践等について熱心に語られる。また，教育サークルのMLの場合，もともとサークルの存在があってMLが作られているので，顔見知りが多く気軽な雰囲気の中で深く話し合われる。

課題限定のML

私は，ポートフォリオのMLに参加しているが，これは，全国規模のMLであり互いの顔を知っているわけではない。しかし，参加者が共通の課題を持っているため，メールの中身もひじょうに具体的で内容が濃い。また，メール数も多い。

海外のML

MLを始めた頃，ML運営の参考にするためにアメリカのスクールナースのMLに加入した。現実からは離れた世界であるが，国外の情報を得ると同時に，英語の勉強用にしている。また，このネットを通してアメリカのスクールナースと文通がはじまった。

ここで紹介したのは，あくまで私の参加しているMLを簡単に分類したものである。HET MLのメンバーの状況を聞くと，医療関係やカウンセリング関係のMLに入っている人も多いようだ。ひとつのMLを経験した人は，いくつか他のMLにも参加することが多い。そのことによって学びの機会がどんどん広がっていくからだろう。参加するMLの種類は，その人の求めている学びによって違ってよい。その人らしさが，そこに表れるのだ。

では，MLから得る学びとはどんなものだろう。私の場合，養護教諭だけで構成されるMLへの参加はHET MLだけである。その他のMLのほとんどは，養護教諭以外の人が中心のものである。HETの実践でも紹介したように，養護教諭どうしで知識や思いを共有し合い学び合うことが，自分の実践を深めていくことにつながっていくことは間違いない。しかし，養護教諭以外のMLから学ぶこともひじょうに多い。

たとえば，一般教員が中心のMLに参加していると，「教育の流れがどうなっているのか」「一般の教師はどんなことを考えて教育活動をしているのか」など，教育全体を眺めることで健康教育を客観的にとらえることができる。また，健康教育以外の実践から自分の実践にヒントを得ることは意外に多い。

養護教諭と違った立場の方との意見交換ができる事も非常に有意義である。養護教諭の視点からだけではなく，いろいろな視点からの意見を聞くことで，自分の考えや実践を見直すことができるからだ。

たとえば，1998年に「心の教室相談委員」の設置が決まったとき，HET MLの中で，このことに関してとまどいのメールが多く投稿されたことがあった。その際，HET MLのメンバーの許可を得て，私たちの意見や疑問を他のMLやパソコン通信のネット上で紹介して，おもに養護教諭以外の先生方の意見を求めたことがある。

心の教室相談員設置に対するHET MLでの意見の多くは，「それ自体には反対しないが，人材を確保する時間がないし，勤務時間の心配，部屋の準備の問題など急な設置に対応できない」などのとまどいに関するものだった。

また，養護教諭複数制がなかなか実現できない中，「なぜ，複数制でなく，相談員なのか。どうしてこんなに緊急に実施するのかよくわからない」という疑問も多く出された。それに対して，他のMLの一般教師からの「養護教諭複数制の必要性を感じる」というメール数通のほかに，ある学校の校長先生から次のようなメールが寄せられた。

> この相談員の人材を捜すのに中学校は大変だったようです。皆さんからでているようにいろんな課題もでてくると思います。試行錯誤的な取組のところもあると思います。
> 私は養護教諭複数制は念頭に置いていないと思います。(緊急であること,定数や予算の面,カウンセラーとしての面から)
> その学校の人でないところにも良さがあると思います。また。その地域の人でないことも プライバシー等の面から望ましいことでしょう。
>
> どのような方が最適かということはこの制度をどう理解したかというところにかかっていると思います。生徒の思いを少しでも軽くする事ができる心の教室になることを期待したいと思います。

養護教諭だけで話す中では出てこなかった発想や客観的な立場からの意見を,ほかから投げかけてもらった例である。

また,逆にMLでの一般教諭の話し合いの中に「養護教諭の視点」を持って入っていくこともある。学校の中には,いろいろな立場で働いている人間がいる。ネット上でも,いろいろな立場からの学び合いがあって当然のことなのである。

MLでの話し合いの中には,多くの学びがある。MLに参加するようになってからの私の毎日は,学びの日々と変化した。

●MLを作る

HET MLのメンバーで,「地域の養護教諭とつながりたい」と自分の勤務地でMLを作ったメンバーが数人いる。以前はけっこう難しかったML開設も,現在では誰にでも簡単にできるようになった。

MLを作るには,現在のところ2通りの方法がある。

ひとつは,プロバイダのMLサービスを受ける方法である。この方法では,自分の契約しているプロバイダに有料でグループアドレスをもらう形になる。この場合,実質的な管理は,プロバイダが行う。管理者は,新規の参加者や参加者のアドレス変更などがあったとき,プロバイダにその旨を知らせる。それを受けてプロバイダの方で登録や変更等をしてくれる。

また,もうひとつは,ウェブ上のメーリングリストサービスを受ける方法である。ウェブ上のサービスには,有料のものと無料のものがあるが,無料のもので利用の多いMLサービスに,eGroups(http://www.egroups.co.jp/)がある。開設の方法は簡単で,eGroupsのホームページにアクセスして,指示にしたがいホームページ上から登録をする(図36,図37)。また,この場合,プロバイダのMLサービスとは違い,参加者のアドレスも自分で入力することになる。

図36　MLサービスeGroupsのホームページ

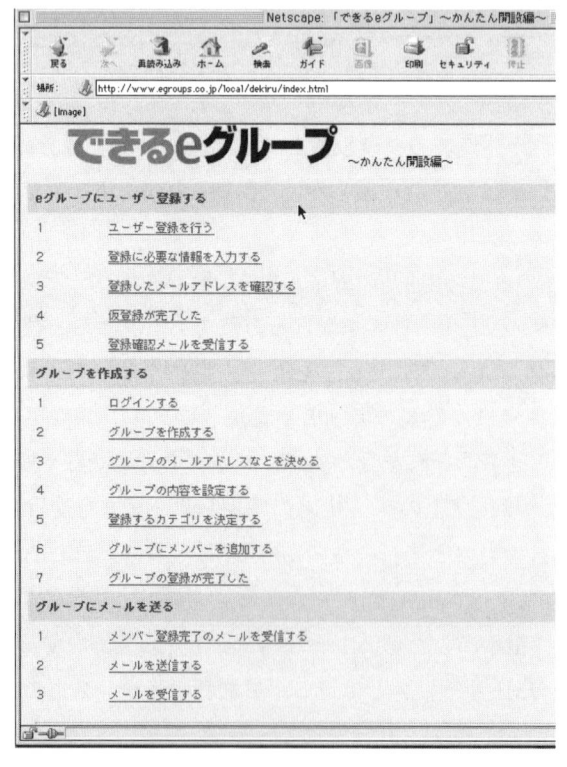

図37　eGroup登録のホームページ

なお，無料のMLサービスの場合，やりとりされるメールの下段などに数行の広告が入ってきたりすることが多い。ときには，ダイレクトメールが送ってくることもある。このあたりが気にならなければ，有料のものとほぼ同じようにMLを運営していけるし，実際，多くのMLがこのシステムを利用しているのも事実である。

　このほか，教育関係のMLであれば，地域の教育センターなどに相談すれば，その目的によってはML開設をしてもらえる場合もある。そういった公的な機関に相談してみるのもひとつの方法だろう。

登録選定と管理

　HET MLでは，希望者が管理者の私に連絡をとって管理者側で登録するという形をとっています。この登録方法の場合，加入者が自分ですることと言えば管理者にメールを出すことだけです。だから，加入する側からすれば，楽な方法のように感じます。ところが，ある意味では，この方法は厳しい部分も持っています。参加の最初に管理者が参加希望者の所属や考え方などをしっかりチェックして登録するしくみだからです。HETの場合，そう厳格というわけではありませんが，私は，参加希望のメールをもらったら，2〜3回はやりとりするようにしています。

　管理者を通した登録に比べて，コマンドによる登録やホームページのフォーム登録は，自分自身で登録をするわけですから，登録の際に管理者のチェックは入りません。つまり，どんな人なのか管理側のフィルターにかかることなく，MLのメンバーとなってしまうことになります。

　これらの方法で登録を行っているMLの中には，トラブルの起きているMLもあると聞きます。誹謗中傷をしてMLをかき混ぜる人が出てくることがあるというのです。しかも，メールアドレスはわかっても，その人の所属や所在まではわからない。悪い意味での匿名参加（無責任，その場限り）の意味合いが出てきます。そういうことを考えると，やはり管理者にとってはたいへんでも，しっかりと参加者のチェックをしてMLへの登録をするべきなのかなと思います。

　また，管理者は文字通り，ML運営の「管理」もしていく必要があります。私は，自分が運営しているHET ML以外のMLで，個人を批判するメールが流されたのを2回ほど経験しました。このとき，管理者がいかに動くかで，その後の流れが違っていたように思います。

　ひとつのMLでは，管理者側が互いの気持ちを考えながら中に入って，結果的には収まりがつきました。もう一方のMLは，管理者不在のようなタイプのMLなので，参加者だけで，「あーでもない。こうでもない」と結論の出ぬままになりました。その後も，そのMLでは，メールのやりとりが活発ではないのが現状です。

　それぞれのMLの目的により違いもあると思いますが，前向きな話し合いを求めるMLでは，やはり会員登録時の選定と運営管理は大事なことだと感じています。

メールマガジン

メールマガジン（以下，MMと略す）とは，インターネットを介して配送されるメール状の雑誌（記事）のことである。これは，MLのしくみをうまく利用したもので，グループ全体に双方向でメールが送られるMLに対して，MMは，配信者から購読者である受信者へ一方通行でメールが送られるという形をとっている。

1）メールマガジン（MM）での共有とは

　MMにも，MLとは違った意味で大きな共有の可能性がある。ひとつは，MMの購読者としての可能性である。

　自分の仕事に関する記事やその関連の記事を読むことで，その内容を自分の実践の参考にすることができるということ。また，記事で紹介される情報やその他の実践を読むことで，自分の実践を客観的に眺め，見直すことができるという点である。

　さらに，記事を読んで自分の中でふり返りをするだけでなく，直接作者（編集者）に感想を送り，意見の交換をすることもできる。

　私がいつも購読しているメールマガジンに「小学校教師用ニュースマガジン http://www.synapse.ne.jp/~wahaha/index1.htm」（発行者：蔵満逸司氏）（図38）がある。教

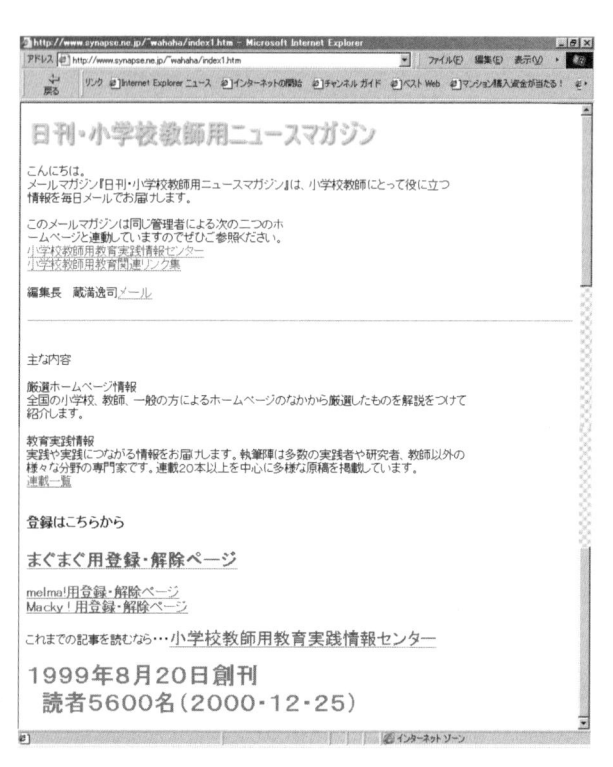

図38　小学校教師用ニュースマガジンのホームページ

育関連の連載20数本と単発原稿等を日刊で発行しているMMである。このMMは，掲載した記事に対する感想が多く寄せられるため，さらにその感想を記事として紹介するという形もとっている。購読者も多く，いろいろな層にまたがっているため(2001年4月23日現在，6913名)，違った立場からのさまざまな意見や感想が寄せられ，これがまた参考になる。まさに，MMのよさを最大限に生かした知識や情報の共有の形といえるだろう。

　もうひとつのMMによる共有の可能性は，MMを発行する側としてのものである。後で紹介するが，MMは自分で発行しようと思えば，誰にでも発行することができる。発行者側になれば，MMを介して自分の意見や実践を公表し，それに対する購読者の感想を受け取ることが可能だ。そのことで，自分の考えを深めたり実践をふり返ったりするという共有が可能になるのである。購読者側としての共有に比べ，より積極的な共有の形といえるだろう。

2）メールマガジン(MM)を購読する

　MMを購読するには，まずどのようなMMが発行されているかを知る必要がある。MM配信サービスを使って発行されている記事を調べ，そこから購読の登録をするのが一番間違いないだろう。このことについて，少し詳しく説明する。

　MMの配信サービスにはいくつかあるが，日本で一番大きなMM配信サービスは，「まぐまぐ」(http://rap.tegami.com/mag2/)である(図39)。「まぐまぐ」では，趣味・娯楽から教育までと，ありとあらゆる種類の雑誌を配信している。以下，まぐまぐのシステムにしたがって説明する。

　MMの購読申し込みは，まぐまぐのホームページにアクセスして，そこから行う。トップページには，扱っている記事がジャンル別に分類されており，自分が読みたいと思うジャンルを見つけ，そこからさらに読みたい記事を捜し出すということになる。

　それぞれの記事の欄には1～2行程度の内容紹介があるので，それを参考に記事を選ぶとよい。また，関連のホームページを持つものも多く，それぞれのホームページにアクセスすると，その記事についてのさらに詳しい情報を得ることができる。だから，記事について詳しく知りたいときは，記事紹介のリンクをたどって関連ホームページに行ってみるとよいだろう(図40)。

　また，関連ホームページに行くと，「バックナンバー」や「最新号」を紹介しているものもあるので，一度どんな記事なのか参考に読んでみると，検討の材料になるだろう。

　購読の登録は，希望の記事の「登録」欄にアドレスを記入するだけで終了する。また，発行者がホームページを持っている場合，そのページからも登録できるものが多い。

　登録が済むと，登録事項に間違いがないか確認のメールがまぐまぐから届く。間違いないという確認ができたら，定期的にメールの形で無料(ごく一部有料)で記事が届くようになる。

　MMの記事は，商業目的ものや人を中傷するものなど，中身によほどの問題がない限り誰でも発行が可能だ。だから，新聞社や専門機関などの団体から発行されるものもあれば，個人

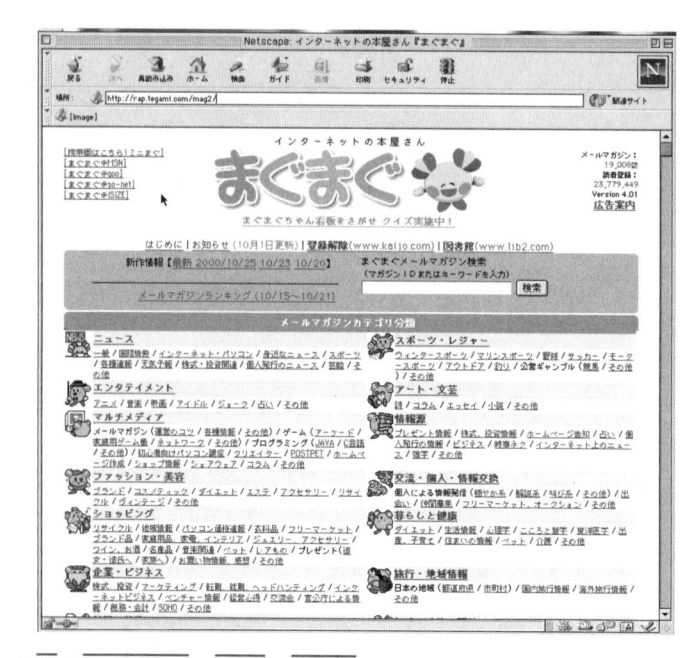

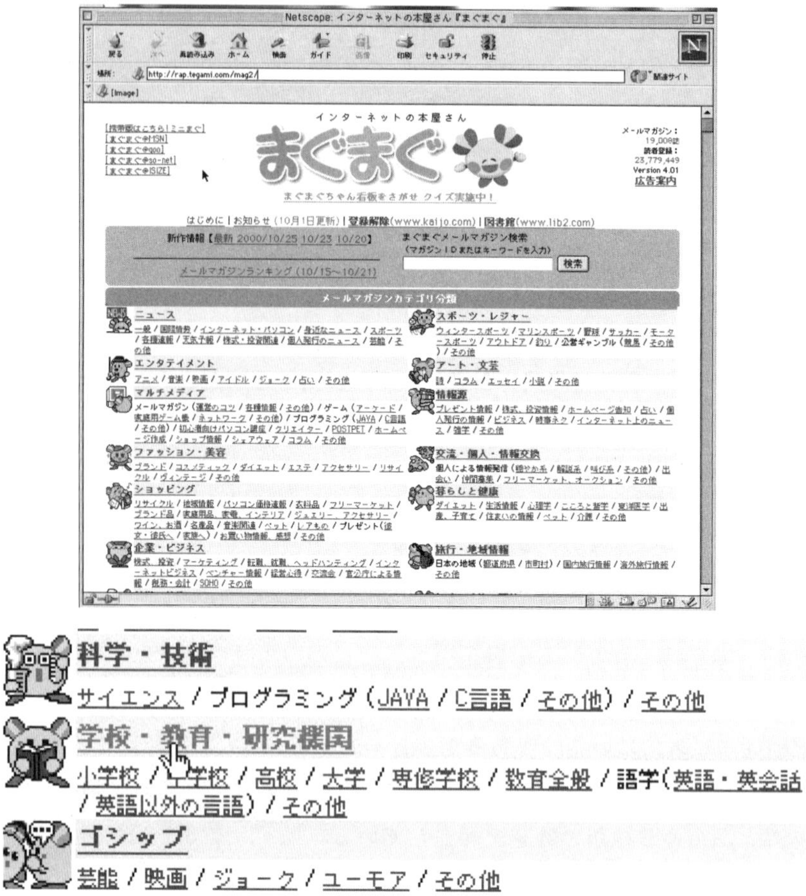

図39　MM配信サービス「まぐまぐ」のホームページ
　　　読みたいジャンルをクリックしてそのカテゴリーに入る

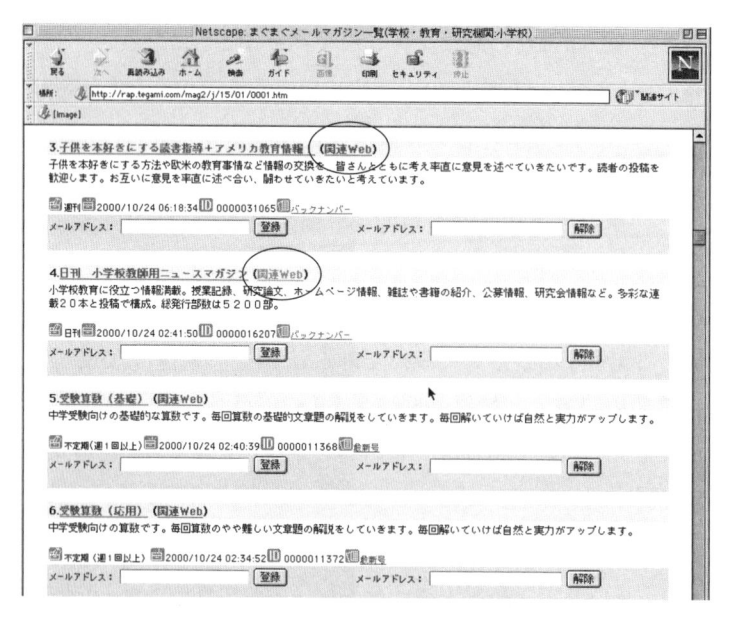

図40　登録のページ「関連Web」を持っている作者も多い

レベルで発行されるものもあり，構成もさまざまである。また，購読してみて自分の期待していたものと違うと思えば，いつでも登録を解除することができる。

　このほか，MMに関する情報は，コンピュータ関連の雑誌や教育関係の雑誌でも紹介されているので参考にするとよい。また，メールマガジンの紹介をしている「読み物サーチ（http://www.yomimono.co.jp)」などで検索し登録することもできる(図41)。

　私は，現在3種類のMMを購読しているが，知人には10種類とか，もっと多くのMMを購読している人もいる。メールに混じって配送されてくるので，受けとるメール数が多いと，つい見逃してしまうということになりやすい。メーラーの振り分け機能を使って，MM専用のフォルダを作っておくと，便利である(図42)。そうすることで，すぐに必要な記事だけを先に読み，そうでないものは後で読む，あるいは，必要ないと思われるものは，捨ててしまうなどの整理が簡単にできるからだ。

　養護教諭としての知識を高めるもの，教育関連のもの，あるいは，一般的な情報や知識を得るためのものなど，内容は何でもいいと思う。気軽な共有の手段としていろいろな記事を購読してみるといいだろう。

図41　「読み物サーチ」のホームページ

マックの場合
① ファイルから新規フォルダを選ぶ
② 名称未設定フォルダができる
③ フォルダに名前をつける

windowsの場合
① 画面上でマウスを右クリックして，新規作成からフォルダを選ぶ
② 新しいフォルダができる
③ フォルダに名前をつける

図42　MM専用のフォルダの作り方

ウェブマガジン

　本文でも説明しましたが，MMはメールの形で発行されています。また，そのほとんどがテキスト形式のものです。

　ところが，なかにはHTML形式で発送されるMMもあります。HTML形式のMMの場合，写真やイラストなどを載せることもできるため，テキストだけのMMに比べてグッと表現力がアップします。

　しかし，テキスト形式でしか読めないメーラーを使っている人も多く，今のところ，発行者も購読者もあまり多くないのが現状のようです。

　また，なかには，ホームページ自体をウェブマガジンとして運営している人（機関）もいます。メールに比べて，ホームページは，どのブラウザを使っても見ることができるため，ウェブマガジンを見ることができないということはめったにありません。

　また，基本的に，ホームページは不特定多数を対象とした公開性であるため，ウェブマガジンの場合は，購読するのに登録の必要はありません。ですから，気軽に好きなときに読むことができるのです。新聞社のページは，日刊として常時新しいニュースを流していますので，ウェブマガジンのひとつだと言っていいかもしれません（私見ですが）。

　ただ，メールで送られてくるMMに比べると，やや料金がかかります。電話をつないだ状態で見ることになりますので，まずその分の電話代がかかるのです。

　また，電話をつなぐ時間を節約して，プリントアウトという手もありますが，それはそれで，用紙や手間もかかることになります。

　いずれにせよ，MMは情報の宝庫。自分にとって必要だと思うものをうまく取り寄せてインターネットを介した実のあるマガジンライフを送りたいものです。

3）メールマガジン（MM）に投稿する

　私は，前に取り上げた「小学校教師用ニュースマガジン」に，月に1回連載記事を投稿をしている。たまたま，このMMの編集長である鹿児島の蔵満氏（小学校教諭）と同じMLに参加していて，蔵満氏にある問い合わせのメールを送ったことがきっかけであった。

　蔵満氏から，問い合わせへの返事とともにMMの連載執筆依頼が届いたのである。それまで，MMというしくみがあることは知っていたが，自分が情報を発信する側に立つということは，まったく考えていなかったので，蔵満氏から依頼があったときは，正直とまどいの方が大きかった。

　まず，ほとんどの読者層が一般教員ということで，氏から言い渡された「健康観」という主題の記事が果たしてどのくらいの読者に役に立つのか。自分に1年という長い間（実際には，

原稿の送付

　私は，4年ほど前にある雑誌に投稿したのがきっかけで，ときどき雑誌の記事を書いています。ある記事を読んだ学生から，「雑誌に記事を書くのは，東京など中央の方だと思っていました。熊本でもできるのですね。私もいつかそういうことができるようにがんばろうと思います」といった感想が届きました。実は，以前は私も彼女と同じことを思っていました。

　まだ，現在のように通信によるやりとりが盛んでなかった時代は，雑誌社もどこにどんな実践をしている人がいるかわからなかったでしょうし，打ち合わせをするのも大変だったに違いありません。地方の養護教諭の実践を紹介することが少なくてもしかたのない状況であったのでしょう。

　ところが，インターネットなどの通信システムが盛んに使われるようになり，事情は変わりました。現に私の2回目の投稿は，インターネットが縁です。この本の発行元である大修館書店が出している季刊誌「学校保健のひろば」に質問のメールを送ったことがきっかけでした。メールの署名にある私のホームページを見た編集者の方が，ぜひ，インターネットを使った実践を紹介して欲しいとメールで依頼をくださったのです。

　さて，その後もいくつか雑誌などの記事を書いていますが，ほとんどがメールによる依頼であり，原稿の内容などもメールで打ち合わせをしています。雑誌社へ送る原稿は，プリントアウトしたものとフロッピーというのが一般的ですが，原稿の中身などについて検討するときは，メールを使うことが多々あります。また，画像の不足があったときなど，それをメールに添付して送ることもあります。

　地方の人は，あまり記事を書かないという時代は，そろそろ終わるのかもしれません。地域間のボーダレスは，すでにはじまっているのです。

もっと長い間続く結果になった），記事を書き続ける能力があるかという気持ち。また，かなり多くの読者がいるということを聞き，自分の書いたものが多くの人の目に触れることに対する緊張感もあった。

だが，ホームページを作成したりMLに参加していく中で，積極的な共有のすばらしさを体験してきたことをふり返ってみて，またひとつ違った方法での共有を体験するのもいいと思い，この話を引き受けたのである。それから，約1年半。結果的には，この決断は正しかったと思っている。

前にも触れたように，蔵満氏のMMには，多くの感想が寄せられる。私も，蔵満氏を通して，あるいは直接，記事に関する感想をいただき，新しい共有の形を体験させてもらった。

2000年6月，私は，連載第9回目の記事で「命と死」という主題で行った保健集会活動の実践報告をした。この記事に対して届いた感想メールの一部を次に紹介する。

私は朝日新聞の横浜支局の記者をしている上野ともうします。以前，全国版の教育面で「死について教える試みが広がっている」という記事を書いたものです。
種村さんの蔵満先生のクラスの授業，兵庫県教委の試み，デーケン氏のコメントなど，けっこうちりばめた内容で提示しました。
取材の過程で，「この内容はあらゆる教育の根幹をなすだろう」という予感を感じました。内容が内容だけに，また質の伴わない教師が存在するだけに，一気呵成というわけにはいかないでしょうが，じわじわと広がりそこここで大きな意味を持ち続けるだろうと……。

（中略）

養護教諭の役割の大きさについても感じることがひじょうに多かったです。
こういう認識は古いかもしれませんが，一般教師の間で，養護教諭の発言力はなかなか高くなりません。しかし，子どもの本当の姿（の一部）をきちんと視野に入れられている存在であり，また，一般教諭と別の角度からあれこれ提案していけば，もっと学校が風通しの良い，中身の充実したものになるんじゃないかと感じました。

記事では，「性教育から発展する形で一部の養護教諭が死にも手探りで踏み込み始めている」という内容を盛り込もうかと思いましたが，適当な例が当時ありませんでした。2月という時期も取材に適さないようで残念でした。MMを読み，HPを見て，ああがんばっている人がいるなと嬉しくなってついメールした次第なのです。
（後略）

ご自身ががんと向き合いながら，お仕事を続けておられるという新聞記者の方からの感想メールだった。深く教育や命について考えておられる方からのメール。そんなすばらしい方と自分の考えや実践を共有できる。その事実に心から感動した。そして，MMに書かせていただいていることに感謝した。

また，このほかにもこれまでいくつかの感想メールをいただき，それによって励まされたり，自分の実践の見直しをしたりすることができた。なかには，MMで紹介した実践を追試してその報告をしてくださる方もあり，自分の実践を客観的にみつめ直す機会となった。

当初，とまどいの強かったMMでの連載であったが，それを続けることで，新しい共有の形を経験させてもらっている。

コンピュータネットワークが結んだ ヒューマンネットワーク

本文中でも紹介したが，私は，コンピュータネットワークを通して素晴らしいがんの患者さん3人と知り合った。

ひとりは，種村エイ子さん。「知りたがりやのガン患者」（農文協）「死を学ぶ子どもたち」（教育史研究会）の著者である。

1999年8月，私は，研究グループの仲間3人（HET MLメンバー）とともに，鹿児島に向かった。HET ML開設当初からのメンバーである鹿児島の谷口さんが主催する研究会と合同で勉強会をするためである。

鹿児島には，堂園メディカルハウスというホスピスがある。せっかく鹿児島に行くなら，ぜひ見学させてもらおうと事前に電話を入れ見学の許可を受けることにした。その際，ホスピスを見学したい理由として「死に関する教育に興味があること」を伝えた。そして，ホスピス側から紹介されたのが，同ホスピスの患者である種村さんが書かれた「死を学ぶ子どもたち」であった。

ちょうどその頃，私は，鹿児島の教師が中心になって運営されているMLに加入したばかりだった。そして，そのMLを通して「小学校教師用ニュースマガジン」の編集長である鹿児島の蔵満さんが，種村さんと一緒に「命の授業」をされていることを知った。そこで，蔵満さん宛に種村さんのことに関しての質問メールを送ったところ，蔵満さんのご配慮で，種村さんご自身から直接お答えのメールが届いたのである。

もうひとりは，「MMに投稿する」で紹介した新聞記者の上野さんである。私は，2000年6月，種村さんが熊本に講演に来られた折りに，初めて種村さんにお会いした。そのとき，私は，種村さんから「がんと向き合いながらすごくいいお仕事をしておられる若い新聞記者がいらっしゃる」という話を聞かせていただいた。

それからしばらくして，たまたま私のMMの記事（「命と死」～2月の保健集会の取り組み～）を読まれた上野さんから感想メールが届いたのである。上野さんは，本文にも書いたが，種村さんや蔵満さんの取り組みを新聞記事として取り上げた方である。だが，私がお二人と連絡を取り合っていることはご存じなかった。たまたま，「命」という話題でつながったのである。

　さて，もうひとりのがん患者。それは，HET MLの仲間のひとりである。
　1999年8月。それは，種村さんの本と出会った直後のことだった。私たちのMLに「胃潰瘍の経験者いませんか？」というメールが流された。
　胃カメラを飲んだが，「病変がある」と組織検査に回された。知り合いの看護婦によれば，ちょっと異常があれば，すぐに組織検査に回されるのだし，そんな人はたくさんいるということで，少しは安心したのだが…。というメールであった。
　胃潰瘍の経験のある私は，次のようなお返事を書きながらも，文面から「胃がんの可能性もあるな」と思っていた。
　「心配ですね。○○さんって，何歳でしたっけ？ある程度の年齢であれば，基本的に組織検査に出すのが通常のやり方でしょうね…。心配な可能性が全然ないとは言えないと思いますが，とりあえず，様子を見られてはいかがでしょう。」
　その後，MLでは，彼女の「胃潰瘍」について何人かのメンバーのやりとりが続いた。やりとりされるメールを見ていて，組織検査の結果を待つ間，彼女が不安な気持ちでいることがよくわかった。
　最初のメールから1週間後，彼女から手術をすることになった旨，MLに報告があった。

> 「××の○○です。
> 　こちらは毎日暑い暑い！みなさんご心配おかけしましたが，入院・手術ということになりました。
> 　やっとショックから立ち直りかけている段階です。ラッキーと考えて，たくさん食べて手術に備えようと思います。
> 　・・・ということでしばらくこちらにも顔（？）を出せなくなります。復帰したらまたメールします。
> 　では，また。」

　明るい文面のメールが何となく痛々しい。私は，彼女がガンであることを確信した。
　年齢は，たしか30代後半。子どもさんもおられるだろう。どんなに不安な気持ちだろうと思うと，何とか力づけたいという思いでいっぱいだった。しかし，本人が病名を明かしている訳でもないのに，こちらが勝手に思いこみで色々書くわけにはいかない。

私は，ＭＬ全体宛に手術されることになったことに対してのお見舞いを書き，それとは別に個人メールを出すことにした。
　「今，大変いい本に出会って，読み終えたところです。」と種村エイ子さんの「死を学ぶ子どもたち」の紹介をし，「○○さんがガンというわけではありませんが，心の持ち方で，がんをも克服できるという作者の生き方が，どんな病気にでも当てはまるのではないかと思い，一度読んでみられることをお勧めします」
　そんなことを書いたと記憶している。
　書かないなら書かないですむメールである。「お節介」「余計なお世話」「勝手な想像」…等々，いろいろな否定の言葉が浮かんだが，何だかそうしなければならない気がして，私は彼女にメールを出した。
　彼女からは，すぐに返事が届いた。「澤さんが思われているように，私はガンです。色々と考えましたが，初期のガンであるということで，プラス思考でいこうと思います」といった内容のメールだったと思う。
　予測はしていたものの，やはりショックだった。また，自分が無理に病名を聞き出したような後ろめたいような感情もあった。
　仲間が大きな病気に立ち向かおうとしている。しかし，仲間と言ってもＭＬという中の存在でしかない。遠く離れた場所に住む，一度も会ったことのない仲間。考えようによっては，限りなく他人に近い存在である。しかし，その時点でＭＬを開設して約２年半。ＭＬの仲間は，私の気持ちの中ではすぐそこにいる大切な友だちであった。
　とはいえ，行ったこともない遠い地のＭＬのメンバー。メールで励ますことだけが私が彼女のためにできる唯一のことだった。

　2000年8月。あれから1年。私のメールボックスには彼女からの個人メールが届いた。
　このメールの少し前，私は，ＭＬのメールの中に彼女の以下のような近況報告を見つけ，彼女に個人メールを出していたのである。

> 16日よりハワイです。
> ドクターの許可も出たことだし，のんびりしてこようと思います。

　術後や職場復帰など，状況の変化があるたびに，ＭＬへの報告をしていた彼女であったし，個人的にも何度かメールをもらっていたので，順調な回復ぶりは知っていた。そして，今回，久々の近況報告であった。
　その前の年，秋頃だったか，術後しばらくして彼女から1通のメールが届いた。種村さんの連絡先を知りたいというのである。そのメールには，がんになっていろいろと悩んだり不安になったりしたが，種村さんの本に大変励まされたこと。そして，ぜひ，直

接お礼が言いたいということが書かれていた。すぐに種村さんに連絡。種村さんは，快く彼女にアドレスを知らせることを了解してくださった。

その後，種村さんが「○○さんは，本当にしっかりした自分を持っておられる方。彼女は大丈夫だと思いますよ」とおっしゃっていたのを思い出す。

それから，1年近く。その彼女がハワイに旅行に行くという。

今回のメールは，元気そうな近況報告に嬉しくなり，彼女の回復ぶりに対して一言「おめでとう」が言いたくて出した個人メールへの返事であった。

メールには，次のような記述があった。

澤さん，メールありがとうございます。
個人メールです。

おかげさまでまずまずの体調です。
ダンピング症状といって胃切特有の後遺症のようなものが出ていますが，（食後すぐの悪心，動悸と食後一時間半後に起こる低血糖症状）それ以外は順調です。
体重もやや増えて安定しています。

ＨＥＴの方にも書きましたが
本当に昨年の夏は病気のことで澤さんはじめみなさんに力づけていただき，感謝感謝でした。遠いところ，顔も知らない方が励ましてくれるなんて‥その後も，胃癌のことをネットで探したり，癌の方の掲示板で話をしたり，メールでの医療相談をしているドクターに質問したり‥

ネットがなければこんなに自分の病気について知ることはできなかったと思いますし同じ病気の方と励まし合うこともできなかったと思います。ネットが使える時代で本当によかった！

手術をした病院で胃切後の患者の会があり，参加していますが，このたび幹事にしていただきました。
その中で２０代から４０代の女性の胃切後患者で気軽な集まりを持とうということになり，同年代の女性３人と準備中です。
私の周りの癌患者は６０代以上の方が多かったのでやっと，仲間に会えたととてもうれしく思っています。

（後略）

彼女はたしかに回復していた。心身ともに。そして，コンピュータネットワークの力を最大限に生かして，多くの人とつながっていたのだ。
　ＭＬの仲間との出会い。種村さんとの出会い。すべてが彼女の力になったという。
「ネットがなければこんなに自分の病気について知ることはできなかったと思いますし，同じ病気の方と励まし合うこともできなかったと思います。ネットが使える時代で本当によかった！」
　この文章を読み，私はひとつの決心をした。
　この彼女の経験，さらに，私と種村さん，上野さん，そして彼女との出会いを紹介することを通して，コンピュータネットワークがヒューマンネットワークであることを，たくさんの人に伝えたい。コンピュータを使っているのは，人であること。そこには，たくさんの出会いがあり，日々を生きている人達が助け合う輪が存在することを伝えたい。
　そんな私の思いに，彼女は次のような気持ちを寄せてくれた。

>　掲載については全然かまいませんし，
>　病名についても出していただいてかまわないと思っています。
>　「胃癌」となるとおそらくＨＥＴの方は私だと推察できるでしょうが。
>　私は，周りの親しい人には直接病名を言っていますし，人から人へと話は伝わるもの。
>　私が癌だと知っている人はかなりいるはずです。
>　私がけろっと言った方が周りの方も気が楽でしょうしそれに私自身も，言ってしまわないと話がしにくい，というところがあったので親しい方には，直接話しました。
>　ただ，癌という病名は場を暗くしてしまうんですよね。これが難点です。本人は慣れているのでどうということもないのですが。
>　また，病名を人に話したのには，この先誰かが癌になったときに，
>　「ああ，○○さんも癌だったけど，あんなに元気。私もきっと元気になれる」と思ってもらえるといいなあ，とか，情報の提供など何か手助けになれるといいなあ，という気持ちもあります。同じ病気の経験者になら，気兼ねなくいろいろと聞きやすいでしょう。
>　私にとっては，種村先生はじめ，癌の経験者の方の存在そのものが励ましになりましたから。
>　同じように自分の存在が人を力づけるなら，それはとてもうれしいことです。そういうことから考えても，掲載については私はかまいませんよ。

　また，何度かメールのやりとりをする中で，彼女は別のメールに「それから，澤さんに送っていただいた童話のことも入れてくださるといいなあ。本当に涙が出ましたもん…勝手なお願いですね」と書いてきた。
　「童話…？」私には，しばらく何のことだかわかからなかった。

それは，私が書いた自作の童話だった。私は，いくつか自作の紙芝居やお話を作っている。彼女の言う「童話」も，最初は紙芝居にするつもりで書いたものだった。「自己免疫力について書いて欲しい」という他校の養護教諭からのリクエストで書いたものである。しかし，作成にあたってあまりに気持ちが入りすぎて話が長くなったため，いつか紙芝居と違った形で沢山の方に利用して欲しいと思い，そのままとっていたものだった。
　「その人の前向きさが免疫力を高める」「１人で悩まないで。みんながいるよ」というメッセージを込めて書いたこのお話を，私は，せめてものお見舞いにと思い，彼女に送っていたのだった。
　そのお話が，彼女を涙させたという。メールを通じて自分の心が届いていたことを知った嬉しい瞬間であった。

　はじまりは，コンピュータネットワーク。コンピュータを介して素晴らしい人たちを知った。そして，コンピュータが人と人とを結びつけた。私は，そのつながりの中から，「命」というものを学ばせていただいている。そして，素晴らしい生き方を応援できる。
　コンピュータネットワークは，ヒューマンネットワーク。１人の人間が人としてコンピュータを使ったとき，それは，暖かい道具となる。コンピュータは，冷たい箱ではない。
　（ここでご紹介した，自作の童話は，この本の終わりに紹介している。）

　なお，朝日新聞神奈川県版に連載された上野さんの手記が，ホームページで紹介されている。
　URLは，http://mytown.asahi.com/kanagawa/newslist.asp?k=11
　掲載は２００１年１２月頃までの予定で，その後の掲載については現在検討中とのこと。

4）メールマガジン(MM)を発行する

2）でも触れたが，MMの発行はよほど内容や目的に問題がないかぎり，誰にでもできる。購読を希望するときと同じように，MM配信サービスのページにアクセスし，発行するための必要事項（発行者，タイトルなど）を書き込むという手続きだけでOKなのである（図43）。

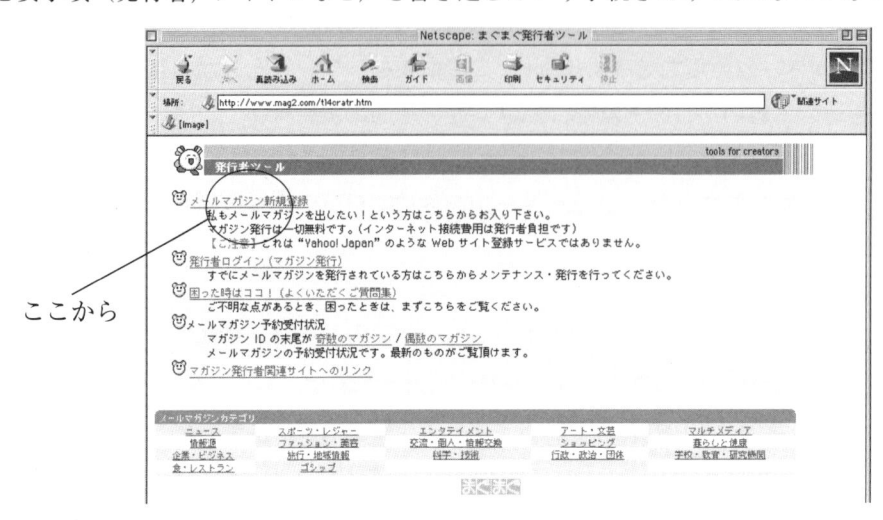

図43　メールマガジン発行登録

私は，3）「メールマガジン（MM）に投稿する」で紹介したように連載記事を集めたMMに月1回，記事を投稿している。このような形でも，投稿者と読者との意見交換は可能である。また，発行者から記事の内容に規制を受けることもないので，自分の意見や実践を自由に紹介することもできる。

だが，自分自身がMMの発行者となれば，さらに自分の意志が反映され，もう少し違った共有の形を作ることができるだろう。

京都の養護教諭である伊藤晴美さんは，個人でMMを発行している。伊藤さんは，もともと自分のホームページ（http://member.nifty.ne.jp/hokeoba/）で中学生に交流の場を提供するなど，ホームページを通して中学生の健やかな成長を応援してきた人である。そして，その中で自分のホームページを訪れる人と直接対話し，性や生き方を語り合っていきたいという気持ちを持つようになり，それがMM発行へとつながったという。伊藤さんのMMには，読者から多くの感想が寄せられる。そして，その感想をもとに，さらに新しい記事を編集するという形でMMの発行を続けておられる。伊藤さんのMMは，ある意味ではインターネット上の保健室ともいえるのかもしれない。

このように，一口でMMと言っても，その利用のしかたはそれぞれの目的によってさまざまである。それを使って何をしたいのか，何ができるのかはその人しだいで決まってくる。MMには，それに向かう人の数だけ，いくつもの共有の可能性が秘められているのかもしれない。

2 組み合わせて使う

「インターネットを使う」では，ホームページ，メーリングリスト，メールマガジンのそれぞれを使って，どのような共有ができるか考えた。この3つは，独立して使うだけでなく互いを結びつけてより効果的な共有を生み出すことができる。ここでは，それぞれを結びつけて使う方法を紹介しよう。

ホームページとメーリングリスト（ML）をつなげる

1） メーリングリスト(ML)で話し合われた内容をホームページで公開する

前にも触れたように，MLはクローズドな世界である。構成メンバーや目的によってその度合いは違うと思うが，基本的には，限られたメンバー構成なので安心して話し合いができるという特長を持っている。とくに，HET MLのように職種限定のMLの場合は，さらに安心感が高まると考えられる。

その反面，同じ職種どうしだけでの話し合いでは，その職種の視点からのみ話し合いが進められる傾向が強くなる。そのため，話し合いの方向性がひとつになったり，視野が狭くなってしまうことも否定できない。

そこで，私はクローズドなMLでの話し合いの安心感を保ったままで，他の視点からの意見を得る手段として，MLとホームページをつなぐということを考えた。

自分のホームページの中に，「養護教諭の部屋」というページを設け，その中にMLで話し合われた内容の一部を紹介したのである(図44)。

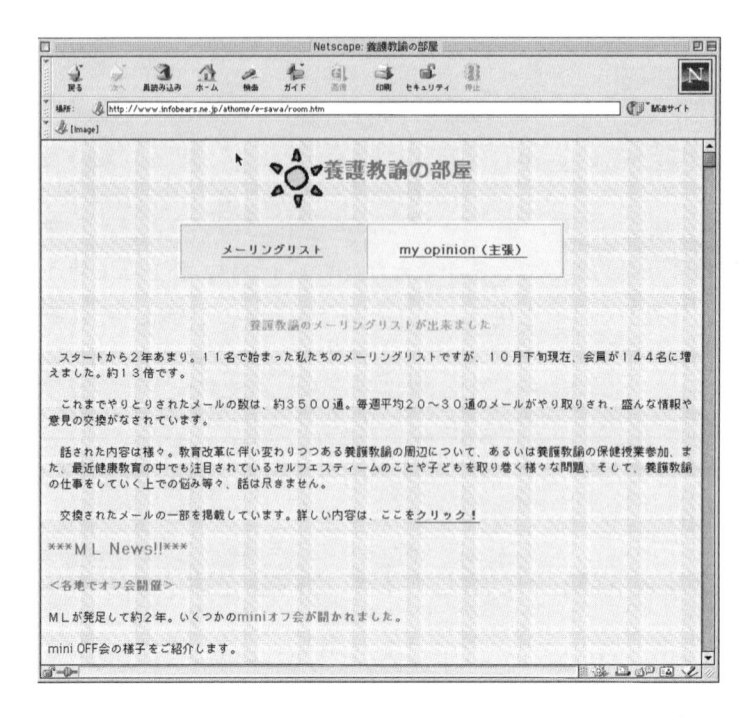

図44　HP養護教諭の部屋

　これは，HET MLで話し合われた内容をML以外の方に見てもらい，会員とその他の方との意見の交流をすることを目的としている。

2）テキストでは紹介しにくい内容をホームページで紹介する

　MLでのやりとりの方法は，テキスト（文字，文章）でのやりとりが基本となる。そのため，グラフや指導案などのように図形的な要素が必要な情報をメールで表現するのは難しい。そんなときに，ホームページの形で指導案や図形を紹介するという方法をとることができる。図45は，HET MLで喫煙防止教育が話題になったとき，指導内容がわかるように指導案をそのまま掲載したページである。また，図46は，「職員に保健室経営の理解を求める方法」をMLで話し合ったとき（p.69参照），あるメンバーが作ったものである。保健室来室の実態提示の一例として，自分が学校で資料として使ったグラフをホームページにしてアップしてくれたのだ。

　この2つの例は，どちらもMLで問題が提示されたときに，メンバーへの説明専用として臨時に作られたページである。このように，ホームページは公開用としてばかりでなく，目的限定，対象限定の伝達用としても利用できる。

　また，掲載する必要が出てきたときに臨時に作るのではなく，日頃から実践をデータベースとしてホームページの形でまとめておくという考え方もある。そして，MLで話題が出たときなどに，関係のあるページを紹介すればいいのである。

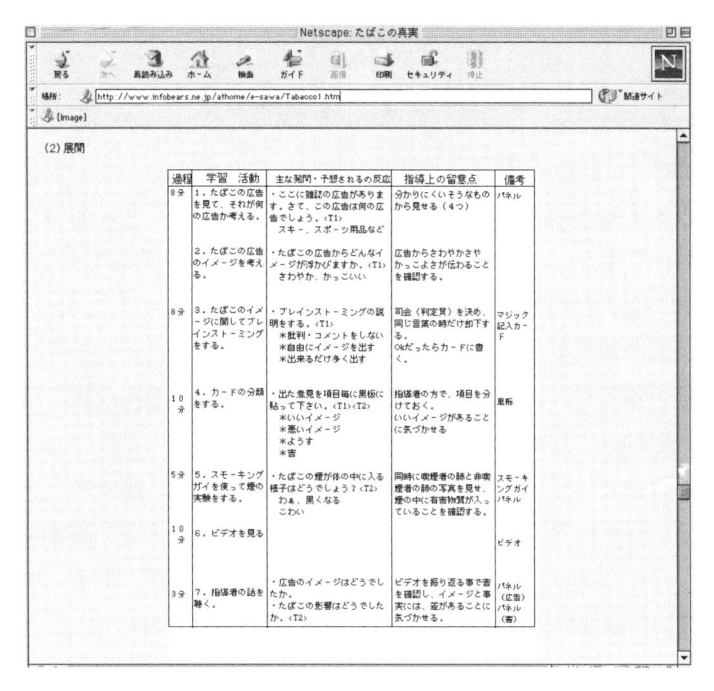

図45　指導等を掲載したページ

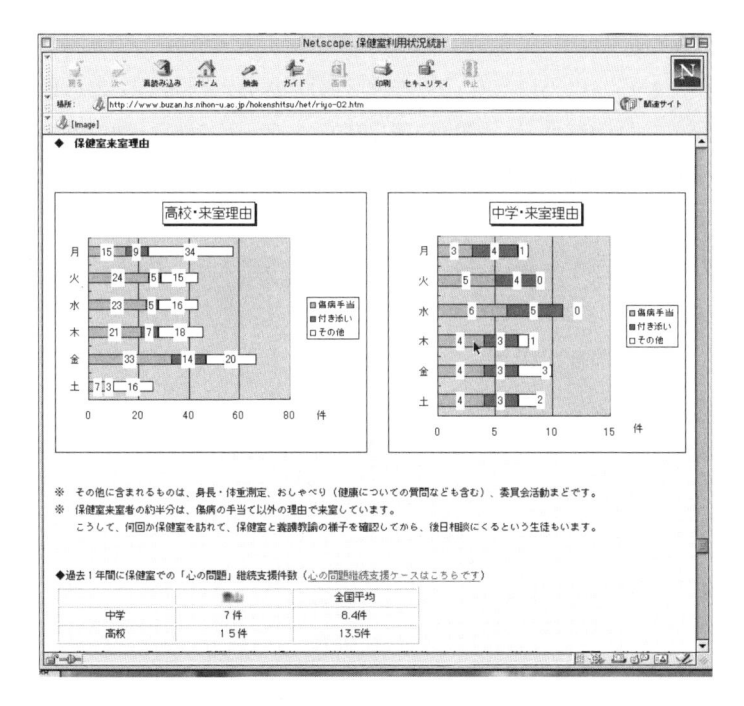

図46　保健室来室の実態を紹介したページ

バーチャルとリアルの間で

　テレビ番組のホームページ，趣味のホームページなど，共通の興味を持った人が集まるホームページで掲示板を持つものがたくさんあります。ホームページという公開性を生かし，共通のテーマ（番組であったり，趣味であったり）を持っている人間が自由に語り合うというのが，こういった掲示板の特徴でしょう。

　ところで，ここ数年，少年による凶悪な事件が続いていますが，そのひとつの事件の当事者となった少年の一人は，同世代の集まるホームページの掲示板に毎日のように書き込みをしていたといいます。

　そして，人が不快になるようなことばかり書く少年に対し，多くのアクセス者が非難を浴びせかけていたそうです。そんななかで，少年が自分の架空の履歴書を作って掲示板に流すということがあり，これに対して，他のアクセス者が，あるいたずらをしています。少年の書いた履歴書の項目のなかに「存在感」という項目を加え，そこに「なし」と書いて投稿したというのです。

　この投稿があったとき，少年は「存在感…欲しい」と書き直したそうです。少年は，存在感を求めて掲示板に人の注目するような書き込みを続けていたのかもしれません。たとえ，そこで存在感を得ることがあったとしても，そこが現実の世界でないということには気づかなかったのでしょうか。

　知らない相手だから，いろいろなことを考えずにものが言える。あるいは，どうせどこの誰だかわからないのだから，適当に書いてしまう。しかし，現実社会ではそういうわけにはいきません。相手の気持ちを考えながら，そして，これからのつき合い方も考えながらものを言っていかなければなりません。

　自由にものが言えることと責任を持ってものを言うことは，対極にあります。掲示板は，時には未知の人とのコミュニケーションを楽しむ場となります。しかし，この少年の事実を知ったとき，現在の子どもたち，あるいは大人たちの危うさを感じたのは私だけでしょうか。

　「バーチャルな世界（インターネット）があるから悪い」と言う人もいます。しかし，バーチャルな世界に逃げる前にその子には何か問題があったはずで，バーチャルがその子を悪くしたわけではありません。問題はバーチャルな世界に逃げ込むような子どもを作ったリアルな世界がその前に存在したということでしょう。

　バーチャルな世界に見る危うさを，ひとつの指標として，私たちの社会のゆがみを考えていきたいものです。

メールマガジン(MM)とホームページをつなげる

1) メールマガジン(MM)の記事を紹介する

「MMを購読する」でも述べたが，MMを発行している人の多くがホームページを持っている。MMで流した記事を「バックナンバー」として紹介したり，記事一覧を作ることでMMの内容を詳しく説明したりするためである。このようにしておけば，MMを購読しようとする人がどんなMMなのか十分検討して登録をすることができる。また，創刊当初からの読者でなくても以前の記事を読むことができ，便利である(p.86参照)。たまたまホームページを訪問した人がそこでMMの存在を知り，購読のきっかけとなることもあるだろう。

逆に，ホームページを通した交流の延長をMM発行という形にすることで，その交流をさらに深めることもできる。前に紹介した伊藤さんの例がそれである。

2) データベースの一部として掲載する

私は，自分のホームページをひとつのデータベースと考えている。個人のホームページの中に「my opinion(私の主張)」(図47)というページを作って，おもにこれまで書いた雑誌の記事や発表原稿などを紹介するというものである。そして，このなかに発行者である蔵満氏の許可を得てMMに投稿した記事を紹介している。そのことで，私のホームページを訪れた人が，MMを購読していなくてもMMの記事を読むことができるからだ。実際，ホームページに掲載した記事を読んだという方から，何度か連絡をいただいている。

図47　自分の意見，投稿記事等を紹介しているmy opinionのページ

このように，MMとホームページをつなげることで，より多くの方との意見交換の場をさらに広げることができる。MMとホームページをつなげることは，実践を広げ共有するという点で大きな意味を持つのである。

３）メーリングリスト（ML）とメールマガジン（MM）をつなげる

　私は，MMで紹介された記事をかならずMLでも紹介するようにしている。自分が考えていることをMLの仲間に知らせ，MLの話題とする事で，お互いの知恵の共有をしたいと考えているからだ。

　また，自分が購読しているMMの記事の中で，紹介したいというものがあったときも発行者や投稿者に許可を得て，できるかぎりMLで紹介するようにしている。

　自分が考えていることを相手に伝えることは，コミュニケーションの基本である。また，自分のいいと思うことを伝え共有することは，話題の広がりにつながっていく。私は，高め合う関係においては，この２つはとてもたいせつなことだと考えている。MLでのメンバー間の関係（共有）をさらに深める手段としてMMとMLをつなげているのである。

プレゼンテーション

　オンラインネットワークを使った共有ではないが，互いの実践や考えを交流させる方法にプレゼンテーションがある。最近，この「プレゼンテーション」という言葉をよく聞くようになった。研究会や講演会のおりに，発表の流れや図表などをコンピュータを使って発表(プレゼンテーション)することも珍しいことではない。その際，多くの人が，プレゼンテーション用ソフトを使って，スライド(プレゼンテーションソフトで作ったデータのこと。以下，「スライド」は，同様の意味として使用)の作成をし，それを使って発表を行っている。だから，「プレゼンテーション」＝「コンピュータで作ったスライドを使った説明」だと思っている人も多いようだ。

　プレゼンテーションとは，もともとpresentという動詞が名詞化したもので，「上演する」「伝える」という意味を持つ言葉である。つまり，プレゼンテーションとは，たんなる「発表」ではなく，「聴衆に向けて自分の持っている情報を提供するためのパフォーマンス」だと考えてよいだろう。

　言うまでもないが，パフォーマンスには，決まった形はない。紙に書いたものを使って説明する，劇化して相手に伝える，あるいは視覚的な資料なしで心を込めて話をするなど，いろいろな形があっていいのである。つまり，自分の作ったスライドを流しながら説明すること＝プレゼンテーションではないのだ。

　とは言っても，たしかにプレゼンテーションソフトで作ったスライドは美しく，視覚に訴えるためのいろいろな効果*をつけることができる。だから，「伝える」という視点でプレゼンテーションをとらえた場合に，スライドは伝達の効果をあげるための優れた補助手段といえるだろう。そこで，ここでは，「相手に伝える」という視点を大事にしたスライドの作り方と，コンピュータを使ってプレゼンテーションをする場合の注意点について触れてみたい。以下，「プレゼンテーション」という言葉は，コンピュータのスライドを使ったプレゼンテーションとして使用する。

プレゼンテーションの材料を作成する

コンピュータでスライドを作る

　スライドは，プレゼンテーション作成ソフトを使えば簡単に作ることができる。マイクロソ

---

*効果 ── プレゼンテーションソフト(ここではPower Point)では，「アニメーションの効果」という機能を使って，文字や画像を順番に出したり，その出し方を工夫したりできる。また，簡単な音をつけることもできる。

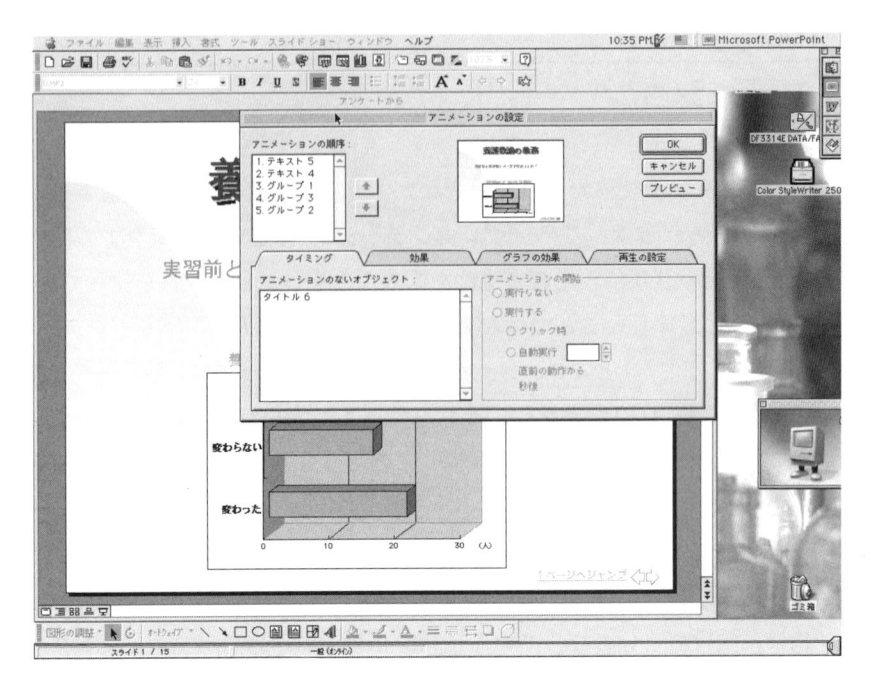

図48　パワーポイントを使ったデータ作成画面

フト社のパワーポイントというソフトがよく利用されている（図48）。

　研究会，あるいは講演会等々，場の違いはあるだろうが，プレゼンテーションは，広い空間である程度の人数に対して行われることが多い。そのような設定でプレゼンテーションが行われることを前提にしたデータ作成について考えみよう。

　プレゼンテーションのデータは，基本的にはホームページとほぼ同じ手順で作ると思っていい。まずテーマを考え，そのテーマに沿った内容でストーリーボードを作成する。その後，そろえておいた画像・グラフなどから必要な材料を選び出し，スライドを作るという手順である（p.37参照）。

　ただ，プレゼンテーション用のスライドを作る際には，ホームページとの違いも頭に入れておかなければならない。それは，プレゼンテーションでは，ホームページでの伝達と違って，限られた時間，あるいは限られた形態*で自分の持つ情報を相手に伝えなければならないということだ。

　つまり，プレゼンテーションのデータは，文章をじっくり「読む」というより「見て」理解するものとして作るべきなのである。たとえば，図49と図50のスライドを比較してみよう。聴衆にとって，インパクトがあるのはどちらだろうか。また，どちらが時間をかけずに内容を把握することができるだろうか。

---

*限られた形態 ── プレゼンテーションは，多人数を対象に広いスペースで行うことが多い。
　その際，「その最後尾からでも，端からでもわかる」ように工夫しなければならない。

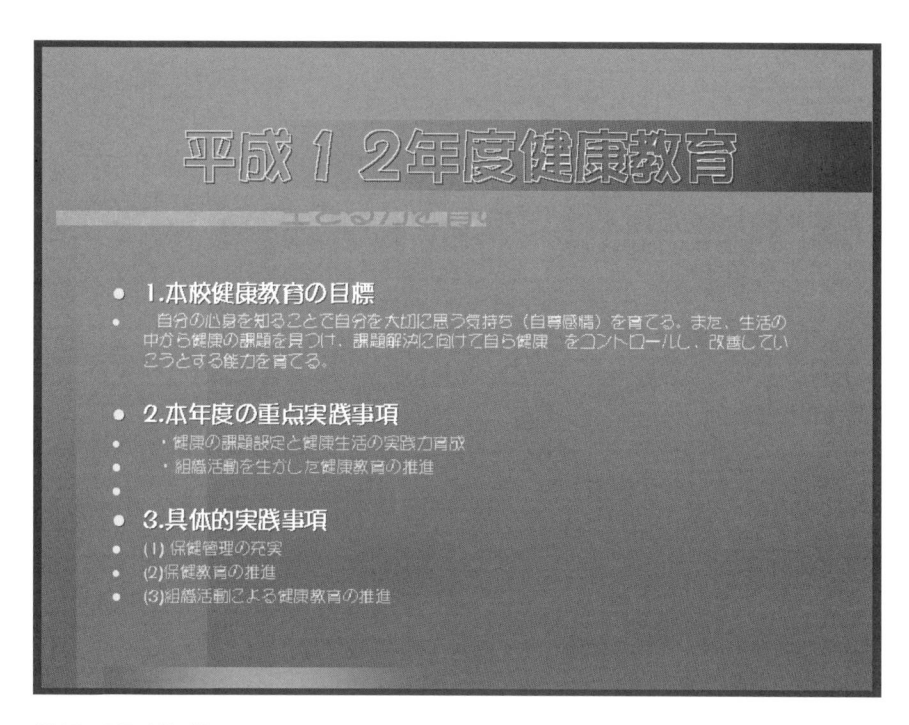

図49　スライドの例

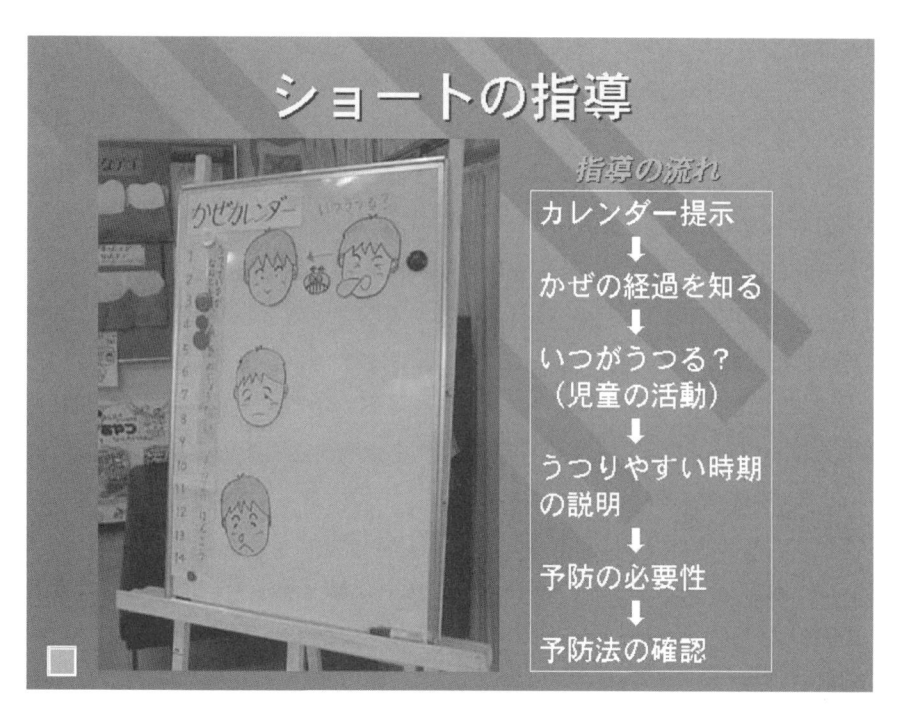

図50　スライドの例

多くの人が図50と答えるはずである。その理由は何だろう。

> ① 文字が大きい
> ② 文字数が少ない
> ③ 画像をとり入れている

それぞれについて少し詳しく説明する。

①文字を大きくする

　このことに関しては，ホームページのところでも触れた。しかし，ホームページなら目の前の画面を見るのだから，字が小さく読みにくかったとしても，物理的には，読もうと思えば読むことができる。また，プリントアウトして後で読むこともできるだろう。

　しかし，プレゼンテーションは，「そのとき」に理解できるものでなければならない。文字が小さくて見えなければ，その文字は，何の意味も持たないのである。だから，文字の大きさには，気を配る必要がある。

　スライドの文字の見え方は，どのくらいの大きさの画面で流すか，どんな方法で流すか（プロジェクタを通したスクリーンなのか，テレビなのか……），あるいはコンピュータと映し出す器具との相性はどうかなど，いくつかの条件により違いも出てくる。だから，どの場合も同じとは言えないが，少なくともその会場の一番後ろから見えるくらいの大きさの文字を使う必要がある。私の経験から言えば，最低でも40ポイントくらいの文字の大きさを使った方がいいと考える。

②文字(行数)を少なくする

　プレゼンテーションのデータは，それで何もかも伝えるという類のものではなく，あくまでプレゼンテーター(プレゼンテーションを行う人)が説明をするときの補助と考えなければならない。また，何度も繰り返すが，プレゼンテーションのデータは，基本的には「見る」ものであり，「読む」ものではない。だから，1枚のスライドの中の文字数は，スッと頭に入ってくる程度に抑える必要がある。たとえば，話の流れを説明する言葉のなかでもとくにキーワードとなるような言葉を短く表示する程度にすればよいのである。

　文字を大きくすれば，必然的に文字数も決まってくる(40ポイントの横書きで15文字くらい)が，基本的に一画面に入れるのは，タイトルと，それに続く項目3～4行が適当である。

　また，図51のように，文字を短い単語にしてひとつの絵の一部として使うといった工夫をすると，見やすい。

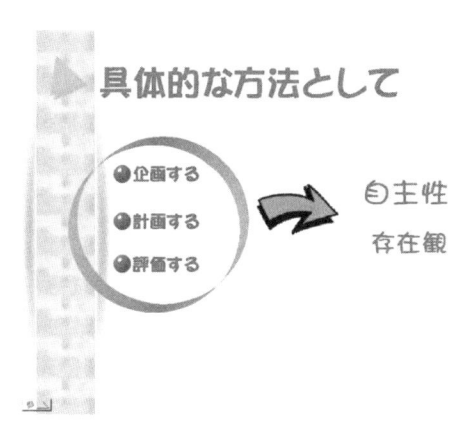

図51　文字使いを工夫する

③図や画像を取り入れる

　研究発表会などのおりに，明かりを落とした部屋で延々とスライドが流される中，聴衆は眠さと闘っている。そんな風景をよく見かける。このような状況になっている場合は，たいてい研究の構想や仮説など，文字の詰まったスライドが流れていることが多い。文章を並べたスライドは，聴衆を引きつけないのである。

　また，文章による説明がスライド上にあると，多くの人がその内容（文章）をメモしようとする。しかし，書くための十分な時間は与えられていないため，速くメモしようとしてメモにばかりに意識が集中してしまう。そのため，全体の説明の流れがわからなくなることも多い。ここで最初に紹介した図49のパターンのスライド（文字が小さく，文字数が多い）では，これらのようなことが起こってくる可能性が高い。

　もちろん，聴衆が眠くなったり，集中できないことには，プレゼンテータの話術やパフォーマンスの出来・不出来が原因になっていることも多い（次で説明）。だが，データの内容による部分も大きい。データの中に目を引くようなものがあるかないかで，聴衆のスライドへの興味や理解度はずいぶん違ってくるのだ。

　では，聴衆の興味を引いたり，理解度を高める内容とはどんなものだろう。文章で説明するのではなく，図やグラフ，あるいは画像，動画など，具体物が表示されているスライドは，非常にわかりやすく，聴衆の興味をそそるのである。とくに実践紹介を目的としたプレゼンテーションでは，聴衆はその実践内容を具体的に知りたいのであり，画像を取り入れると，その効果はグンとアップする（図52）。これが，動画であればなおさらのことである。

　画像や動画は，スライドの中に簡単に組み入れることができるので，スライドを作成する際にぜひ取り入れたい技術のひとつである（図53）。

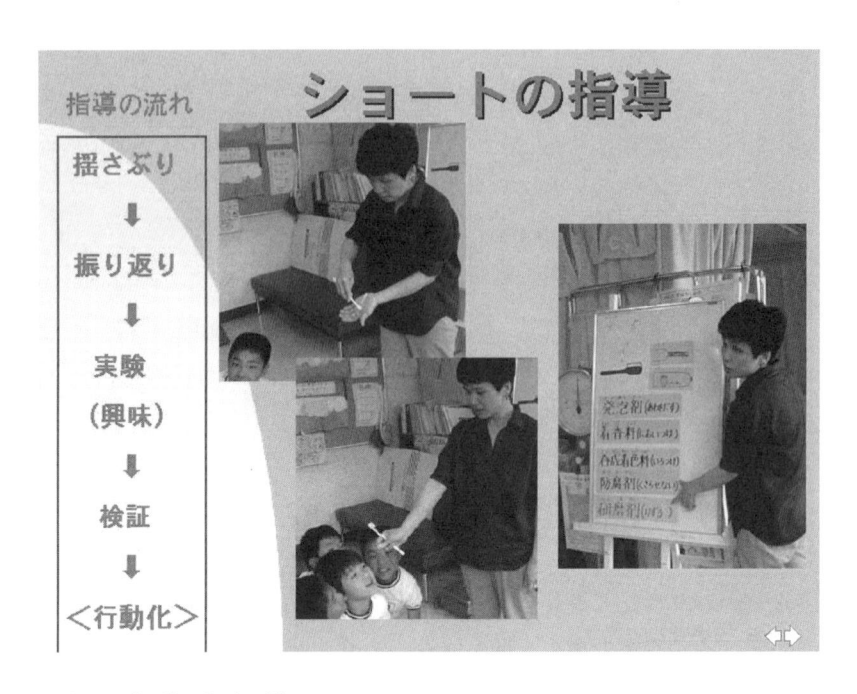

図52 プレゼンデータの例
　　　写真を取り入れ視覚的に説明する。

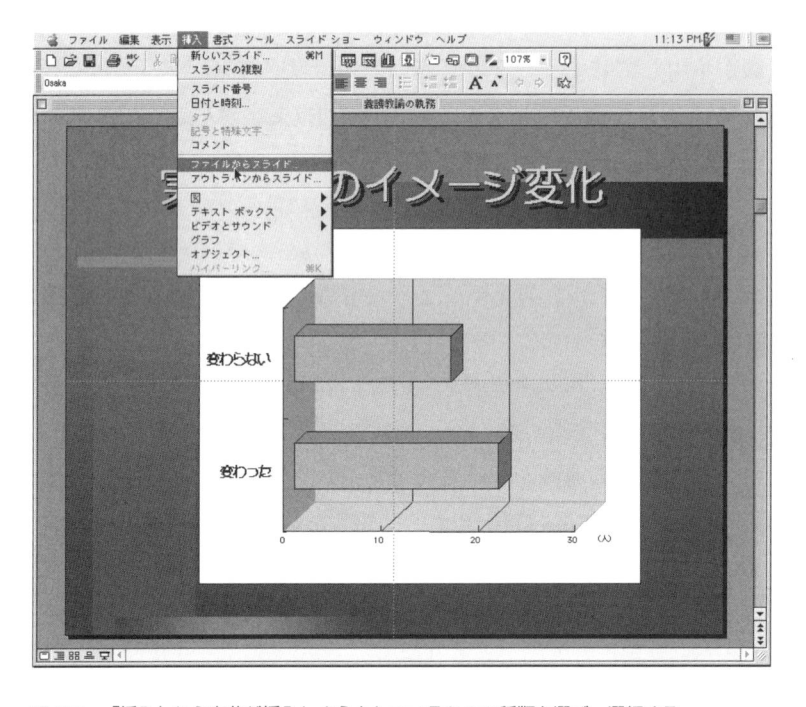

図53 「挿入」から自分が挿入しようとしているものの種類を選び，選択する

コンピュータを使ってプレゼンテーションする

1）養護教諭とプレゼンテーション

　養護教諭の研修会でも，コンピュータで作ったスライド（プレゼンテーションデータ）を流しながら，発表する人が多くなった。養護教諭にとっても，互いの実践を紹介し合う方法としては，大変効果的なものだと思っていいだろう。

　とくに，養護教諭は学校にひとりの場合が多いので，他の養護教諭のやり方を知る機会が少ない。だから，画像などを取り入れたスライドで他の養護教諭の実践を紹介してもらうことは，具体的な内容を知るという意味でとても役に立つ。

　スライドを使った実践紹介をすることには，紹介する側にとってもいくつかの利点がある。まず，スライドを作るには，日頃の実践をデジカメなどを使って記録しておく必要が出てくる。このことは，日頃から自分の実践に興味を持ち，客観的に自分の実践を眺める習慣をつけることにつながる。

　また，ホームページと同じように，プレゼンテーションのデータを作るには，ストーリーボードを作成するなど，実践を頭の中でまとめる作業が必須である。このような自分の実践をまとめるという作業は，自分の実践に対してのふりかえりや考察につながり，自分を高める機会となるだろう。

　「まあ，そのよさはわかったけど，自分は大きな会で報告することがないからまとめる必要はない」と思う人も多いだろう。これまでの時代においてはそうだったかもしれない。だが，これから学校の中にもっとコンピュータが導入されてくれば，いろいろな資料をデジタル化して伝え合うことは，当たり前のことになってくるだろう。

　地域の養護教諭の集まりで，自分の実践を画像や動画を取り入れたデータを流しながら，気軽に紹介し合うことも可能になるはずだ。また，オンラインネットワークを通して得た新しい人とのつながりは，私が経験したオフ会での自主研修のように新たな研修の機会を広げる。そして，定例行事としての研修会という既成の枠を越えた自主的な実践紹介につながっていくだろう。

　現に私は，大きな会での報告以外に，次のような機会にコンピュータを使ってプレゼンテーションをした経験を持っている。

> 自分の参加するサークルのなかで
> オフ会を開催したおりに
> 学校に視察に来られたおりに

つまり，他から依頼されてプレゼンテーションしているわけではないのだ。自分自身が持つ情報を相手に伝ようとするとき，スライドによるプレゼンテーションが一番効果的な方法だと判断したときに，実施しているのである。だから，1対1での説明の際でも，それが一番効果的だと考えた時は，コンピュータの画面にスライドを流しながら説明している。
　このように考えてくると，コンピュータによるプレゼンテーションは第Ⅰ章の「マルチメディアでシェアする」で触れたデジタルポートフォリオとしての意味をもつものだと考えることができるだろう。

2）わかりやすく伝えるプレゼンテーション

　子どもたちに対して行ういろいろな指導，保護者へのお便り，雑誌などで行う文章表現，そして，ホームページやコンピュータによるプレゼンテーションといったデジタルでの情報伝達など，私たち養護教諭は，自分の持つ情報を伝達する機会をたくさん持っている。

　　　　「わかりやすくなければ伝わらない。伝わらなければ意味がない」

　これは，私が情報を伝達するときに頭においている言葉である。ここでは，やはり「わかりやすく伝える」ということをキーワードにして，スライドを使ったプレゼンテーションのしかたについて考えてみたい。
　さて，ここでひとつの例を紹介しよう。私の参加する情報教育の研究会で，いくつかのグループごとにコンピュータでスライドを作り上げて，最後にそれを使ってプレゼンテーションをするという研修会を行った。その際，スライドの視点や出来は非常によかったのに，最後のプレゼンテーションはつまらないものだったというグループがいくつかあった。プレゼンテーションのしかたに問題があったのである。
　プレゼンテーションのデータがよくできたからと言って，プレゼンテーションがよくできるというわけではないのだ。最終的な「伝える」という目的がうまくいかないなら，せっかく苦労して作ったデータも，あまり意味のないものになってしまう。
　前にわかりやすいプレゼンテーションデータ作りについて紹介した。ここでは，作ったデータを使ってどう伝えれば，わかりやすく伝わるか具体的に考えてみたい。

●主役はプレゼンテーター

　明かりを落とした部屋で，スライドが流される。発表者は機械の操作をしながら原稿を読みあげる。このようなプレゼンテーションは珍しくない。大きな研究会などでよく見かける風景だ。ひどい場合になると，発表者が聴衆に背を向けて発表していることさえある。この場合，主役はスライドであり，プレゼンテーター（このような状況で，そう呼んでいいのかどうかもわからないが）は，たんに「原稿を読みながら機械を操作する人」になってしまっている。これでは，プレゼンテーションとはいえない。ただの説明である。

　スライドの操作と原稿を読むことなら，誰がやっても同じである。プレゼンテーションは，その人の持つ情報をその人らしく伝えるものであるはずだ。あくまでプレゼンテーションの主役は，プレゼンテーターであることを忘れてはいけない。

　プレゼンテーションがただの説明に終わらないために，いくつかのことを頭に入れておくとよい。

聴衆と向き合う

　基本的には体（顔）が聴衆の方を向いているというのが最低条件である。体が聴衆と向き合うというのは，気持ちが聴衆と向き合っているということだと思っていい。聴衆と向き合っていれば，聴衆の反応を見ながら，必要な部分は強調したり繰り返したりという双方向性のプレゼンテーションができるのである。

　「アイコンタクト」という言葉がある。養護教諭なら，この重要性はよく知っているはずだ。子どもたちの目を見て，その子どもの反応を見ながら話すことは，私たちの仕事の基本といっていいだろう。

　執務から一歩離れて，普段の生活をふり返ってみても，相手の視線がこちらに向かない会話では，心が通った気がしないということは，誰にでもわかることだ。伝えたいという気持ちがあれば，相手をまっすぐ見て話をする。それが伝えるための基本なのである。

聴衆の視線が一点に止まらないように工夫する

　プレゼンテーションの最初からスライドを流すということは避けなければならない。とくに，プロジェクタの使用などのため部屋を暗くする必要がある場合，最初から明かりを落としてスライドを流してはいけない。

　まず，聴衆の視線を発表者に向け，発表の流れの説明や聴衆への投げかけをするべきである。そして，最後には，再度発表者に視線を戻し，発表のまとめをして終わるべきだろう。最初に投げかけや説明をすることで，聴衆はその内容に興味を持ち，意識を集中させることができるのである。また，最後のまとめをすることにより聴衆もまた，自分の得た情報をまとめる時間を持つことができる。

　さらに，プレゼンテータと聴衆の一体感を生むためには，発表のほとんどをスライドだけでの伝達に終わらないようにするべきである。途中でスライドの進行を止め，視線をプレゼンテータに戻し，聴衆への投げかけをしたりすると，その発表がよりいっそう聴衆の頭の中に残っていくことにつながるからだ。

　聴衆の視線が一点（スライド）に止まらないこと。それは，「わかりやすく伝えるプレゼンテーション」のたいせつなポイントのひとつである。

●原稿作成と練習

　プレゼンテーションは，パフォーマンス。ある意味，演技と同じだと考えていいだろう。練習なしでの演劇上演が考えられないようにプレゼンテーションでも，練習はたいせつなものだと認識しておくべきだ。

　前に，スライドの出来はよかったのにプレゼンテーションがつまらなかったという例を紹介した。実は，この例では，研修時間の関係でデータ作りにほとんどの時間が費やされ，プレゼンテーションの内容を考えたり練習する時間が足りなかったのである。

　この例は，事前に，データだけでなく発表の流れをきちんと考え，練習しておくことのたいせつさを教えている。

原稿を作る

　「コンピュータでスライドを作る」で，ストーリーボードの作成について紹介した。

　スライドは，プレゼンターが伝えたいことをコンパクトにまとめたものであり，そのもととなるストーリーボードは，発表者が伝えたいことの流れを表している。だから，この流れに沿ってプレゼンテーションの原稿を作っていけばいい。

　原稿作成の際には，次のようなことにポイントを置いて作るといいだろう。

〈流れを考える〉

　どのような投げかけをすると，自分の伝えたいことが効果的に伝わるかを考えて，最初の投げかけと，その投げかけから生み出される流れを考えておく。

発表の流れを考えるとき，2つの基本パターンを頭に入れておくとよい。ひとつは，最初に結論を持ってくる方法(結論先行型)，もうひとつは，最後に結論を持ってくる方法(序論先行型)である。

　たとえば，「楽しい保健集会とは」というテーマで，「保健集会の楽しさは，仕上がりのよさでなく，取り組み過程の満足感から生まれる」という結論を伝えたいとする。

　結論先行型は，最初に結論を明確にし，その理由に興味を持たせるという考え方である。「保健集会の楽しさは，取り組み過程の満足感から生まれる」と，先に結論を述べ，その結論を導き出すまでを検証していく形となる。

　また，序論先行型は，最初にテーマについて問いかけをし，聴衆の興味を引きつけながら結論に向けてその興味を持続させるという考え方である。「保健集会の楽しさは，どこから生まれるのでしょうか」と投げかけておいて，検証してきたことや考えを述べ，最後に「保健集会の楽しさは，取り組み過程の満足感から生まれる」という結論を伝えるのである。

　前者は，これから行われるプレゼンテーションが，最初に述べられた結論を検証していくものだという流れを予測できるので，安心感がある。しかし，最初に結論が出ているので，聴衆の興味を持続させるのが難しい。だから，この場合，聴衆を引きつけるプレゼンテーションの内容を十分工夫しなければならない。

　後者は，投げかけられた問いに対して結論を予測しながら聴けるので，聴衆は興味を持ってその検証に聞き入ることができる。ただ，プレゼンテーションの出来しだいでは，結論まで興味が持続しない場合がある。また，時間が不足した場合，結論が十分に伝えられないまま終わってしまうことも出てくるので，慎重に時間配分を検討しておく必要がある。

　どちらの方法にも長所も短所もあるので，そのテーマを伝えるにはどちらの方法が効果的かを考えて，流れを作るといいだろう。

〈強調する事項を明確にしておく〉

　ひとつのプレゼンテーションの中で，頭の中に残る事項は，1つか2つだと思っていい。だから，自分が一番伝えたいことは何なのか，自分の中でしっかりと整理しておくことがたいせつである。

　たとえば，「保健集会の楽しさは，その取り組み過程の満足感から生まれる」ということを伝えたいのであれば，「取り組み過程」という言葉をキーワードとして伝えるべきだろう。自分の伝えたいことは，

> 短い言葉で
> 端的に
> ハッキリと

述べる必要がある。

また，プレゼンテーションの最後に，まとめをすることも忘れてはならない。
　序論先行型ではもちろんのこと，結論先行型で結論を前に述べていたとしても，最後に，キーワードとともに結論を伝え，まとめとする。

〈時間内に終わるようにする〉
　ときどき，与えられた時間が来ても，話し続ける人を見かけるが，与えられた時間内に発表を終わるというのは，最低限のルールとして守りたい。
　前に述べたように，プレゼンテーションでは，双方向性のやりとりをする事で発表者と聴衆の一体感が生まれ，そのことを通して聴衆の頭の中に発表の内容がさらに印象づけられる。だから，時間の配分をするときには，聴衆への投げかけの時間や反応を待つ時間も含めて時間設定をしておいた方がいい。
　原稿は，流れ全体を文章として書くというより，スライドの流れに沿って大事なことを箇条書き程度で書いておく。そして，大まかな時間配分をしておけば，決められた時間でプレゼンテーションを終えることができるだろう。また，聴衆とのやりとりや，少しの時間のロスがあっても時間内に終わるように，余裕のある時間設定にしておくとよい。25分間のプレゼンテーションであれば，3～5分の余裕を持った時間設定で作るようにすればいいだろう。
　時間をぎりぎりに設定しておくと，双方向性を持ったプレゼンテーションはできたが，最後の結論やまとめは急ぎ足で終わってしまったということにもなりかねない。それでは，意味がない。

練習する

　原稿を作ってしまうと，安心して「後は，これを読み上げればいい」と思ってしまいがちである。しかし，本番では，できるだけ原稿を読み上げないようにする。原稿を読むためには，発表者の視線は必然的に原稿に向いてしまう。それでは，双方向性のやりとりは望めないし，一体感のあるプレゼンテーションはできない。かならず，原稿の内容が頭に入るくらい練習をしておくようにする。
　また，練習は，できるだけ実際の設定に近い形(コンピュータやスクリーンなどの機器と自分との位置関係など)で行う。さらに，聴衆の反応を予測した切り返しなども含めて練習しておくといいだろう。
　それから，最初にも書いたように「時間内に終わる」のいうのは，鉄則である。発表が時間内に終わるということは，発表者がいかに発表内容を厳選し，綿密な計画や練習を行ったかの現れでもある。

　ここまで，簡単にプレゼンテーションのデータの作り方やプレゼンテーションのしかたについて紹介してきた。書店に行くと，詳しいプレゼンテーションの本がたくさん出されている。多くはビジネス向けだが，基本的な考え方等参考になる点も多い。また，『イラストでつかむ

子どもに「学習プレゼン能力」を育てるノウハウ』（熊本大学情報教育研究会著，明治図書，2002.2)は，設定を学校現場での使用に絞った少ない教師向けのプレゼンテーション実践書である。参考にしてほしい。

よいプレゼンテーション
・聴衆と向き合う
・聴衆の視線が一点にとまらないように

電子教材を作る

1）電子教材の利点

　養護教諭は，紙芝居などを使って子どもたちに指導をすることも多い。また，中学生や高校生になると，子どもたち自身がビデオなどの編集をしたりパネルを作成したりして発表する機会も多くなる。

　紙芝居のような教材や発表用の資料もプレゼンテーション作成ソフトを使えば，電子教材（電子資料）にすることができる。プレゼンテーション作成ソフトで作った電子教材には，次のような利点がある。

画像が美しい。

　コンピュータ内で処理をするため（デジカメの画像取り込み，スキャナを使った画像の取り込みなど）画像が美しく鮮明である。

「動き」を入れることができる

　「アニメーションの設定」という機能（以下，プレゼンテーション作成ソフトの機能の説明は，マイクロソフト社のパワーポイントによる）を使うと，スライド上の文字や画像に動きを入れることができる。また，ビデオ映像などの動画を取り込んでスライド上で見るといったことも可能である。

音声を取り込むことができる

　画像をスライドとして流しながら，その場で解説をしたり紙芝居のお話を読み上げていく方法もあるが，スライドに音声を貼り付けて画像と一緒に流すこともできる。

劣化しにくい。

　デジタルデータとして保存されるので，紙に描いたものや写真のように劣化することはほとんどない。

複製が可能である。

　コンピュータで作ったデータなので，他のデータと同じようにコンピュータ間のやりとりができる。また，CD-RやMO（p.144参照）に簡単に焼き付けることもできる。

2）電子紙芝居（スライド）を作る

　プレゼンテーション作成ソフトを使ってできる電子教材は，主にスライドを使った電子紙芝居と子どもたちの発表用のスライドである（図55，図56）。発表用のスライドは，「コンピュータでスライドを作る」とほぼ同じ要領で作ればよいので，説明を省く。ここでは，電子紙芝居の作成手順を簡単に紹介しよう。

イラストを描く

　まず，手描きで紙芝居のイラストを描く（元絵があるなら，それをコピーする）。イラストには，色をつけておく。

　そのままでもコンピュータに取り込むことができるが，カラーコピー機でコピーしておくと，コンピュータに取り込んだときに色がきれいに出やすい。できあがった絵の色合いを見ながら，必要であれば，カラーコピーも使ってみるといいだろう。

スキャナでコンピュータに読み込む

　次に，仕上がった絵をスキャナでコンピュータに読み込む。スキャナで画像を読み込むには，**画像ソフト**[*1]が必要である。読み込んだ画像は，画像ソフトを使って，色合いや明るさを調節してきれいに仕上げ，**JPG形式**[*2]あるいは**GIF形式**[*3]で保存する。

画像を貼り付ける

　プレゼンテーションソフトを立ち上げ，「挿入」の機能を使って，保存しておいた画像をスライドに取り込んでいく。このとき，画像はできるだけ大きく（画面いっぱい）貼り付ける。

音声ファイルを作る

　まず，コンピュータにマイクをつないで紙芝居のストーリーを録音する。ウインドウズマシンであればサウンドレコーダー，マッキントッシュマシンであればシンプルサウンドといった録音用のソフトが標準でついており，これを使えば，簡単に録音ができる。

　音声は，録音の時点で場面ごとに切って録音することもできるが，最初に全文録音し，後で編集して各場面毎の音声ファイルにする方法が失敗が少ないだろう。ウインドウズマシンではサウンドレコーダー，マッキントッシュマシンではクイックタイムPro版などのような編集ソフトを使えば，各場面毎に音声を編集することができる。編集された音声は，それぞれ音声ファイルとして保存する。

[*1]**画像ソフト** ── 画像処理専門のソフト。フォトショップ，イラストレーター，フォトデラックスなど，その作業の内容によって，色々なソフトが市販されている。

[*2]**JPG形式** ── 画像の保存形式。圧縮率がよく，立体的な画像でもきれいに保存できる。

[*2]**GIF形式** ── JPG同様，圧縮率がよい。JPGほどきれいな画像ではないが，平面的な画像の場合はGIFでも十分である。

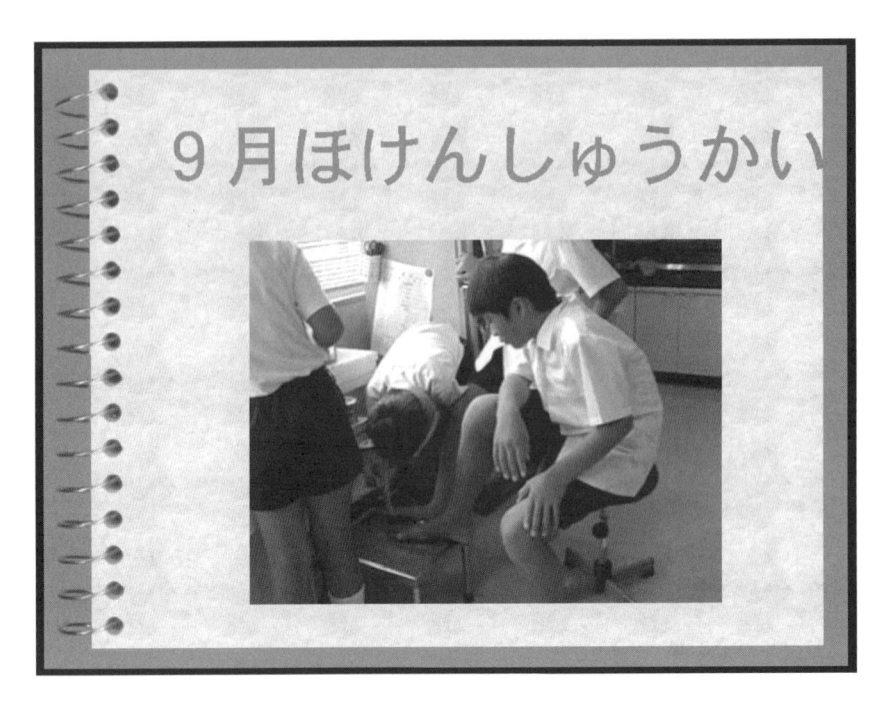

図55　1999年9月　保健集会で使ったスライド

図56　パソコンとプロジェクタを操作してプレゼンテーションする
（手前：操作する子ども，奥：説明する子ども）

音声を貼り付ける

音声も，画像と同じように「挿入」の機能を使えば，スライドに貼り付けることができる。画像を貼り付けた要領で，それぞれの場面に当てはまる音声を貼り付ければいいのである。

3）電子教材を複製する

音声や画像は容量（p.45参照）が大きく，それを使って作ったスライドは100メガバイトとか200メガバイトといった大きなファイルになる。もちろん，フロッピーディスク（記憶量：2HDで1.44メガバイト）には収めることができない。しかし，MO（光磁気ディスク，最小128メガバイト）やCD-R（Compact Disk Recordable，650メガバイト）に焼き付ければ，何枚でも複製することができる。

私は，自作の電子紙芝居をCD-Rにコピーし，希望があれば，オフ会で会ったMLの仲間や視察に来られた方に差し上げている。

上記に紹介した紙芝居は，もともと厚紙に絵の具を使って描いたものである。これまで，その実物や，原画をコピーしたものを，いくつかの学校で授業や保健指導の折りに使っていただいていた。それで，皆さんのお役に立つならと，できるだけ教材として提供していきたいと考えてきた。

ところが，10年近く前に作った紙芝居は，少しずつ劣化してきている。また，なかには原画のコピーを再度色つけして使用しておられる方もおられて，もう少し美しいままで，そして手軽にお譲りできる方法がないかと考えていた。

そこで考えついたのが紙芝居の電子化である。この方法に出会ったことで，今では，コンピュータを使っておられる方には，電子紙芝居のCDという形にして画像も美しいまま，手軽にお渡しできるようになった。

このように，コンピュータを使えば，それぞれの実践をさらに広範囲に多くの人と共有することが可能となる。

電子紙芝居の作成は，コンピュータに慣れてくると，そう難しいことではない。これから，多くの人にコンピュータを使った自作教材作りにチャレンジしてほしい。そうすれば，手持ちの教材を互いに紹介し合い，実践共有の機会をさらに広げることができるようになるだろう。

（巻末に紙芝居の内容を紹介している。）

添付書類のエチケット

　p.53のティー・ブレイク「安らぎの画像」でも触れましたが，添付書類はとても便利な機能でありながら，その扱い方によっては，相手に迷惑をかける場合もあります。ですから，添付書類を送るときには，注意が必要です。同じものを送っても，使っているパソコンの機種，あるいはメーラーの種類や設定によって，添付されたものが見えたり見えなかったりするからです。

　また，MLに添付書類を送るときは，個人宛のものより，さらに注意をする必要があります。「みんなが見ているものが見えない」というのは，けっこう苦痛なことだからです。ですから，同じMLに所属しているなら，できるだけみんな同じ条件でその情報をうけ取ることができる方法を考えなけれななりません。

　まず，添付書類を送るというお断りをし，添付されたものが見えない場合は連絡してもらうようにお願いするなどの配慮がいります。

　また，添付という形にこだわらず，他の形を考えることもできるでしょう。本文でも紹介したように，ホームページの形で紹介する，あるいは，あまり長い文章でなければ，メールにコピーしたものを貼り付けて送るなど，工夫のしようでみんなが気持ちよく見る方法はいくつも考えられるものです。

第Ⅲ章
コンピュータで伝えるための基本的なスキル

コンピュータで伝えるためには，いくつかのスキルが必要である。
何のスキルもなければ，コンピュータを使うことはできない。
ここでは，コンピュータで伝えるためのスキルのなかで，
「これだけは」とか「これを知っていると便利」というような
基本的なスキルを取り上げていきたい。

1 基本的なスキル

コンピュータでワープロを使う

　ワープロが使えるというのは，コンピュータで何かを伝えるための最低限のスキルである。メールを出すにも，ホームページやスライドを作るにも，かならず文字の入力が必要である。だから，文字の入力ができなければ，コンピュータでの伝達は難しいといっていい。ワープロの技術は，コンピュータを使う基礎としてぜひ身につけたい。

　とはいえ，パーソナルコンピュータやワープロ専用機が学校現場に入りだして15年くらいが経ち，今ではワープロを使えない人の方が少なくなった。コンピュータを使えなくても，ワープロ専用機は使えるという人も多い。だから，「今さら教えてもらわなくても大丈夫」と思われる方も多いはずだ。そこで，ここでは，まだワープロを使えない人（初心者編）と，すでに使っている人（ステップアップ編）に分けて，ワープロのスキルについて述べてみたい。

1) 初心者編
●キーの意味を覚える

　まず，キーの役割を覚えなければ何も始まらない（図57）。

　基本的に，アルファベットキー（アルファベット・かなを入力）とテンキー（数字を入力）は，どの機種も並び方や役割が同じである。また，入力の際にかならず使用するスペースキー（文字の変換）とリターンキー（エンターキー/入力の確定），あるいはキーの上部の文字を使うときなどに使用するシフトキーも，どの機種でも同じ配列，同じ役割を持っている。ところが，その他のキーは，メーカーによって，また，同じメーカーでも機種によってキーの並びが違ったり，そのメーカーにしかないものもある。

　たんに，文字入力をするだけなら，アルファベットキーとスペースキー，リターンキー（エンターキー）を使うことで，ほとんどの入力が可能だ。しかし，その他のキーもそれぞれ，場合に応じてかならず利用するので，そのキーの持つ意味を知っておかなければならない。（それぞれのキーの意味については，各コンピュータのマニュアルで説明されているので，それを参考にするとよい。）

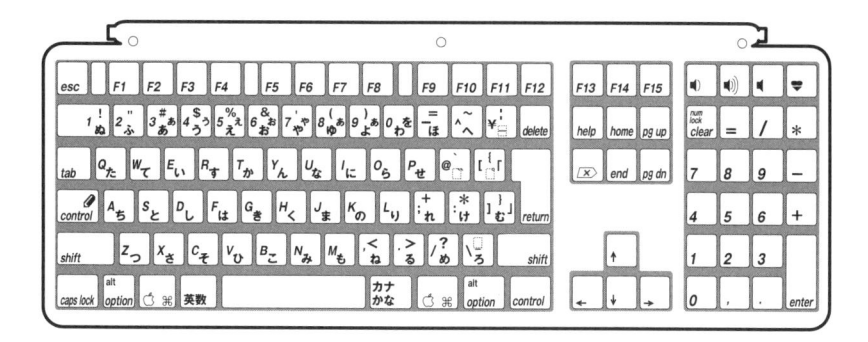

Ⅲ　コンピュータで伝えるための基本的なスキル

Macintoshのキーボード
USB Proキーボード―G4に標準でキーボード

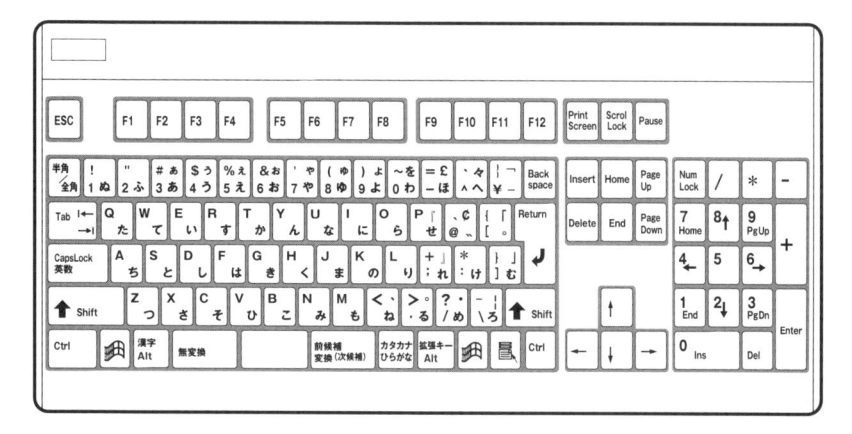

Windowsのキーボード
109キーボードと呼ばれるもっとも一般的なキーボード配列。
他にもいろいろなタイプのキーボードがあるが配列はほとんど同じ。

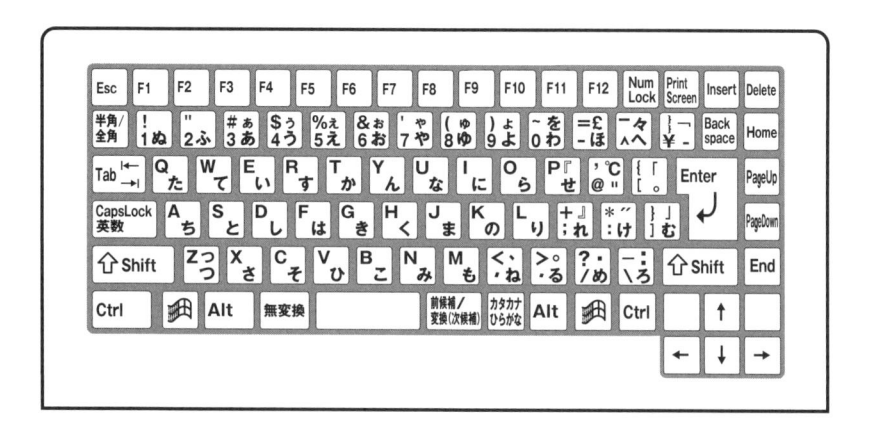

ノートブック型パソコンのキーボード構成
大きさが小さいため，2つ以上のキーを組み合わせることでいろいろな操作ができるようになっている。デスクトップ型パソコンと配列が多少違うが，内容は同じである。

図57　キーボード

● かな入力とローマ字入力

　文字の入力には，かな入力とローマ字入力がある。かな入力は，文字通りかなの表示があるキーをそのまま打っていく方法である。つまり，「さわ」と打ちたいときには，「さ」のキーと，「わ」のキーを押せば，「さわ」と入力される。また，ローマ字入力では，それぞれのキーに書かれているローマ字を使って入力していく。「S」と「A」と「W」と「A」を打って，「さわ」と書くのである。

　(かな／ローマ字) 入力の方法はパソコンの設定で切り換えることができる。では，どちらの設定を選ぶといいのだろうか。ご存じのとおり，かなは46文字，アルファベットは26文字なので，アルファベットの方が覚えるキーの数がずいぶん少なくてすむ。だから，圧倒的にローマ字で入力している人が多い。

　だが，「さわ」ならローマ字だと4つのキーを押さなければならないところを，かな入力だと2つのキーを押すだけですむわけだから，物理的にはローマ字入力よりかな入力の方が入力速度が速いことになる。だから，ワープロによる文章作成を専門の仕事としている人にはかな入力を使っている人も多いという。

　さて，私たちが仕事として使うときはどうなのだろう。どちらの方が絶対いいというわけでない。慣れた方法が一番いいのだ。ただ，日本語だけでなく，英語を打つ機会が多くあるというのであれば，ローマ字入力の方でアルファベットの位置を覚えておいた方がいいだろう。

● コピーアンドペースト

　ワープロの機能の中でぜひ覚えておきたいのが，コピー(複写)とペースト(貼り付け)の機能である。この機能を使えば，図58のように，他の書類の一部の文章をコピーして，そのまま作成中の書類に貼りつける(ペースト)ことが簡単にできる。もちろん，同じ書類内でもそれは可能だ。カット(切り抜き)もできるので，文章の一部を違う文書や違う位置に使いたいときは，この機能を使い，他の場所にペーストすればよい(図59)。

　また，同じ文章内であれば，「移動」も簡単にできる。図60のように，移動させたい文章を選んでおいてそのままドラッグしていくと，選んだ文章が丸ごと移動できるというしくみである。これらは，文章の推敲をするときなどにとても便利な機能なので，覚えておきたい。

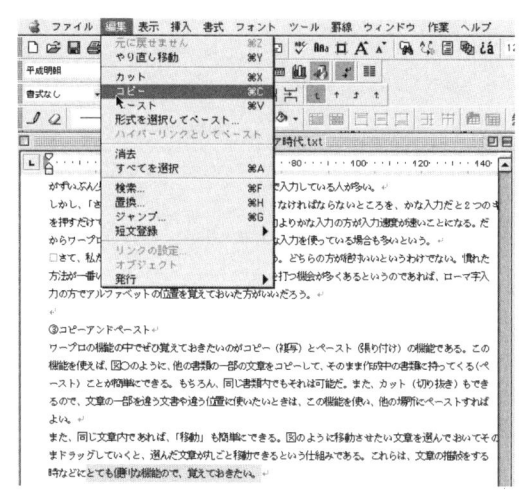

①　　　　　　　　の部分をコピーする

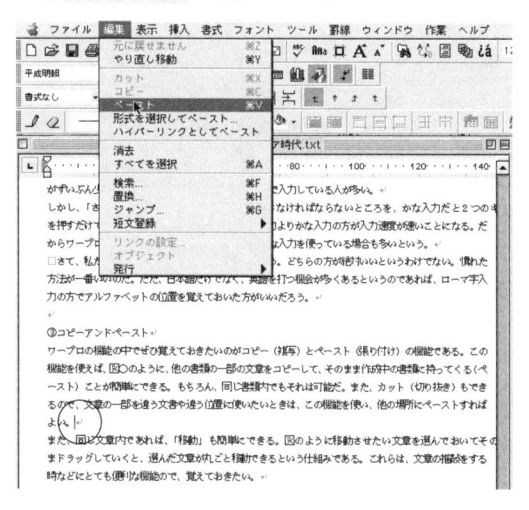

②カーソル部分にペーストする

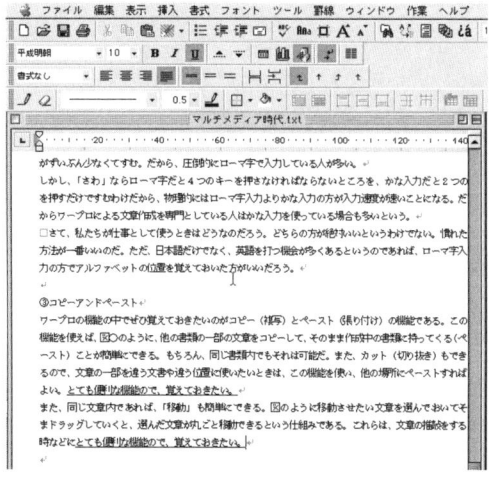

③同じ文がペーストされた（貼りつけられた）

図58　コピーアンドペーストの方法

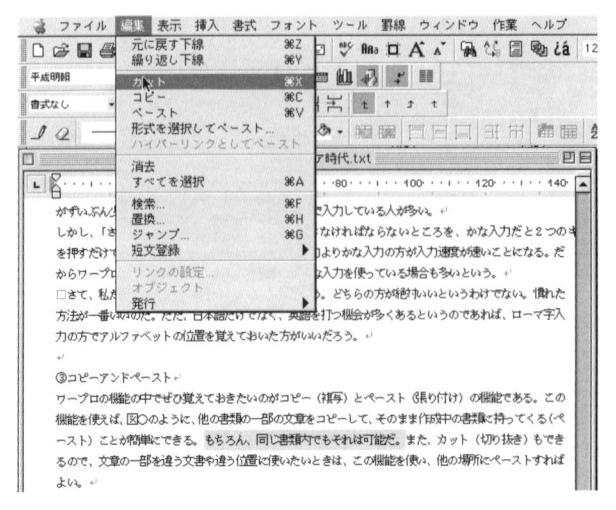

① _____ 部分をカット（切り取り）する

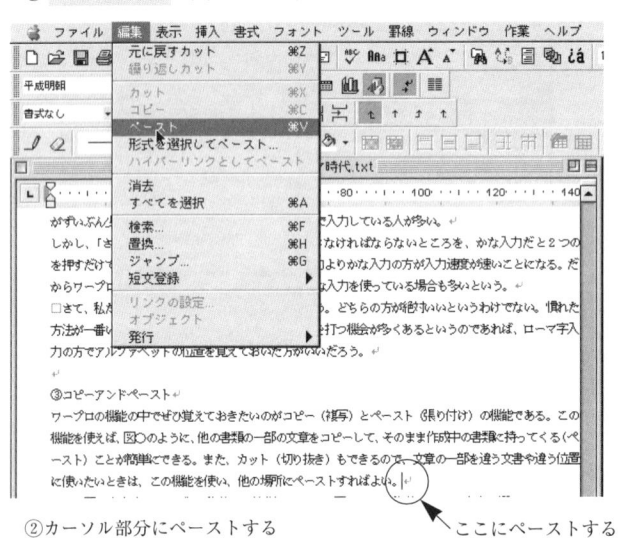

②カーソル部分にペーストする　　　　ここにペーストする

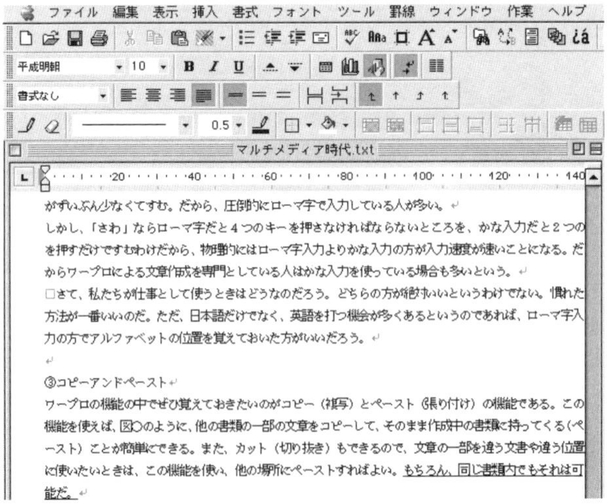

③カットされた文がペーストされた

図59　カットアンドペーストの方法

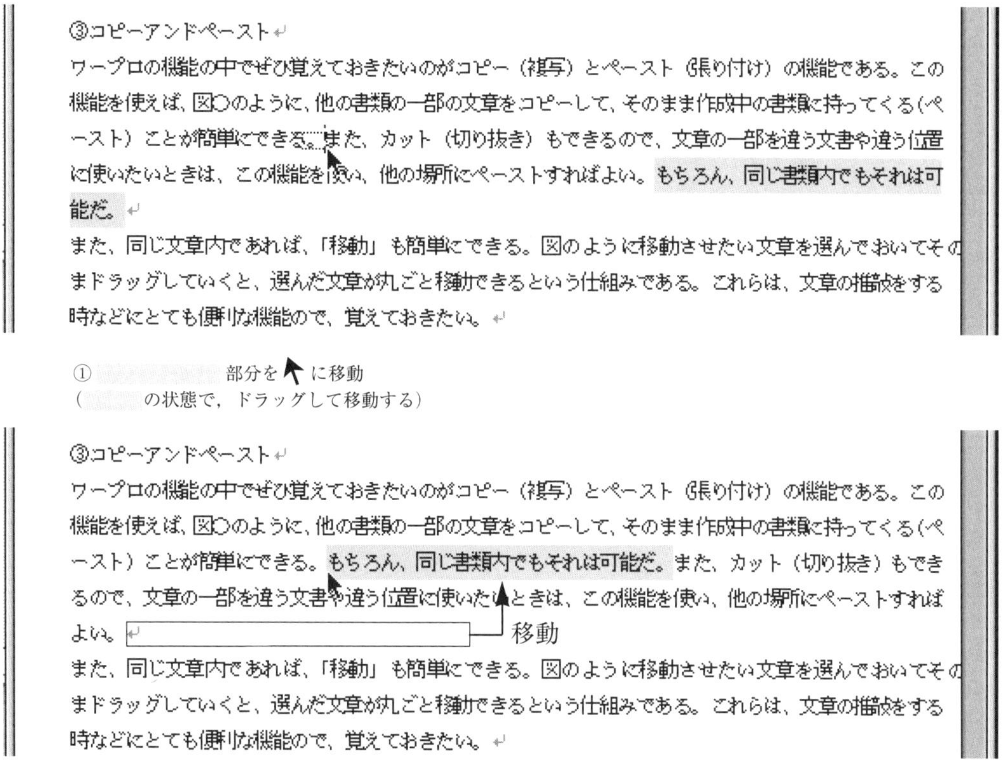

③コピーアンドペースト
ワープロの機能の中でぜひ覚えておきたいのがコピー（複写）とペースト（張り付け）の機能である。この機能を使えば、図○のように、他の書類の一部の文章をコピーして、そのまま作成中の書類に持ってくる（ペースト）ことが簡単にできる。また、カット（切り抜き）もできるので、文章の一部を違う文書や違う位置に使いたいときは、この機能を使い、他の場所にペーストすればよい。もちろん、同じ書類内でもそれは可能だ。

また、同じ文章内であれば、「移動」も簡単にできる。図のように移動させたい文章を選んでおいてそのままドラッグしていくと、選んだ文章が丸ごと移動できるという仕組みである。これらは、文章の推敲をする時などにとても便利な機能ので、覚えておきたい。

① ○○○○○部分を ↑ に移動
　（○○○の状態で、ドラッグして移動する）

③コピーアンドペースト
ワープロの機能の中でぜひ覚えておきたいのがコピー（複写）とペースト（張り付け）の機能である。この機能を使えば、図○のように、他の書類の一部の文章をコピーして、そのまま作成中の書類に持ってくる（ペースト）ことが簡単にできる。もちろん、同じ書類内でもそれは可能だ。また、カット（切り抜き）もできるので、文章の一部を違う文書や違う位置に使いたいときは、この機能を使い、他の場所にペーストすればよい。　　　移動
また、同じ文章内であれば、「移動」も簡単にできる。図のように移動させたい文章を選んでおいてそのままドラッグしていくと、選んだ文章が丸ごと移動できるという仕組みである。これらは、文章の推敲をする時などにとても便利な機能ので、覚えておきたい。

②移動完了

図60　文章の移動

2）ステップアップ編

●タッチタイピング

　キーを見ないでキー入力することを、**タッチタイピング**＊という。タッチタイピングをマスターすると、キーの位置が頭に入ってしまうので、俄然、キーをたたく速度が速くなる。

　また、入力ミスも少なくなる。なぜなら、視線はつねにディスプレイ上の文字の打ち込み状態を見ているので、もし間違ったキーを押してしまったとしても、その時点で気づき、すぐに訂正できるからだ。だから、結果的には入力ミスが少なくなるのである。

　キーボードを見て打つ方法の方が、キーを見て打っているのだから打ち間違いが少ないような気がする。だが、キーを見て打つ場合は、もし間違って違うキーを打ってしまってもそのまま打ち続け、何行か過ぎてから気づくということも多い。キーボードばかり見ていてディスプレイはたまにしか見ないため、ディスプレイに打ち出された文字を確認することが少なく、間違いに気づかないからである。この場合、数行分の間違いを訂正しなければならなくなるので、結果的に文章作成に時間がかかってしまうことになるのだ。

＊タッチタイピング ── 以前は「ブラインドタッチ」と言うこともあったが、現在では、同和教育的な配慮から、この言い方はあまりしない。

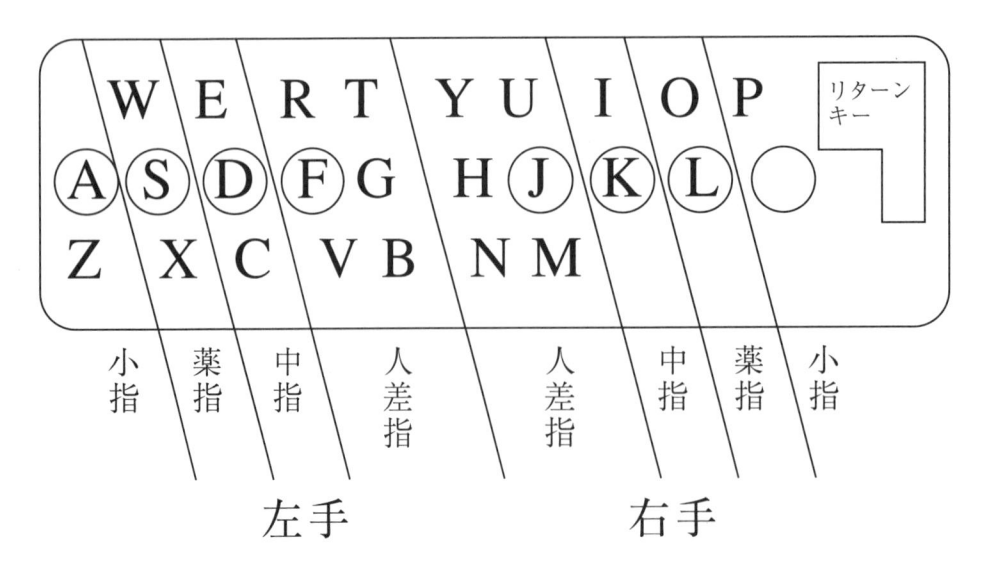

図61 フィンガーポジション

　また，タッチタイピングができれば，資料などを見ながらキーを打つことも可能だ。目は，資料とディスプレイを交互に見ながら，指はキーを打っているという状態である。これに比べて，キーを見ながらのタイピングでは，視線は資料とディスプレイとキーボードと指と…というふうに，何点も見ていなければならない。これでは，入力速度も必然的に遅くなるし，心身共に疲れてしまうだろう。

　このように，タッチタイピングを身につけると，コンピュータを使った作業がより効率的になり，キーを打つ作業が楽しくさえなってくる。とはいえ，タッチタイピングは，最初はたしかに難しく，すぐに修得できる技術というわけではない。最初は，打ち間違いの方が多く，意欲を持続させるのに苦労する。しかし，それでもあきらめずに練習を続けていれば，かならず誰にでもできるようになのでがんばって身につけてほしい。

　修得のコツは，とにかく「失敗してもキーを見ない」ただそれだけだ。ひたすらキーを見ずに練習するだけなのである。

　楽しく練習する方法もある。ゲーム感覚でできるタッチタイピング練習用のソフトが市販されていたり，また，コンピュータによっては，最初から練習用ソフトがついていることもある。そういったものを使いながら練習すれば，あまり苦にならずタッチタイピングの技術が身に付いていくことだろう。

　ある程度上達してきたら，ホームページ上のCGIを使った「チャット（日本語に訳すとおしゃべりという意味）」というしくみに参加してみるのもいいかもしれない。チャットは，そこにアクセスした人たち数人がリアルタイムで書き込みをし，話し合いをするというものである。

　チャットで自分の意見を書き込むためには，キーが速く打てないと話題が先に行ってしまう。だから，必死で速く打とうとするので，上達のきっかけとなるだろう。

●研修記録に挑戦する

　タッチタイピングの利点は，なんと言っても「速度」である。身につけば，とにかくキーを打つのが速くなる。もちろん日常の文書作りなどのスピードアップもできるが，上達すると，講義を聴きながらその記録を取ることができるようになる。

　私の場合，まず，練習のつもりで校内研修での記録をコンピュータでとってみることにした。どちらにしても記録の提出をしなければならないのだから，パソコンで記録しておくほうがいいと考えたのだ。なぜなら，研修後，報告用として手書きの記録をコンピュータを使って全文入力しなおすという手間が省けるからだ。

　そして，現在では，講演会や研修会に出かけるときは，できるだけ小さなパソコンを持って行って記録を取るようにしている。その講義の中に役に立つ内容があれば，学校の職員や養護教諭の仲間，MLの仲間などに紹介できるからである。

　最初は，タッチタイピングの練習のために始めたコンピュータでの講義記録であるが，これが思わぬ効果をもたらした。

　講演（講義）をコンピュータで記録することには，次のような効果が考えられる。

①集中できる

　コンピュータでの記録は，頭の中でまとめたものを書き留めるという感覚ではない。ただ，講演者の言葉をできるだけ忠実に記録するという形だ。耳から聞いたものをそのまま指で打ち出している感じなのである。だから，かなり集中していないと，話を聞きもらしてしまう。もちろん，午後の講演であっても眠くなることはない。

②復習できる

　いくらタッチタイピングは打ち間違いが少ないといっても，まったくないというわけではない。もちろん，入力ミスもする。だが，記録中，入力ミスや変換ミスに気づいても，その時点で訂正している時間の余裕がないので，そのままで先に進める。だから，記録直後の文章は，十分な形ではない。

　そこで，コンピュータで記録した後は，かならず推敲という作業をするようになる。つまり，記録しっぱなしではなく，推敲という作業をすることで，講演（講義）の復習の時間を持つようになるのだ。このことは，講演内容を1度聞いただけより，ずっと頭に残ることにつながる。

文責

　研修会などで講義をされる方は，そのときどきの最先端の研究や実践をされている方ですから，その話題は多くの人の役に立つものだと考えていいでしょう。

　ただ，養護教諭の研修会であれば，その講演は養護教諭だけが聴くものです。でも，「一般の先生方にも聞いてほしかったな」と思う講義を聴くこともけっこう多いものです。また，「もっと多くの養護教諭がこの講義を聴きたいだろうな」と思うようなすばらしい講演を聴くこともあります。

　ですから，すぐれた講義の講義録を学校の職員や養護教諭の仲間に提供することは，その話題を共有するという点で，とても意義のあることです。それで，私は，できるだけ講義記録をとって多くの先生方と共有するように努めています。

　ただ，このときに「文責（書いた文章に関して負う責任）」を明らかにするということと，その記録の提供範囲を考えておくこと，などをあらかじめ考慮しなければなりません。

　まず，文責に関してです。もちろん，講義を記録するときには，できるだけ忠実に記録をします。しかし，細かなニュアンスや言い回しは，テープおこしをしない限り完全なものではなく，講演者の意図が完璧に伝わるものではないのです。責任の所在は，記録者である自分にあることを講義記録の最初などに「文責：澤栄美」などと，明記しておく必要があります。

　また，講義の記録はその会の正式な記録者として記録した場合は別として，個人的に記録したものです。ですから，記録を提供していいか講演者に確認をとるのが基本となります。

　しかし，講演の内容は講演者が「漏らしては困る」という場合を除いて，不特定多数に近い人たちに対して行われるものだということを考えると，ある程度公開性のあるものと考えていいでしょう。

　また，悪用するのでなく「いい内容を伝える」という視点に立てば，たくさんの人に知らせることは悪いことではありません。

　ただ，その記録をもらった人が次々にその内容を多くの人に紹介するということは避けるべきでしょう。記録がひとり歩きすることにつながるからです。とくに「文責」が不明確になった状態での配布はしてはなりません。配布の範囲は，記録者の知り合いで止めておくのが無難です。また，記録を提供する際，その旨（勝手に広げないということ）をきちんと伝えることも必要になってきます。

③共有できる

　講演会や研修会の講義を聴きながら手元のレジュメなどにメモを加えたものは，自分の中でのまとめにはなるが，それをそのまま他人が見ても，理解できるものではない。それどころか，時間がたてば，自分でも意味がわからなくなことも多い。

　ところが，講師の言葉をできるだけ忠実に記録したものなら，その場に参加していない人でも話の内容をくわしく知ることができる。もちろん，その場の雰囲気やニュアンスは，十分につかめないだろう。それでも「メモ」よりは遙かに理解できる内容なのである。

　また，コンピュータでとった記録は，デジタルのデータとして保存できるので，いつでも必要なときは取り出すことができる。さらに，MLで紹介をするなど，ネットワーク上で共有することも可能だ。p.131のティー・ブレイクで紹介した「文責」のことなども頭に入れながら，共有の手段としてもタッチタイピングによる講義記録を活用したい。

　ワープロのスキルは，コンピュータ操作の基本であり，「だれでもやっていることだから」と特別なスキルとして意識していないかもしれない。しかし，「文字を打つ」という動作にとどまらず，速く打つ，編集機能を使うなど，さらにそのスキルを先に進めることができれば，その活用範囲はグッと広がる。そして，それをその人の日頃の執務にどう生かすかで，コンピュータ利用の幅に差がでてくるのだと思う。

●グラフを作成・加工する

　学校全体を相手に仕事をする養護教諭にとって統計処理は切っても切り離せない仕事のひとつである。健康診断での体格平均や疾病異常の状況，日常の来室者の傾向，感染症の罹患状況など，保健室で得た数値的な情報を統計処理して，保健室から発信することは多い。

　これらの情報は，たんに数値として表すだけでなく，グラフとして表すとわかりやすい。とくにコンピュータで作ったグラフは，とてもきれいでいろいろなバリエーションが作れるので，ぜひ利用したい。情報発信のための基本的なスキルのひとつとして，グラフの作成方法も身につけておこう。

①グラフを作成する

　グラフを作成するには，まず，表計算ソフト(エクセル，ロータスなど)を使って，測定値や欠席数などの数値を入力する必要がある(図62，図63)。表計算ソフトを使えば入力した数値をもとに，全体に対するパーセンテージや平均などを簡単に出すことができる。(方法に関してはマニュアルをみればすぐにわかるので省略)。

　そして，その後，表計算ソフトに入力した数値の中で，グラフ化したい部分をドラッグ*して選択し，グラフ作成のボタンを押すだけで，誰でも簡単にグラフを作成することができる。

―――――――――――――――――――――――――――――――――――
*ドラッグ ― マウスを押した状態で，カーソルを移動させること。ドラッグすると,カーソルを最初に合わせた部分からマウスを離した部分までを選択することができる。

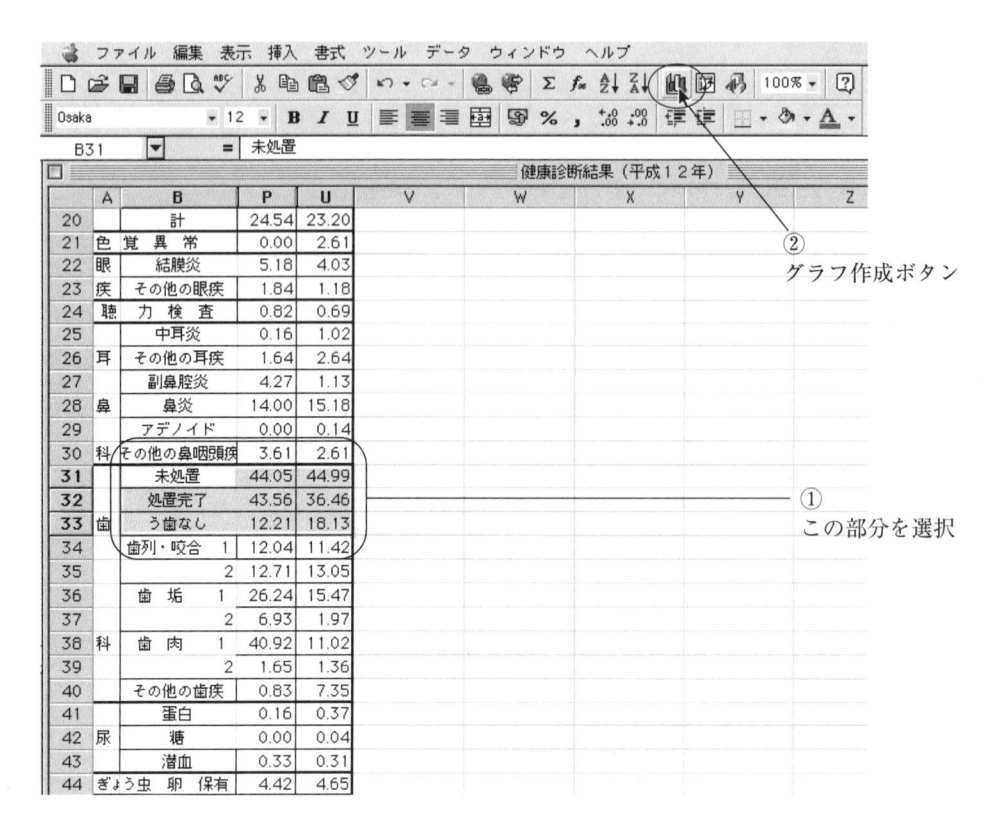

図62 エクセルを使ったグラフ作成①

　　グラフ化したい項目と結果(数値)を，ドラッグして選択し，
　　グラフ作成ボタンをクリックする

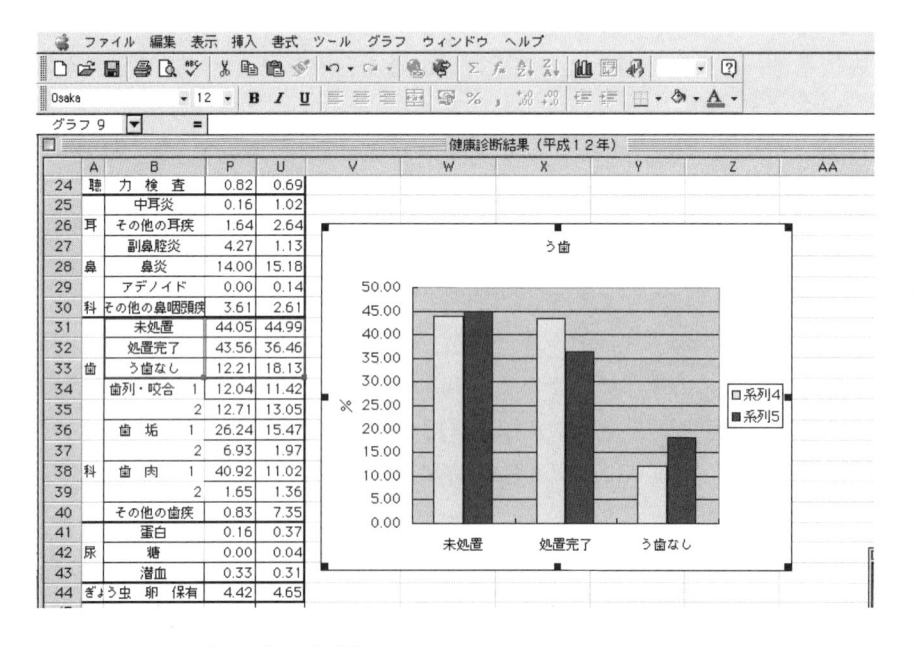

図63 エクセルを使ったグラフ作成②

　　「グラフ作成ウィザード」に従い作成を進めると好きなグラフができる

②グラフを貼りつける

　作成したグラフは，コピーアンドペーストの機能を使って，他の文書に貼り付けることができる。また，文書に貼り付けた後，グラフを加工することも可能である。

　私は，普段の文書（資料）作りには，マッキントッシュ版のクラリスワークスという総合ソフトを使っている。このソフトは，ワープロとして使うのにも作図のために使うのにも，とてもすぐれたソフトである。しかし，ウインドウズのユーザーからすると，あまり馴染みのあるものではない。そこで，次の説明は，ワードの機能に沿って説明する。また，ソフトウェア使用については，それぞれのマニュアル本の説明が一番わかりやすいので，ここでは，ごく基本的なことを紹介することをご了承いただきたい。

③グラフのサイズを変える

　まず，初歩的な方法として覚えておきたいのは，グラフのサイズ変更である。たいていの場合，表計算ソフトで作成したグラフをそのまま他の文書にコピーアンドペーストしただけでは，グラフが大きすぎて全体とのバランスが悪い状態である。だから，全体のバランスを考えてサイズを変える必要が出てくる。

　サイズの変更は，まず，ワードの作業画面にペーストしたグラフの一部をクリックして図形操作ができる状態にする（図64）。図のように，グラフの四隅に□ができたら，OKである。そして，グラフを囲んだ□のどれかにカーソルの←を持ってきて，中心に向かってドラッグすればいいのである。また，この際，シフトキーを押しながらドラッグすると，縦横の比を変えずにサイズを変えることができるので，覚えておこう。

　同じように図形操作ができる状態で，カーソルの先が✥印になった後，ドラッグしグラフの位置も自由に変えることもできる（図65）。

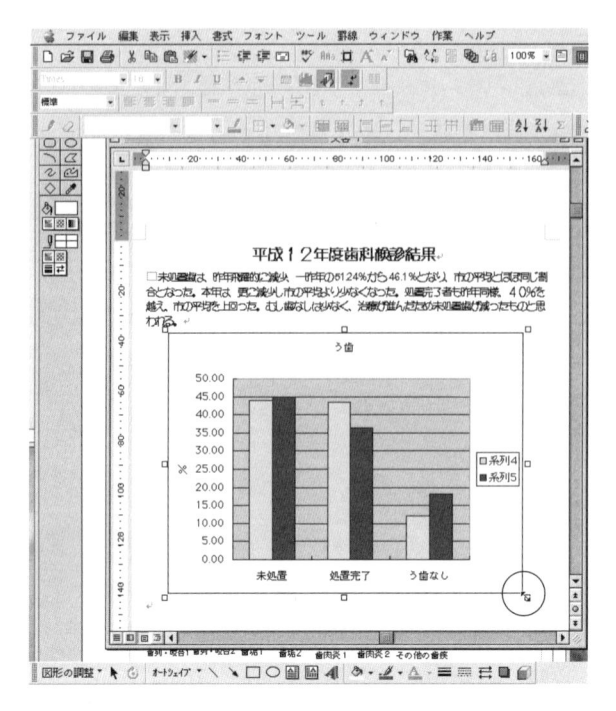

□印の部分にカーソルを合わせ，
ドラッグしてグラフを小さくする

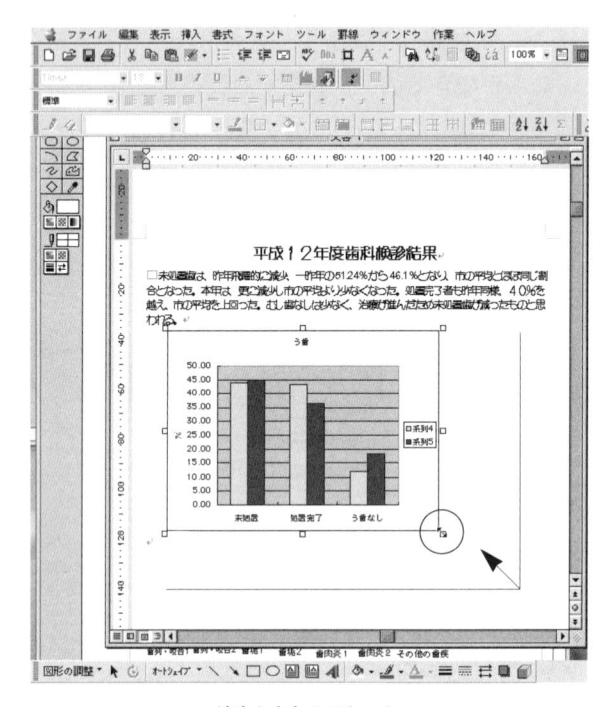

適当な大きさになった

図64　エクセルで作ったグラフをコピーし，ペーストする

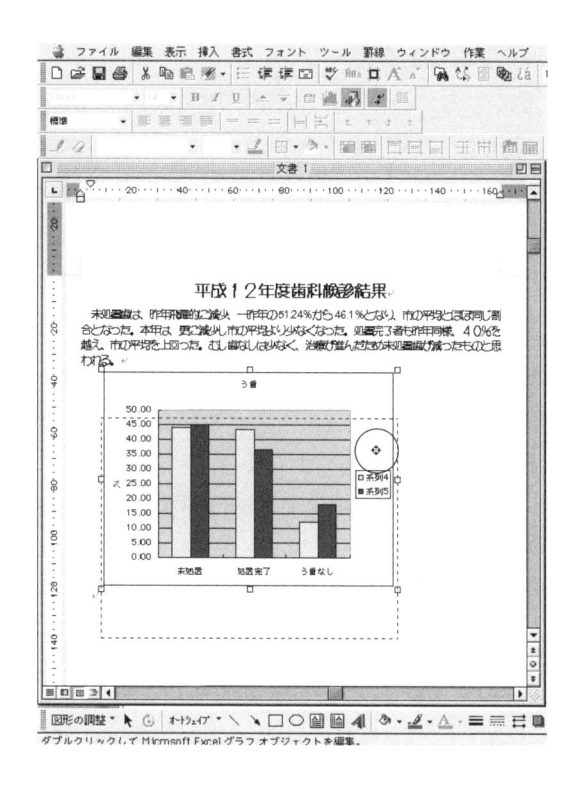

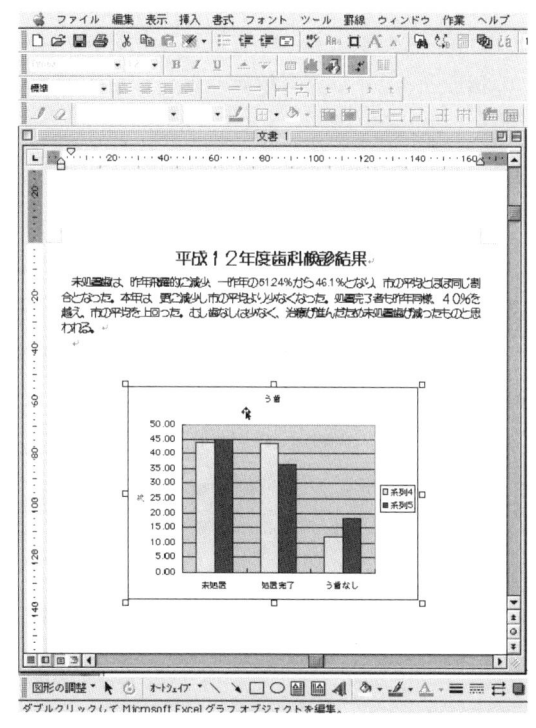

移動終了

図65　✥印が出たら，そのままドラッグすると図形が自由に移動する

④グラフを加工する(グループ解除とグループ化)

　さらに，グラフを見やすくするために，グラフ内の色や模様を変えることもできる。

　グラフをコンピュータ上で見る場合は，ディスプレイがたいていカラー表示であるため，見にくいということはない。しかし，それをプリントアウトして使用するとなると，話は別である。印刷して白黒の世界になると，たとえば，赤と緑は同じような濃さになり，区別がつきにくくなる。だから，白黒印刷をした状態でも，見やすい色合いに加工しておいた方がいい。

　とくに，円グラフの場合にそれぞれの項目の枠をハッキリとさせたいとき，あるいは，棒グラフが平均値との比較のような複合型のグラフの場合など，それぞれの区分をハッキリさせたいときには，グラフを加工すると，見やすくなる。

　たとえば，濃い色と薄い色，あるいは模様入りとべた塗りなどに分けて表示すると，見やすいグラフとなるだろう。

　さて，こういった作業をする際に，かならず覚えておくべき機能が「グループ解除」と「グループ化」である。次に紹介する(ワードにより説明)。

　まず，サイズの変更のときと同じように，図形操作ができる状態にする。次に，下段のバーの一番左にある「図形の調整」のボタンの中から「グループ解除」を選ぶ(図66①〜④)。すると，グラフ1本1本や，表示1つ1つ，線の1本1本など，それぞれが□や太い点線で囲まれた状態になる。この状態を，「グループ解除」といって，選択された図を，パーツごとに加工することができることを示している。

　グループ解除をした後は，いったんグラフ以外の場所をどこでもいいのでクリックし，あらためて加工したい部分だけを選ぶ。そして，選ばれた部分の色を変えたり模様をつけたり，あるいは削除したりと，いろいろと手を加えることができる。加工ができたら，最後に，再度図形全体を選択し(グラフ上の適当な一点をクリックして，画像が扱える状態にし，グラフの周囲をドラッグしてグラフ全体を選ぶ)，「グループ解除」したときと同じ手順で「グループ化」を選んでひとつのグラフにして終了する(図67①〜③)。

　「グループ解除」「グループ化」は，図やグラフの加工をする際には，欠かせない機能である。これらの機能が組み込まれたソフトでは，種類は違っても，同じような感覚でできるように作られているので，ぜひ覚えておこう。

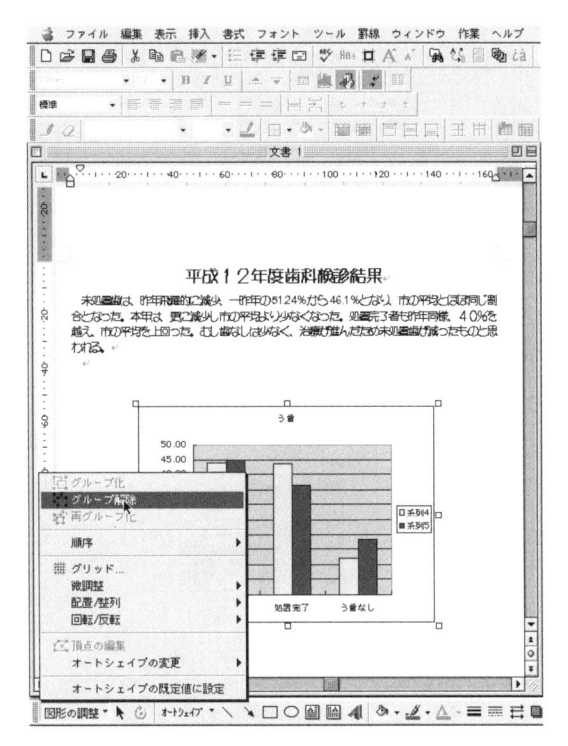

Ⅲ　コンピュータで伝えるための基本的なスキル

図66①　『図形の調整』から『グループ解除』を選ぶ

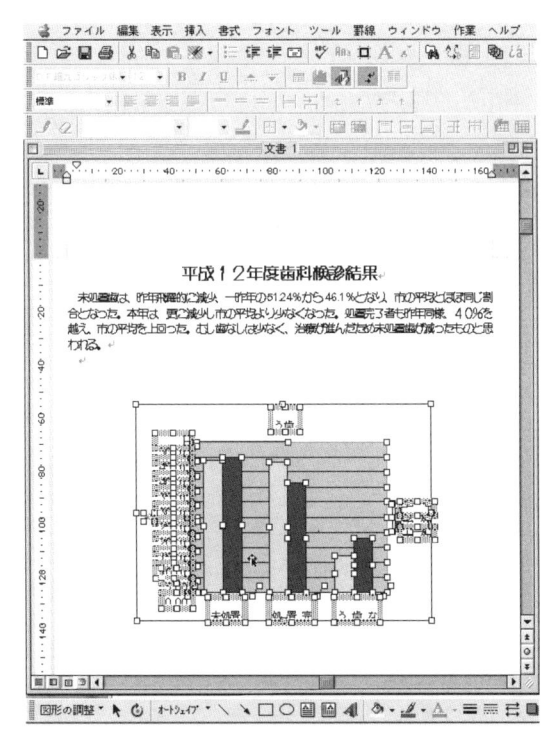

図66②　文字部分，線，グラフ部分など（□で囲まれた各部分）
　　　　それぞれのパーツ毎にグループが解除できた

139

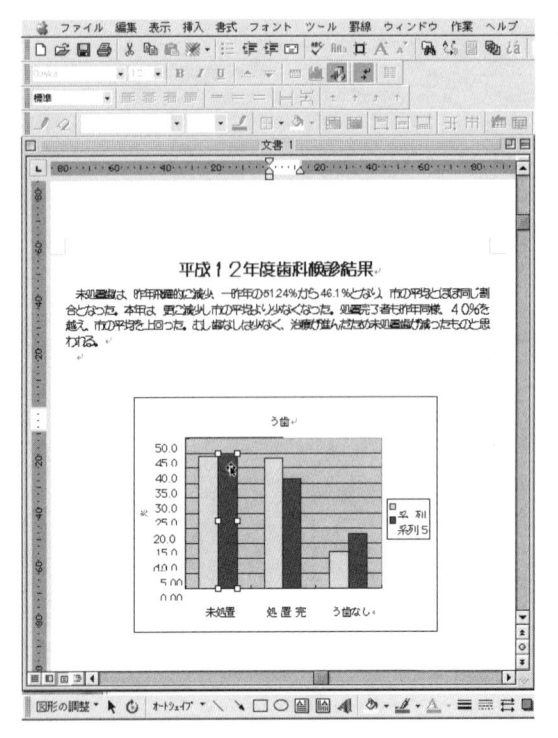

図66③　一旦グラフ以外の部分をクリックし，改めて修正したい部分を選ぶ

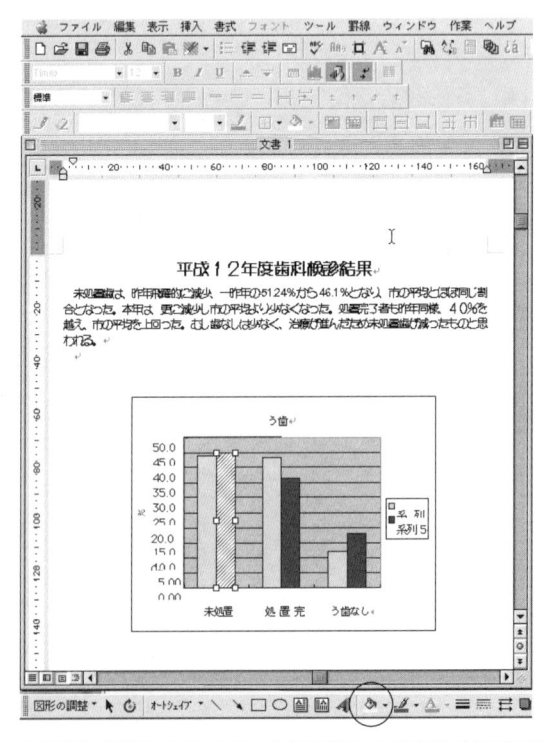

図66④　下段のペイントツールからパターンや色のボタンをクリックし，
　　　　柄や色をつけるなど，選択しているグラフの加工をする

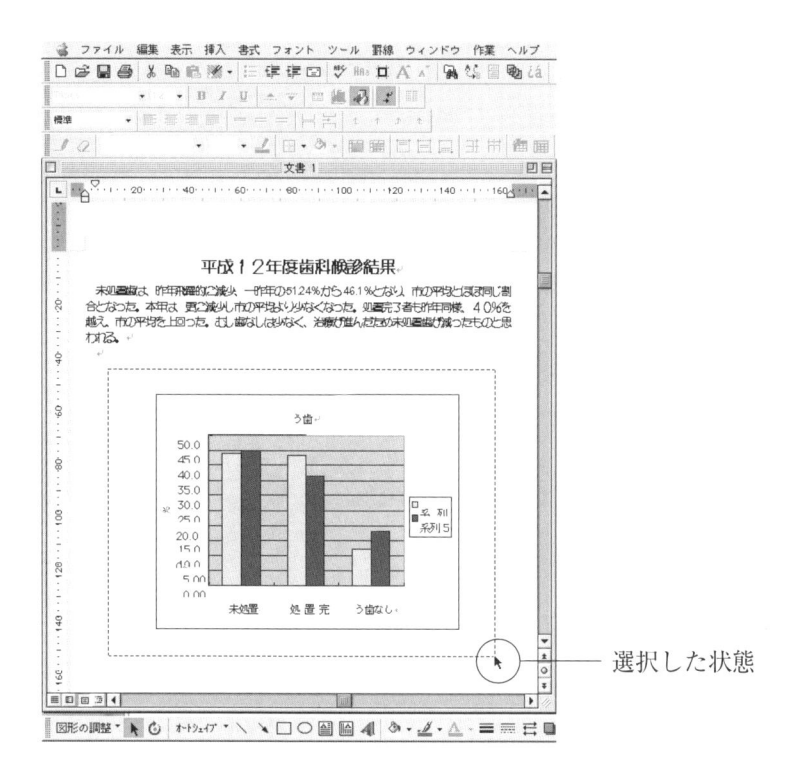

Ⅲ　コンピュータで伝えるための基本的なスキル

図67①　再度グループ化したい時は，
　　　　グラフ周辺をドラッグしてグラフ全体を選択する

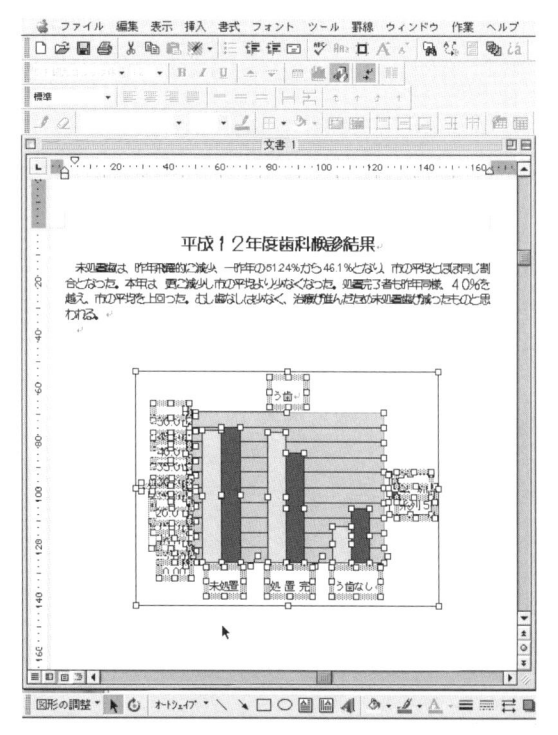

図67②　マウスから指を離すと，
　　　　囲んだ部分の全てが選ばれる（□で囲んだ部分）

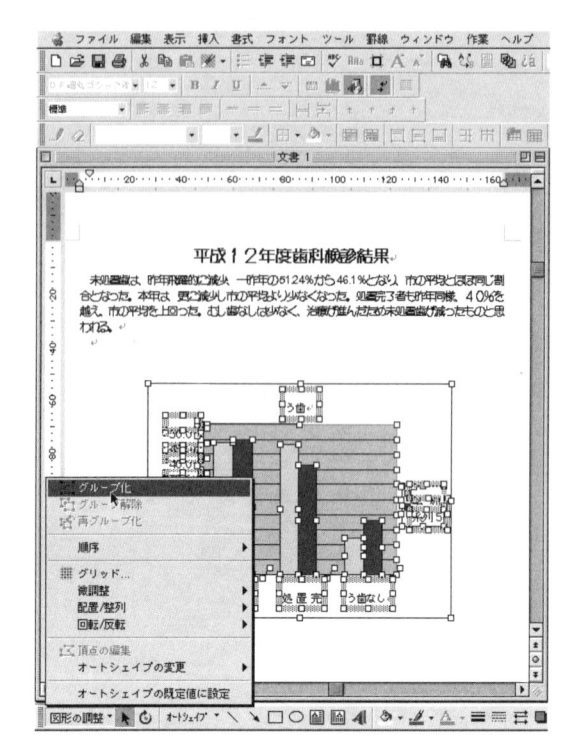

図67③ 『図形の調整』から『グループ化』を選ぶと，
解除されていた各部がひとまとまりになる

デジタルカメラを使う

　マルチメディア機器の中で，ぜひ利用したいものにデジタルカメラがある。デジタルカメラは，フィルムを使った普通のカメラと違い，デジタル情報として撮った写真を記憶媒体（デジタルカメラに内蔵されているもの，あるいはスマートメディア，メモリースティック，フロッピーなど）に記憶する（図68）。そのため，デジタルカメラで撮った画像は，フィルムもなく，現像がいらない。

　デジタルカメラで撮影した画像は，

> ・デジタルカメラ本体のウインドウ
> ・テレビのモニタ
> ・コンピュータのディスプレイ
> ・プロジェクタを通したスクリーン

などで，見ることができる。

　もちろん，コンピュータ内に取り込んで処理したものをプリントアウトして見ることも可能だ。
　デジタルカメラは，このような特長を生かし，いろいろな場面で利用することのできる便利なツールである。
　映し出す機器別に，その利用のしかたを探ってみよう。

●テレビに映し出す

　ケーブル*を使ってデジタルカメラとテレビをつなげば，撮ったものをすぐテレビのモニタに映し出すことができる。
　「すぐに」という利点を生かして，次のような指導場面で使うことができるだろう。

①指導直前の画像を使う

　トイレの使い方の指導などで，「今」のようすを問題提起として使いたいとき，直前に撮った画像をテレビに流して，問題を確認することができる。

---

* ケーブル ── デジタルカメラに付属しているケーブル。テレビ画面側がビデオケーブルのように白と赤のコネクタになっている。パソコンへの連絡は，プリンタケーブルで行う。

フロッピーディスク（FD）
2DD（640Kバイト，720Kバイト）と2HD
（1.2Mバイト，1.44Mバイト）が代表的。

MO
128Mバイト〜1.3Gバイトのメディアがある。
FDに比べて，たくさんのデータを記憶できる。

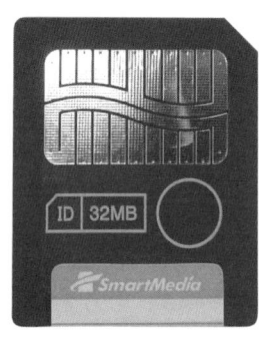

スマートメディア（SSFDC）
デジタルカメラの記憶媒体として使われることが多い。

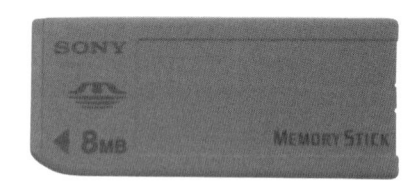

メモリースティック
小型軽量の記憶媒体。

CD-R・CD-RW
書き込み可能なコンパクト・ディスク（CD）。約650Mバイトを記憶できる。

DVD
CDの後継とされる光ディスク・メディア。外見はCDと変わらない。莫大な記憶容量をもっている。

図68　記憶媒体

##②指導中の画像を使う

　手洗いの実験など，子どもたちの実習が入る指導の際，とくに強調したい実習の様子やそれぞれの実験結果を学級全体で共有する必要がある場合に使う。

##③指導のまとめとして使う

　指導のポイントとなる部分などを撮影しておいて，最後のまとめや指導内容の確認として使う。

　また，デジタルカメラをテレビにつないでカメラ内の画像を流し，簡易的なプレゼンテーションの手段としても使うこともできる。デジタルカメラの画像をただ順番に流しながら説明を加えればいいのである。

　ここで紹介したテレビで映し出した画像は，プロジェクタにつなげば，同じものを大きなスクリーンに映し出し，利用することもできる。デジタルカメラの利用法は，この他にもいろいろ工夫すればもっとバリエーションを広げることができるだろう。ぜひ気軽な方法として，テレビのモニタを使った使用法を工夫してほしい。

●コンピュータ内で利用する

　デジタルカメラの画像は，ケーブルで直接コンピュータにつないだり，記憶媒体（スマートメディア，メモリースティック，フロッピーなど）を使うことでコンピュータ内に取り込むことができる。

　取り込んだ画像は，コンピュータの中に画像専用のフォルダを作るか，関係のフォルダ（「ホームページ用」など，その画像を使うカテゴリーの中に）に保存しておくとわかりやすいだろう。そして，次に紹介するようないくつかの場面で，必要な画像を取り出して利用すればいいのである。

##①デジタルデータとして共有する

　第Ⅱ章のメールの利点でも触れたが，メールにはファイル（コンピュータで作った書類）を添付することができる。もちろん，この「ファイル」には画像ファイルも含まれる。だから，デジタルカメラからコンピュータ内に保存した画像は，メールへの添付という形で他の誰かと共有することができるのである。

　具体的には，前にも紹介したように保健指導用の画像がほしいという相手に自分の持っている画像送る。また，言葉では伝わりにくいものを画像の添付という形で紹介することもできるだろう。ただし，前にも触れたようにMLで添付書類をつけるには，すべてのメンバーの受信環境を考慮しなければならないので，頭に入れておきたい。

また，これから学校の中に校内LAN*が整備されてくれば，校内のコンピュータどうしで画像を含むいろいろなデータをやりとりをすることは日常的なこととなるだろう。

②プレゼンテーションデータ・ホームページの材料として
　プレゼンテーションやホームページは，コンピュータ内でデジタルデータとして作成されたものである。そして，デジタル情報としてコンピュータからプロジェクタを通して映し出したり（プレゼンテーション），コンピュータどうしをつないだインターネット上で表示したり（ホームページ）するのである。

　前に紹介したように，どちらの情報も文字だけの表示では十分でない。だから，よりわかりやすくするために，図や画像をとり入れる。とくに実践内容を紹介する場合は，デジタルカメラで撮っておいた子どもたちの活動などの画像を使うと，その内容がさらに伝わりやすくなる。

　これらは，コンピュータに取り入れた画像をコンピュータ内で処理し，デジタルの情報として出力する代表的な例である。

●プリントアウトして利用する
①文書の中に使う（保健便り）
　養護教諭が行う伝達手段のひとつに保健便りがある。養護教諭の多くが文章だけでなく，いろいろなカットを使って楽しく見やすい保健便りを工夫してる。このなかに，学校での子どもたちの様子などの写真を入れると，保健便りはさらに身近なものになる（p.148～p.153に，保護者向けの保健便りの例を示している）。

　とくに，保護者に向けて出すお便りに写真を載せることには，日頃見られない学校での活動の様子を写真を通して知らせるという点で意義がある。

　私の知っている担任教師は，毎回，学級便りにデジタルカメラで撮った画像を載せて，学級での学習や活動の様子を知らせていた。この学級便りは，言葉だけで表したものや既成のカットを使ったものよりずっと訴える力があり，保護者にも評判がよかった。保健便りでも，同じことが言えるだろう。取り入れたい伝達方法のひとつである。

②掲示物・教具を作成する
　デジタルカメラで撮った画像を使い掲示物や教具を作成することもできる。とくに手の洗い方，トイレの使用方法，救急処置の方法などに関しては，イラストで表すより，実物の写真が入ると，リアル感のある掲示物（教具）になるので，利用したい。

　デジタルカメラの画像を利用した掲示物（教具）を作るには，まず，デジタルカメラで撮った画像をコンピュータに取り込み，ワープロの書類に貼りつける（コピーアンドペースト）。そして，その画像に説明の文字をつけるだけである。それをプリントアウトすれば，写真入りの掲示物が出来上がる。もちろん白黒プリンタによる印刷よりカラープリンタでの印刷の方

Ⅲ　コンピュータで伝えるための基本的なスキル

図69

がよりきれいに仕上がる。さらに、プリントアウトしたものをラミネート加工すれば、劣化も防げ、見栄えもするので立派な掲示物・あるいは教具となる（図69）。

　ここでは、デジタルカメラの利用について紹介してきた。これからも、いろいろな教育活動の中でデジタルカメラはさらに利用されていくだろう。それに加えて、デジタルビデオの進出にも注目したい。

　「プレゼンテーションの材料を作成する」でも紹介したが、デジタルビデオの映像（動画）は、デジタルカメラの画像と同じようにコンピュータの中に取り込むことができる。とくに、コンピュータのスライドを使って発表を行う場合、スライドの中に動画があると、とても訴える力が強くなる。ぜひ、動画の処理のしかたもスキルとしてとりいれたい。

　動画のコンピュータへの取り込み方は、機種によっても違うので、ここで説明をするのは難しいので省略する。だが、動画の取り込み・編集が少しずつ簡単になっていることは、間違いない。これまでビデオの取り込みをするには、拡張カードなどを使って取り込む方法が主流だったが、最近では、最初からコンピュータにビデオを取り込むしくみが組み込まれていて、デジタルビデオとコンピュータをケーブルでつなぐだけで動画を取り込めるようになってきた。静止画像の扱いに慣れてきたら、ぜひ動画にも挑戦してほしい。

＊校内LAN ── 校内のコンピュータ同士をHUB（ハブ）という機械を使ってつなぎ、コンピュータ内のデータのやりとりをする仕組みを作ること。「ネットデイで学校革命」学事出版（鈴木敏恵著）参照。

保健室便り ***インフルエンザ流行緊急号***　1999.2.20 川上小

　春のような日が続いたと思ったら，また，真冬の寒さに逆戻りと不安定な気候が続いています。毎年，世間の流行のピークが過ぎた頃にインフルエンザが出てくる川上小学校ですが，今年も突然，一昨日から風邪・インフルエンザが増えてきました。クラスに偏りはあるようですが，風邪が多かったクラスも一クラスが二クラスに増え，更に今日は，何クラスか「欠席が増えてきました…」という報告も受けています。これからしばらく増える可能性も高いと思います。今回は，流行にあたり，おうちで気を付けていただきたいことをいくつか取り上げてみました。今一度，予防に努められ，ご家庭での管理をよろしくお願いします。

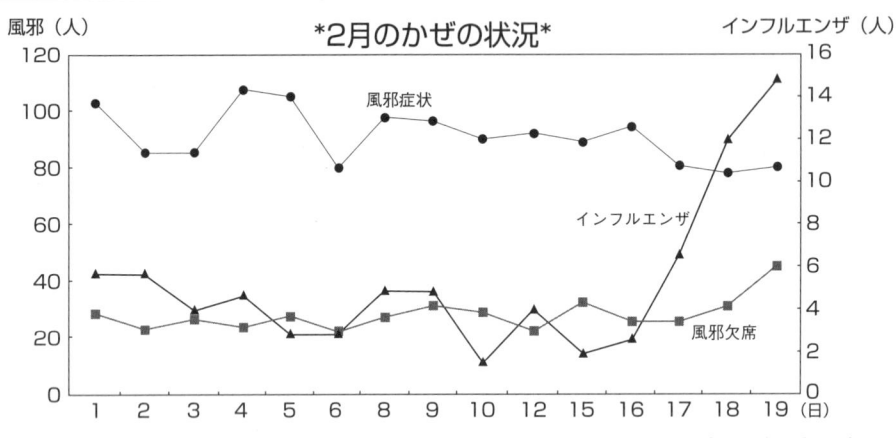

2月のかぜの状況

　細い線のグラフが風邪での欠席と，登校していて風邪に罹っている数で（人数は左縦軸），太い線のグラフが，インフルエンザと診断され出席停止になっている数です（人数は右縦軸）。18日，19日と風邪の欠席が増え，インフルエンザと診断された子どもが一気に増えています。20日現在も，インフルエンザの届けが多くなっています。

人混みをさけて，帰ったらうがい手洗い

　1月21日にお配りした保健室便りでも取り上げましたが，風邪の8割は手からうつるといわれています。つまり，人がとばした唾や，鼻水の中のウイルスが手について体に入るということです。手洗いを十分にするように心がけて下さい。もちろん，人混みに行けば風邪のウイルスは空気中にうようよしているわけですから，この時期，人混みは避けた方がいいでしょう。

朝の健康観察を入念に ～無理な登校は避けて～

　朝から調子が悪く1時間目には保健室に…という子どもさんも割と多いようです。「甘えかな…」と思われ，「頑張って」とハッパをかけられる例もあります。しかし，この時期は，本当に具合が悪いのではないかと考えられた方がいいようです。朝から気分が悪い，食欲がないは，要注意です。しばらく様子を見て登校させるなどご注意をお願いします。

マスクの着用を

　咳をしているのにマスクをしないのが気になります。インフルエンザウイルスの大きさはマスクのガーゼの隙間をトンネルと例えると，蟻くらいの大きさで，ガーゼの隙間を自由に行き来できる大きさですが，ウイルスは唾や鼻水の中にいるわけですから，唾をとばさないという意味でマスクは，有効です。咳の出る間は，マスクをしましょう。

お腹の風邪

　お腹にくる風邪（下痢，嘔吐，腹痛）も多いようです。下痢をしている状態で登校してくる子供さんもおられ，給食をどうしようかと困ってしまう事もあります。再登校にあたっては，医師の指示を確認され，給食で何を食べていいのか等担任と十分相談されて下さい。

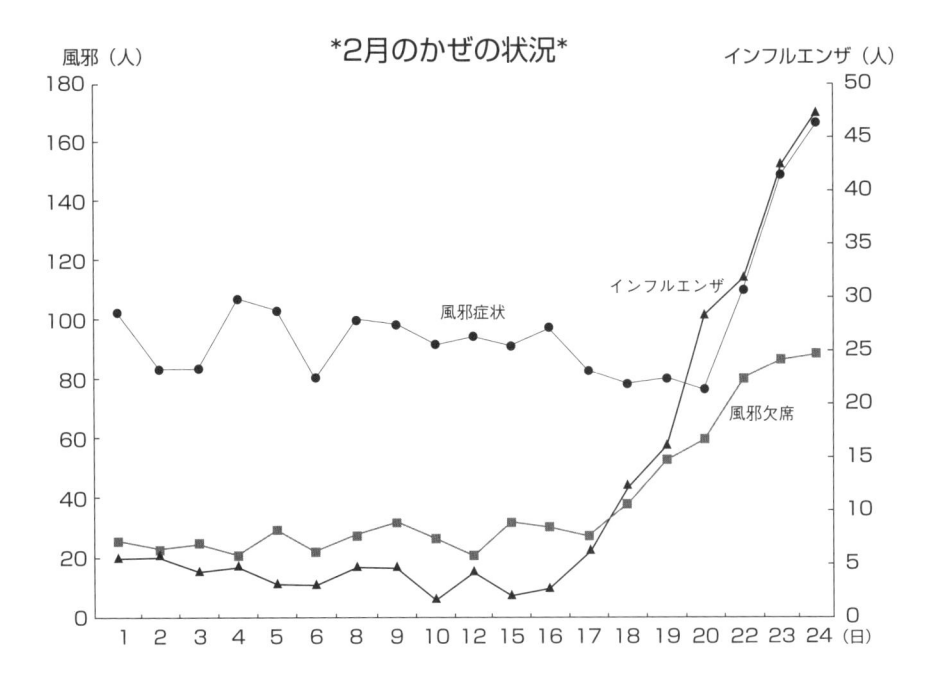

Ⅲ　コンピュータで伝えるための基本的なスキル

2月のかぜの状況

〈保健室から〉

　1月22日の保健室便りで，風邪・インフルエンザが増えてきたことをお知らせしましたが，その後，患者数が急速に増加し，登校している児童を含め，風邪・インフルエンザの罹患者は児童全体の約半数になっています。クラスにより偏りがありますので，多いクラスでは登校時間を遅らせたり，午後の授業をうち切ったりして様子を見ています。

　前回も書きましたが，今一度，風邪予防の基本である，「手洗い」「うがい」「睡眠」「栄養」を心がけられ，健康保持に努めてください。なお，クラスの流行の様子を見ながら**普段なら学校で様子を見る程度の発熱でも，早めに帰らせています**。朝の健康観察を十分に行い**具合が悪い場合は，自主的に登校を遅らせるなど，ご家庭で判断されて**結構です。また，無理をしての登校はしないようにして下さい。

〈校医さんより〉

　1月にA香港型が検出されました。昨年学童にはやったのがA香港型で，1月ころの流行は大人が多かったのですが，2月になってB香港型が出てきました。現在流行しているのは，B香港型と思われ，子どもの間でも流行しているようです。

　症状は，やはり高熱とそれに伴う関節痛や，悪寒，頭痛といったものです。

〈学級だよりで利用してもらうために作成したグラフと文章〉

保健室便りでかぜの状況をグラフ化しておいて，数日後，その後の様子を続きのグラフを使って知らせることができる。

149

平成12年度定期健康診断結果

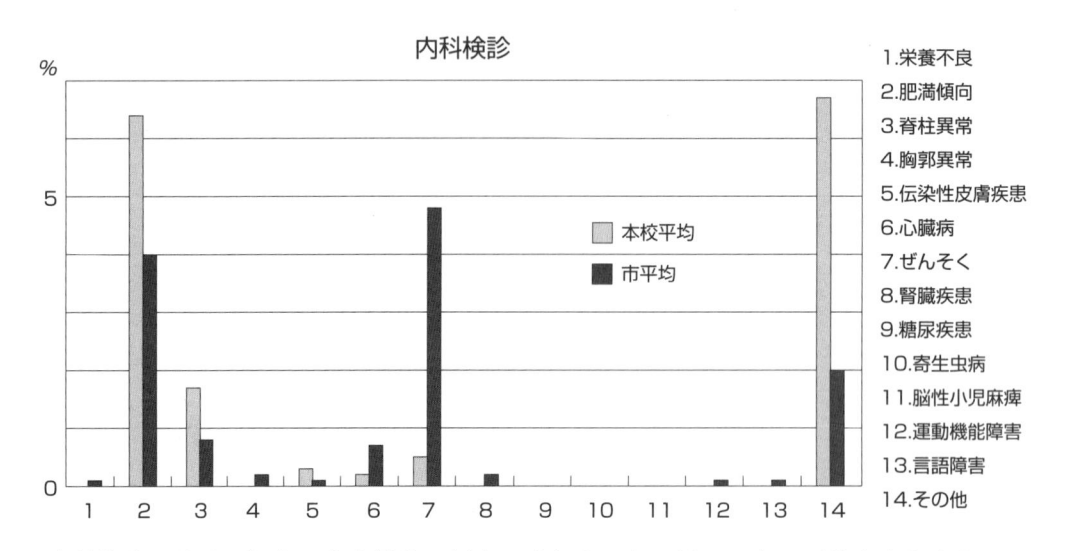

内科検診

凡例: 本校平均／市平均

1. 栄養不良
2. 肥満傾向
3. 脊柱異常
4. 胸郭異常
5. 伝染性皮膚疾患
6. 心臓病
7. ぜんそく
8. 腎臓疾患
9. 糖尿疾患
10. 寄生虫病
11. 脳性小児麻痺
12. 運動機能障害
13. 言語障害
14. その他

内科検診の結果，児童の疾病異常の傾向は昨年までと同様で，市の平均を大きく上回るのは「肥満傾向」「脊柱異常」「その他の疾患」となっている。

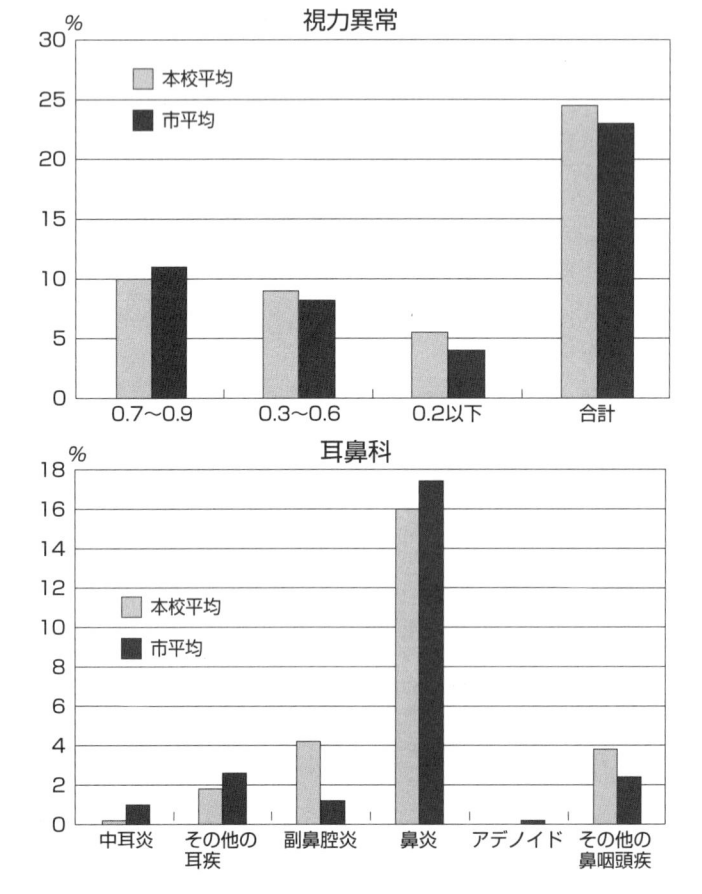

視力異常

（0.7～0.9／0.3～0.6／0.2以下／合計）　本校平均／市平均

耳鼻科

（中耳炎／その他の耳疾／副鼻腔炎／鼻炎／アデノイド／その他の鼻咽頭疾）　本校平均／市平均

視力異常は，一昨年まで市の平均を下回っていたが，昨年，ほぼ同数，今年度は市平均（昨年度分）より7％以上も高くなっている。また，昨年までは0.7～0.9の児童の割合が多かったが，今年は0.6以下の児童の割合が市の平均を上回った。

耳鼻科に関しては，例年副鼻腔炎が多く，本年度も市の平均を2.5％程上回ったが校内の割合では，昨年までの結果よりは，3～4％減少した。

アレルギーの出る時期を過ぎていたのか，鼻炎についても，例年よりやや少ない結果となった。

また，その他の耳疾は，ほとんどが「耳垢栓塞（耳垢が詰まってしまうもの）」であり，例年以上に目立った。中には聴力に影響しているものもあり，日頃の手入れを心がけたい。

眼科 / ぎょう虫卵保有

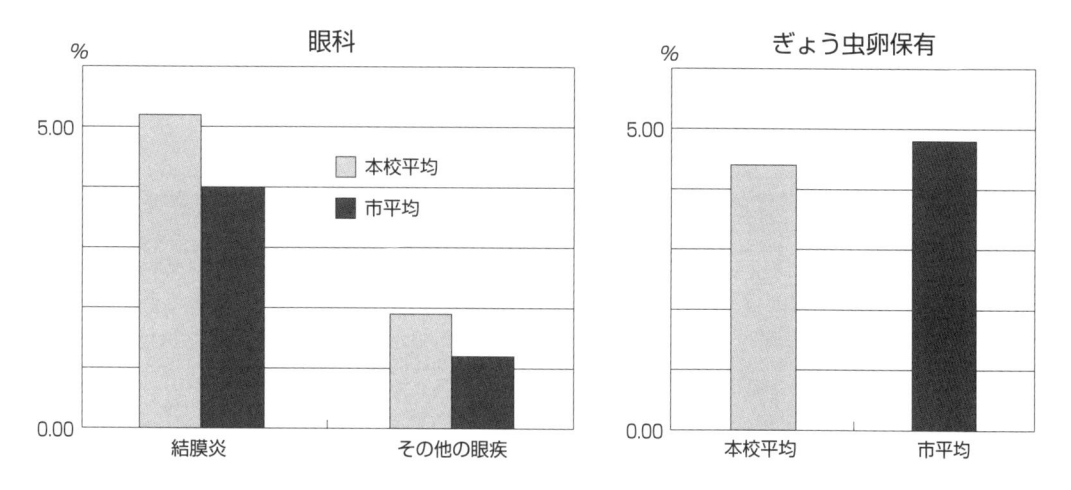

　毎年，結膜炎の数がかなり多く，一昨年は丁度アレルギーの既設のためか8％を越えた。しかし，昨年と本年は，アレルギー時期を逃したのか5％強とほぼ同じ割合となった。ぎょう虫卵保有者は，かなり少なかった昨年（1.45％）に比べ，やや多いという結果になり市平均とほぼ同率である。

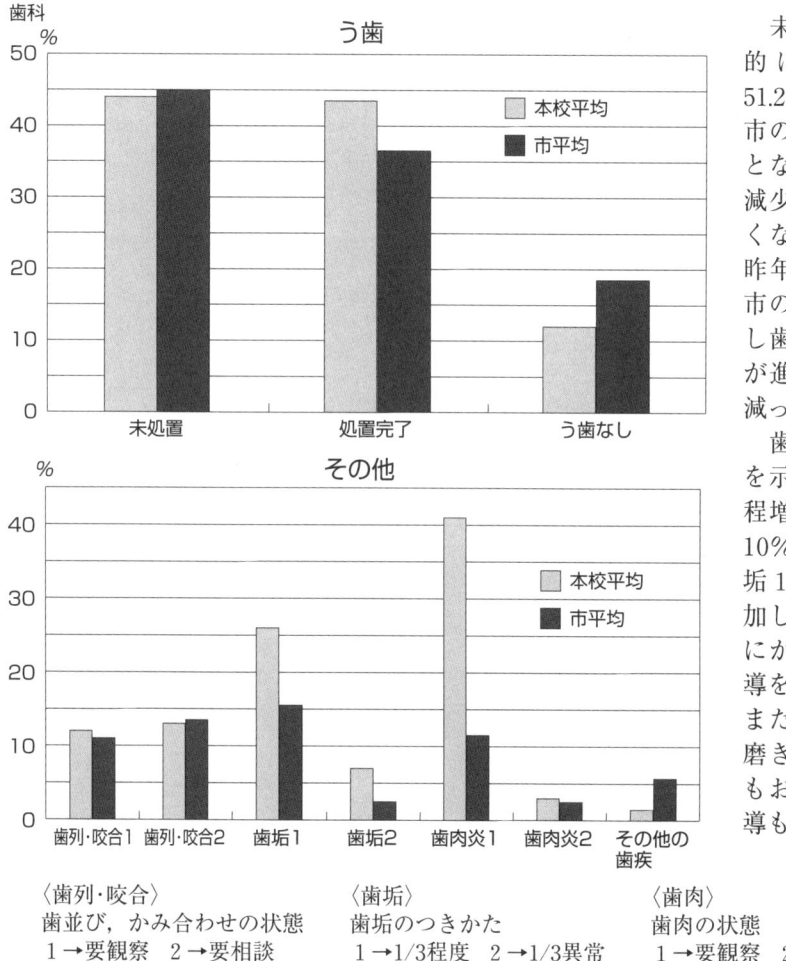

歯科　う歯／その他

　未処置歯は，昨年飛躍的に減少，一昨年の51.24％から46.1％となり，市の平均とほぼ同じ割合となった。本年は，更に減少し市の平均より少なくなった。処理完了者も昨年同様，40％を越え，市の平均を上回った。むし歯なしは少なく，治療が進んだため未処置歯が減ったものと思われる。
　歯肉炎1は例年高い値を示すが，例年より10％程増加した昨年から更に10％程の増加をみた。歯垢1も，昨年より数％増加した。歯磨きの丁寧さにかける子どもに更に指導をしていく必要がある。また，歯科検診当日，歯磨きをしていない子どももおり，習慣化段階の指導も必要である。

〈歯列・咬合〉
歯並び，かみ合わせの状態
　1→要観察　2→要相談

〈歯垢〉
歯垢のつきかた
　1→1/3程度　2→1/3異常

〈歯肉〉
歯肉の状態
　1→要観察　2→要相談

保健室便り

2002.7.19 城北小

　朝から蝉の声が賑やかなこのごろです。私が本校に転勤してきてから、早3ヶ月あまりが経ってしまいました。1学期は、健康診断で忙しく、また、自分自身が新しい学校に慣れていないこともあり、ご迷惑をおかけすることもあったことと思います。また、健康診断などの行事で多忙なため、子どもたちの対応が丁寧にできないところもあり、ご迷惑をおかけしたところもあるかもしれません。

　1学期、いくつかの心配なけがはありましたが、何はともあれ、みんな元気で夏休みを迎えることができることに感謝したいと思います。楽しい夏休みで、子どもも大人もリフレッシュできますように・・・。

保健室　澤

＊＊健康診断が終わりました＊＊

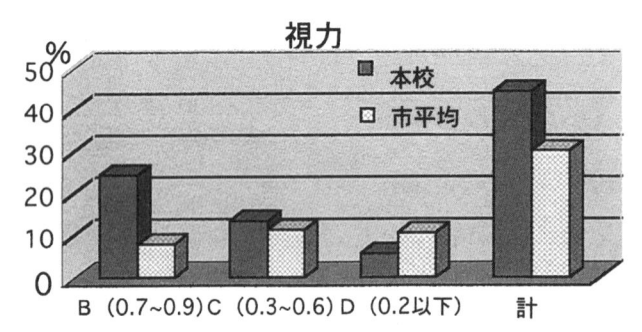

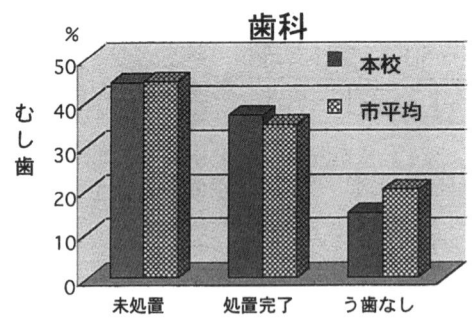

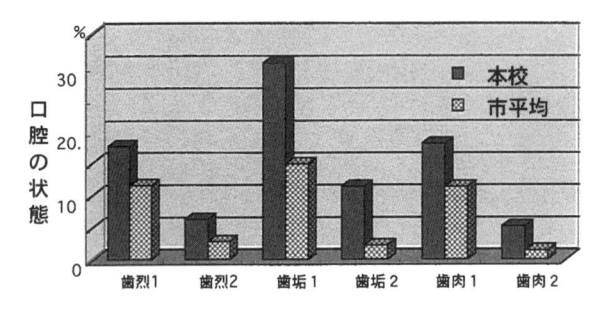

多い！視力低下

　視力低下者（0.9以下）が多くなっています。市の平均30.22％に対して44.43％という多さです。特に、生活の見直しで回復可能な軽い段階のBの子どもさんが多いようです。おうちでの生活はいかがですか？今一度点検お願いします。

歯の治療、進んでいます。予防もよろしく！

　昨年は、50％近い未処置歯（治療のすんでいない歯）保有率だったのが、今年は、44.24％と市の平均（44.50％）をやや下回っています。昨年の歯科治療が進んだせいかと思われます。まだお済みでない方は夏休みに治療をお願いします。

　検診では、歯列・歯垢・歯肉の状態も診ていただきます。1は軽度、2は治療の必要なものです。歯垢の残っている子どもや歯肉炎の子どもが目立ちますが、丁寧な歯みがきで改善できます。お家での声かけよろしくお願いします。

1学期の保健室から・・・

6月に保健集会をしました。

テーマは、歯垢と歯みがき。台本から保健委員で仕上げ、当日は白熱の演技で歯垢をとることの大切さを訴えました。歯の衛生旬間後も、お子さまは歯みがきをがんばっておられますか？
「一声かける」それだけでずいぶん違いますよ。

お砂糖の指導(1~3年)をしました。

7月の健康の時間（体重測定と指導）では、全学年、食べ物に関する指導をしています。低学年では、砂糖のとりすぎについて指導しました。３５０ｍｌの缶で平均３０～３５ｇ、アイスクリームにも同じくらいのお砂糖が入っています。急激に糖分をとると、反動性低血糖を起こし、倦怠感を起こすだけでなく、人を攻撃的にするアドレナリンが分泌されます。子どもたちには、「のどがかわいたら、お茶を飲むように」と指導しています。

冷蔵庫にいつもジュースのペットボトル・・・。
そうなっていませんか？まずは、**環境から**整えてください。

大人と子どもは違う！

最近の子どもたちを見ていて、大人の世界の常識（間違っている間違っていないに関わらず）が、そのまま子どもの世界に持ち込まれていることが多いのに気づきます。そのことが子どもたちの心身の健康を害しているとしたらどうでしょう。いくつかの気づきをあげてみました。

子どもにダイエットはありません！

体重測定の際に、体重が減少したのを喜ぶ子どもが多いことに驚きます。
子どもは成長期にあり、身長と同じように体重も増えていくのが当たり前です。中には、肥満傾向が強く、体重の増加を抑える必要のある子どももいますが、ほとんどの子どもは、体重は増えて当たり前。「ダイエット」という言葉は、子どもには無関係のはずです。
大人の世界でも、日本人のボディイメージは非常にゆがんでいるというデータがあります。日本人とアメリカ人へのインタビュー調査で、１６０センチの人の理想体重は、日本人４４ｋ、アメリカ人５３ｋだったそうです（１６０センチの医学的な健康的な体重は５４ｋ）。いかに日本人のボディイメージがゆがんでいるかわかります。マスコミ等を介した「異常なやせ思考」が、子どもたちにも影響を与えています。
7月の健康の時間（体重測定と指導）で、6年生には拒食症の話をしています。自分らしい体を大切にできる子どもであってほしいと思います。

寝る子は育つ

昔のことわざは、案外、真実を語っているものが多いようです。
高学年向けの保健便りにも取り上げていますが、人は午後１０時から午前２時にかけて、たくさんの成長ホルモンを分泌します。その時間に寝ていないと、成長ホルモンがたくさんでる時間帯をみすみす失ってしまうことになります。
大人の生活に子どもがあわせることになっていませんか？
子どもは、大人と違います。遅くても１０時くらいには、布団に入りましょう。夜中にコンビニや温泉で見る子どもたちは、いつ寝ているのか気になってしまうのは、私だけでしょうか。

2　インターネットのスキル

　第Ⅱ章の「インターネットを使う」で，ホームページや，メーリングリスト(ML)，メールマガジン(MM)でできる共有について述べた。そのなかで，それぞれを使う際に必要なスキルに関して紹介してきたので，まずは，それを参考にしてほしい。
　ここでは，インターネットを使うにあたりさらに知っておいてほしいことや，これを知っていると便利だということに少しふれておく。

ネチケット

　コンピュータネットワーク上のエチケットのことを，「ネットワークエチケット」を短縮して「ネチケット」という言い方をする。基本的には，普段私たちが生活している中で心得ているエチケットがそのままネットワーク上のものになったと思っていい。人を傷つけたり迷惑をかけたりしない，あるいは，規則を守るなどのことが基本となるだろう。
　ネチケットにもいろいろあるが，

> ・メールの書き方
> ・情報の発信のしかた
> ・知的所有権の確保

に分けて，少し考えてみよう。

1）メールの書き方

　まず，メールを書くときのネチケットを考えてみよう。それで誰かが困るということではないが，メールを書く際には，少なくとも次の二つのことは頭に入れておきたい。

①用件を先に書く
　ときどき，挨拶や近況を長く書いた後，本題を書く人がいるが，できるだけ用件を先に書くようにした方がよい。とくに，メーリングリスト(ML)のように，その投げかけがかならずしも全員に向けたものでない場合や，1日に何通もメールを受け取ることが予想される相手にメールを出す場合は，頭に入れておきたいことである。
　最初に用件が書いてあれば，「自分に必要なメールかどうか」「すぐに読むべきものか，後

②長文は避ける

　相手が限定されていて，その話題にとても興味があったり，必要である場合は長いメールでもかまわない。

　しかし，「用件を先に書く」でもふれたように，メーリングリスト(ML)に向けたメールのときや，多数のメールを受け取ると予測される相手にメールを出すときには，できるだけ短文でメールを書くよう配慮したい。どうしても長文になる場合は，見ただけで内容がわかるようなサブジェクトにしたり，メールの最初で用件を明確にしたりする。また，長文であることのお断りをするといいだろう。

　さらに，次のようなことも考えておくともっと親切だろう。

③できるだけ，受信確認をする

　電話と違って，相手がメールを読んだかどうかを確認することはできない。日常的なメールであれば，そう神経質になることはないが，依頼のメールや意向を確認するメールなどをもらった場合は，「御連絡頂いた件，了解しました」など，一言でいいから返事を出すと親切である。

　また，逆にメールを出す側として頭に入れておきたいのは，相手がすぐにメールを読むとは限らないということである。緊急なことでかならず返事がいるような内容ならなおさらだが，電話などで先に送信を伝えてから送ると間違いないだろう。緊急だったのに，たまたま何かの都合でメールが読めなかった場合，受信者も申し訳ない気持ちになるものだ。

　それから，おおかたの人には，常識の範囲であり，取り立てて言わなくてもわかっていることだが，悪意を持ったネットの利用をしないということは，ぜひ考えておきたい。

④誹謗中傷をしない

　言うまでもないが，メールやホームページを使って誹謗中傷をしてはいけない。これは，コンピュータネットワークを利用する者として守りたい最低限のルールである。普段の生活でも，誰かの誹謗中傷をすることは，恥ずかしい行為であるが，インターネットの持つ「広がり」の大きさを考えると，これを使って行う誹謗中傷はとても悪質である。

　メーリングリスト(ML)や掲示板でこのようなことがあったら，管理者はすぐに注意を喚起し，悪質な場合は強制脱退・削除を考えていい。

　また，誹謗中傷まではいかなくても，MLや掲示板などで，その会の輪をこわすような書き込みをすることもよくない。たとえば，同じ目的を持っているメンバーの集まっているMLや掲示板で，その目的自体を批判したり，一部のメンバーを非難したり（意見とは違い，明らか

に相手を傷つけるような感情的な言い方)することは，避けなければならない。

　また，文章の書き方にも十分注意したい。ふだん人と会話するときは，相手の表情や仕草を見て，その人がどんな気持ちでその言葉を発しているかを想像することができる。しかし，メールは，文字を使った伝達形態なので，内面的な感情までは伝わりにくい。自分では，そんなつもりでなくても，文章表現によっては，とても強い言い方にとられることがある。

　このような行き違いを少なくするには，語尾の使い方を考えるといい。たとえば，「するはずです」「べきです」などの言葉より「するでしょう」「した方がいいかなと思います」など，やわらかい語尾を使うと，ずいぶん印象が違ってくる。

　また，**絵文字**[*1]を使ったりして，その雰囲気を和らげることもひとつの方策である。

2）情報の発信のしかた

　ホームページにしろ，メールにしろ，情報を発信するときには，「相手が見やすいような発信のしかた」を心がける必要がある。「見やすさ」を考えて，情報を発信する際のいくつかの注意点を考えてみたい。

①通信環境を配慮する

　「みんなが自分と同じコンピュータやソフトウェアを使っているのではない」

　当たり前のことだが，普段はあまりそんなことを意識していない。しかし，通信をする上では，このことを頭に入れておくのは大事なことである。

　たとえば，自分が作ったデータをメールに添付する際，それがすべての人に見えるとは限らない。理由は，機種により使えるソフトウェアとそうでないソフトウェアがあり，相手がそれを使っているとは限らないこと。あるいは，たとえ機種が同じだったとしても，読みとりの設定が違う場合は，添付書類が読めない場合があることなどである。

　また，メールソフトの漢字コードの設定によっては，送られたメールの文字がすべて**文字化け**[*2]になってしまうという現象も起こってくる。

　このほか，機種依存文字の問題もある。たとえば，ウインドウズ機に**機種依存**[*3]している（1）（2）（3）…という表示は，マッキントッシュで見ると，（月）（火）（水）…等と表示される。逆にマッキントッシュで機種依存の文字を使うと，ウインドウズでは，ただの□としてしか表示されない。

　だから，面倒でも記号として入力するのではなく，文字入力として表示されるもの（たとえば，（1）の時には，（　）の中に1という数字を入れて書く）を使うようにすればいいだろう。

②容量は，できるだけ小さく

　静止画や動画を扱うときは，「容量」を考えておかなけれならないということは，第Ⅱ章でもたびたび触れてきた。たとえば，容量の大きい画像を使ったホームページは，表示するの

に時間がかかるため，ホームページを作るとき，画像の容量はできるだけ小さくしなければならない。

画像の容量は，**解像度**[*4]にも影響されるが，**圧縮率**[*5]にも大きな関係がある。JPEG形式やGIF形式にすると，画像の容量を小さく圧縮できるため，現在，インターネット上では，この形式が多く使われている。

コンピュータ内に画像を保存するときは，これらの形式を選び，保存するようにするといいだろう。また，ホームページに掲載するときには，1枚の画像が50キロバイト以下になるくらいの大きさに抑えたい。

さらに，p.53のティー・ブレイク「安らぎの画像」でもふれたように，メールに画像を添付するときは，容量が大きいと，受信するのにとても時間がかかるため，画像の容量には十分気をつけたい。

その画像をプリントアウトして利用する場合は，解像度を高くしないと荒い画像となるので解像度を上げないとしかたない。しかし，コンピュータで見る場合は，解像度が低くてもある程度きれいに見える。だから，解像度をあまり上げる必要はない。デジタルカメラで撮った画像は，その目的にもよるが，可能であれば画像処理ソフトで解像度を調整したり（おとしたり），保存形式をJPEGやGIF形式にしてから送るといいだろう。

3）知的所有権・プライバシー

第Ⅱ章の「メールの利点」でも述べたが，メーラーは，自分に届いたメールを他の誰かに転送する機能を持っている。たとえば，自分に来たメールを他の人にも知らせる必要があるときとか，あるいはメールマガジン（MM）のすぐれた記事を自分の所属するメーリングリスト（ML）などに紹介するときとかに，この「転送」というしくみを使えば，簡単に自分に届

[*1] **絵文字** — カッコや点，文字で作られた表情などの絵。
　例：（^-^）（^^;;;（*0*）（@^_^@）（^o^）/~　（T_T）m(-_-)m
[*2] **文字化け** — 色々な原因により文字がまったく意味不明の記号のようなものに変わってしまうこと。
[*3] **機種依存** — ある機種内で見ることのできる文字や記号（おもに記号）のこと。他の機種で見ると，まったく違った文字（記号）として表示される。
[*4] **解像度** — 画像などの細部をどれだけ細かく表すことができるかという，画像を表す精度のことをいう。ディスプレイについては，そのディスプレイの縦横にどれだけのドット数を表示できるか，一つの画像やプリントアウトする画像については，1インチにどれだけドット数が入るか（dot per inch）で表す。
[*5] **圧縮率** — データやプログラムのサイズ（容量）を小さくすることを「圧縮」といい，その比率を圧縮率という。特に通信を使ってデータを送るときなど，データをできるだけ小さくすると通信時間が短縮される。また，記憶媒体に保存する場合も，データを小さくして保存すると，保存容量をあまり取らずに済む。

いたメールを他の人に転送することができる。

　ただ，ここで注意しなければならないのが，プライバシーの保持と，知的所有権の確認である。言うまでもないが，個人宛のメールはあくまで特定の個人に宛てたものであり，それを勝手に転送するわけにはいかない。かならず本人の許可が必要だ。

　また，MMの記事に関していえば，MMの記事は，ある程度の特定多数（購読を希望して読んでいる人だから「特定」ととらえる）に読まれることを前提に書いたものである。だから，MMの記事については，プライバシーの保持と言うよりも，p.54のティー・ブレイク「常識」でも触れた「知的所有権」について考えておきたい。

　記事を転送したいときには，まず，その記事の発行者に連絡し，メールの転送許可を受ける。そして，転送の際には，その記事が誰によって書かれたのかを明確にする。また，場合によっては，その記事の利用制限などを明記しておくなど「知的所有権」をきちんと守って転送を行わなければならない。

モバイルコンピューティング

　モバイルを英語で書くと，mobile，「可動性の」という意味を持つ形容詞である。つまり，固定された場所だけでなく，いろいろなところにコンピュータを持ち歩いて使用をすることをモバイルコンピューティングという。

　もちろん，ディスクトップ型のパソコンの電源を抜いてたびたび動かすわけにはいかない。ノート型のコンピュータを持ち歩き，コンピュータを使うことをモバイルコンピューティングというのである。

　私は，通常，ノート型パソコンを使っているが，最近のノート型パソコンはディスクトップ型のものと変わらないくらいの高性能になった。だから，機能的にはディスクトップをかかえて歩いているのとほぼ近い環境で仕事ができると言っていい。

　なぜ，モバイルコンピューティングなのか？　モバイルコンピューティングだからこそできる代表的な使用法を次に紹介してみよう。

1）データを持ち歩くことができる

　モバイルコンピューティングの一番の利点は，データを持ち歩くことができるということだろう。たとえば，学校（職場）だけでなく自宅でもコンピュータを使いたいというとき，ディスクトップ型であれば，それぞれの場所に1台ずつのコンピュータが必要になる。しかし，ノート型であれば，コンピュータを移動して使えばいいので，それ1台で済んでしまう。その上，作成途中のデータもそのまま使えてしまうのだ。

　また，プレゼンテーションをする際にも，フロッピーなどにわざわざデータを落として持っていかなくても，ハードディスク内にあるデータを**安定した環境***で使うことができる。

　もちろん，ワープロのスキルで紹介した講義記録も，モバイルコンピューティングの代表的なものである。

2）好きな場所で通信ができる

　たとえば，ディスクトップ型のコンピュータで通信を行うとすれば，基本的にはそのコンピュータが置いてある場所でしか通信はできない。

---

* **安定した環境** ── フロッピーなどに保存したデータを他のパソコンで開く場合，機種が違っていたり，それを作ったアプリケーションがなかったり，あるいは，バージョンが違っていたりなど，条件が合わないと，うまく開かないことがある。その点，作成したパソコンで自分のデータを使うときは，不具合が起きる確率がひくい。

ところが，ノート型のコンピュータであれば，場所を選ばず通信を行うことができる。たとえば，ISDNの公衆電話機（グレーの公衆電話機）では，モジュラーケーブル（電話線とコンピュータをつなぐ線）さえあれば，いつも使っている**モデム***を使って通信することができる。また，宿泊先のホテルの部屋からでも，その部屋に通信可能な環境があれば（モジュラージャックがある，電圧が適切など），同じようにいつも通りに快適に通信ができるのだ。
　また，このような通信環境（ホテルの回線，ISDN公衆電話）がなくても，屋外から，あるいは，車の中からでも（もちろん，停車させてからだが）通信をする方法がある。PHSや携帯電話を使った無線通信だ。
　電話での通信が電話回線を使った有線であるのに対して，無線通信は PHSや携帯電話の電波を使った通信になる。これらは，小型（ノート型）のコンピュータであればこそできる使用法なのである。また，最近ではPHS，携帯電話を必要とせず，直接，通信機器をノートパソコンに接続する無線通信の方法も普及しつつある。

　とくに，これからの時代，研修会の中で話題となったことに関して，その場で通信を使いホームページからの情報を得ながらその知識を深めていくなど，インターネット時代だからこそできる使用法も出てくるだろう。また，話し合いや研修会の際に「そのことならコンピュータの中にありますから，ちょっとデータを出しますね」といったことは，当たり前になってくる。
　いつ，どこにいても知識の引き出しを開けられる。あるいは，データベースを持ち歩ける。それが，モバイルコンピューティングの大きな利点である。
　好みの問題もあるし，それぞれの使用のしかたもあるだろうから，一概に「こっちの方が…」とは言えないが，私は，定位置でだけのコンピュータ使用でなく，ノートパソコンを使ったモバイルコンピューティングの方をお勧めする。ここで紹介したように，モバイルコンピューティングには，いくつもの利点があるからだ。

---

* **モデム** ── 電話を使って，コンピュータで通信するための機器

Ⅲ　コンピュータで伝えるための基本的なスキル

3　学び方のスキル

　最近のコンピュータは，以前のものに比べてとても使いやすくなった。しかし，コンピュータが手元に届いたからすぐに使えるというわけではない。まず，コンピュータの電源の入れ方などの基本的な使い方からはじまって，文書やアプリケーションの開き方，さらにはコンピュータ上で動かすそれぞれのソフトウェアの使い方，通信のための設定，通信のしかたなど，いくら簡単になったとはいっても，覚えなければならないことはたくさんある。
　これらのことを身につけていくためには，どう学んでいったらいいのか。私の経験をふり返りながら，考えてみたい。

1)　上手に助けを求める

　人は，お手本となるものや参考になるものを見ながら，あるいは教えられながら知識を習得していく。学ぶためには助けとなるものが必要である。

●マニュアル本・雑誌
　まず手近な「助け」として，本や雑誌があるだろう。コンピュータには，かならず取り扱い説明書(ユーザーズマニュアル)というものがついている。けれども，正直言って，これはとてもわかりにくい。わからない言葉が並んでいて，まず，初心者が読んでも何のことだか理解できない。
　だが，コンピュータ専門店に行くと「わかる○○」とか「できる○○」といったマニュアル本がたくさんでている。これらはとてもよくできているので，じっくり選んでわかりやすいものを参考にするといいだろう。
　また，コンピュータ関係の雑誌もたくさん出されている。初心者向けのもの，機種別のものなどバラエティに富んでいるし，トラブル解消法や基本的な事項を特集していたりするので，とても参考になり，お勧めである。

●用語辞典
　コンピュータ関連の言葉には，横文字や略語が使われることが多い。コンピュータに詳しい人と話していると，わからない言葉がポンポン飛び出してきて，何を言っているのかわからない。だから「何だかバカにされているようでイヤだった」「恥ずかしくて聞き返せなかった」というように，コンピュータを使っていない人，あるいは使いはじめの人なら，不快な思いをしたこともあるだろう。
　ひどい場合は，勇気を出して聞いたのに「え？，そんなこともわからないの？」というよう

な言い方をされ，コンピュータ嫌いになった，聞く気がしなくなったという人もいるかもしれない。あまりにも聞きたいことが多すぎて，相手に気の毒で聞けないという人もいるだろう。

そんなときに役立つのが「(パソコン)用語辞典」である。コンピュータ店や大手の書店に行けば，1,000円～2,000円程度の用語辞典が5～10種類くらいは置いてある。コンピュータを使うなら，1冊は持っておくと便利だろう。

●人

ときどき「コンピュータを買いたいのですが，どの機種がいいですか？」と聞かれることがある。そんなときは，迷わず「周りの人が持っているものがいいと思います」と答える。

使いはじめの頃は，本当にちょっとしたことがわからないことが多いものだ。いくらわかりやすい本を買っても，その「ちょっとしたこと」が掲載されているとはかぎらない。しかし，「ちょっとしたこと」をクリアしないと，先に進めないことも多く，その時点で「コンピュータはわからない」ということになってしまう。そうなれば，本当にもったいない。だから，「ちょっとしたこと」がわからないときに，すぐに教えてくれる人がそばにいることは，とても重要なことなのである。

私の場合，自学自習が下手で探求心がない。そんな私の学びは，この「人」という「助け」が支えてきたといっていい。たまたま，人という環境に恵まれていたことにとても感謝している。

●研修

これからの教育活動でコンピュータが活用されることを前提として，コンピュータに関する研修会も増えてきた。こういった研修会は，初心者向け，中級者向けなどいろいろと工夫されて組み立てられているし，実際にコンピュータをさわりながら研修ができるので，参加の価値がある。

また，研修会という形ではなく，コンピュータ関係のサークルや研究会に参加することも大きな「助け」となるだろう。そういった会には，それまで苦労してコンピュータを先進的に活用してきた人が多く参加している。そのような人は，自分の経験から「つまずきがどこで起こるか」「どう活用すればいいか」など，いわば，コンピュータ利用のエキスのようなものを知っている人が多い。だから，これらの会への参加は，学びの助けのひとつである「人」に出会う絶好のチャンスでもあるのだ。

2）扱うことで学ぶ

ときどき，「いや～，私はコンピュータは難しくて，さわれません」「コンピュータは疲れるでしょう」と言う人に出会うことがある。こういう人の話を，よくよく聞いてみると，実際にコンピュータにさわったことがないという人や，1～2度しかさわっていないという人が

多い。そんなとき，とてももったいないなと思う。「もう少しさわっていれば，その楽しさや魅力に触れることができるのに」と。入り口で止まっていては，学びはないのだ。

体験しているうちにつまずきや疑問に直面しながら，学んでいくことも多いだろう。まずは，しりごみしないでやってみる。そこから，すべてははじまる。

●繰り返すことからの学び

たとえば，この本で紹介したグラフ作成や文書のコピーなど，初歩的な技能を1度やってみただけで，次からすぐにできる人が何人いるだろう。「ドラッグのしかたはどうだったっけ？」「コピーは，どうするんだったかな？」そうつぶやきながら，何度も何度も繰り返すうちに，当たり前のようにできるようになるのである。タッチタイピングがそのいい例だろう。

コンピュータは道具である。他の道具と同じように，必要であるから使うのだ。必要でないことをコンピュータでわざわざやらなくてもいい。まず，自分がやりたいことをコンピュータを使ってやってみよう。そして，使っていくうちに，コンピュータは自分のやりたいことを助けてくれる強力な道具となっていくのである。

●失敗からの学び

「うわ〜！しまったあぁぁ！！」こんな叫び声を何度あげたことだろう。

文書を保存していない状態で，コンピュータが**フリーズ**＊してしまったり，大事なデータを間違って捨ててしまったりして，文書やデータをもう一度作り直さなければならないという経験は，一度や二度ではない。その他にも細かな失敗をあげればキリがない。

しかし，だからこそ文書を作成するときは，まず保存をして，作成途中に何度も（上書き）保存をするようになった。あるいは，作ったデータはきちんと整理するようになった。

使うから，失敗する。何度も失敗するから，次からは失敗を繰り返さないように注意を払う。そうやって，コンピュータを使うスキルは少しずつあがっていくのである。

ものを扱うことで学んでいくというのは，コンピュータに限ったことではない。しかし，なぜか，ことコンピュータのことになると「難しい」と感じてしまうのはなぜだろう。「機械はだめだ」「コンピュータは難しい」という先入観はないだろうか。コンピュータを使うことにアレルギーを起こさないことだ。

「コンピュータは，道具」しかも，「出会いや夢を実現してくれ不思議な力を持った道具」である。まずは，ふれてみよう。そこには，今までに出会わなかった，すばらしい世界が広がっている。

＊**フリーズ** ── コンピュータの画面が凍りついたように，まったく動かなくなること。

付録

　ホームページでは「たろうくんのゆめ」「ラシク星の銅像」「こっち森のトール」を紹介している。それらのうち，ここでは「たろうくんのゆめ」と「こっち森のトール」を紹介する。

　「たろうくんのゆめ」は，p.121で紹介した電子紙芝居（CD-R）のお話である。

　「こっち森のトール」は，p.92の「コンピュータネットワークが結んだヒューマンネットワーク」で紹介したお話である。

紙芝居のページ

オリジナルの紙芝居のページです。

学校でご使用になりたい場合も、なんら問題ありませんので、どうぞお使い下さい。

見たい紙芝居の絵をクリックして下さい。

たろうくんのゆめ

身体差別を主題にして作りました。一人一人違っていていいのだというメッセージです。

ラシク星の銅像

性差別を主題にして作りました。男だ、女だとひとつのまとまりでなく、人にはそれぞれ自分らしさがあることを伝えたいお話です。

こっち森のトール

免疫力を主題にして作りました。仲間や生き甲斐などが、その人の免疫力を高めるのだということを伝えたいと思います。

＊＊＊＊＊＊＊＊ 感想をお寄せ下さい。＊＊＊＊＊＊＊＊

お読みになった方は、右の「読みました」を押して下さい。 読みました

感想を頂ける方は、下にお書き下さい。

送信　とりやめ

保健指導のページにもどる

たろうくんのゆめ

〜保健室からのメッセージ〜

この紙芝居は、身体差別を主題にして作られた物です。

♥一番から順番に見たい人は、ここをクリックして下さい。

♥この紙芝居を使った指導を紹介しています。ここをクリックして下さい。

♥好きな場面を見たいときは、その場面の絵をクリックして下さい。

保健室の先生から

紙芝居のページにもどる

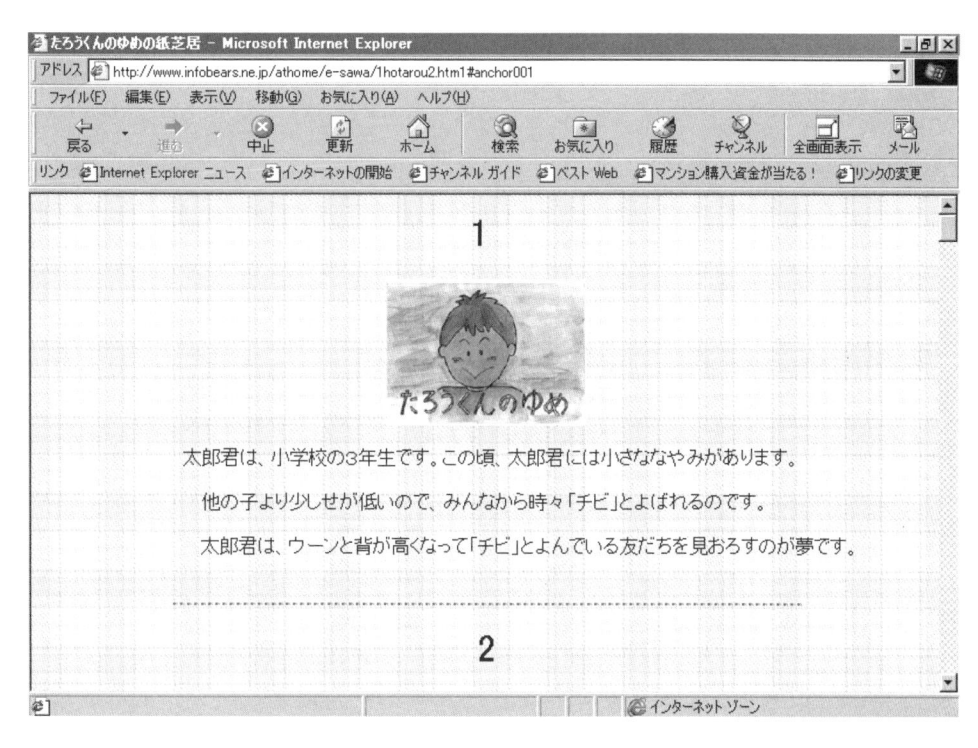

1

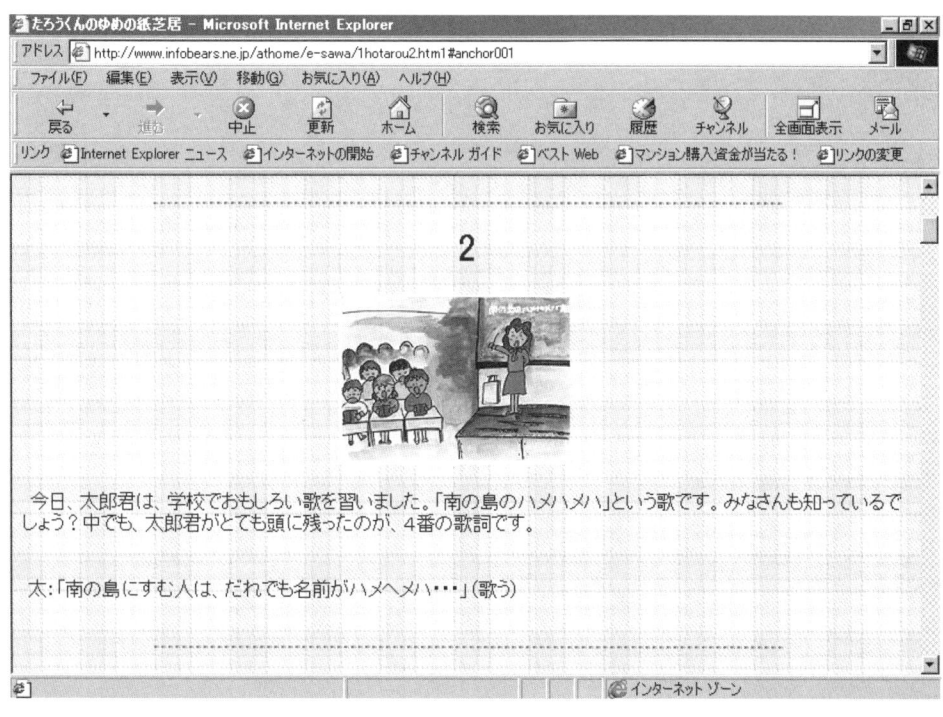

たろうくんのゆめ

太郎君は、小学校の3年生です。この頃、太郎君には小さななやみがあります。

他の子より少しせが低いので、みんなから時々「チビ」とよばれるのです。

太郎君は、ウーンと背が高くなって「チビ」とよんでいる友だちを見おろすのが夢です。

2

2

今日、太郎君は、学校でおもしろい歌を習いました。「南の島のハメハメハ」という歌です。みなさんも知っているでしょう？中でも、太郎君がとても頭に残ったのが、4番の歌詞です。

太:「南の島にすむ人は、だれでも名前がハメヘメハ・・・」(歌う)

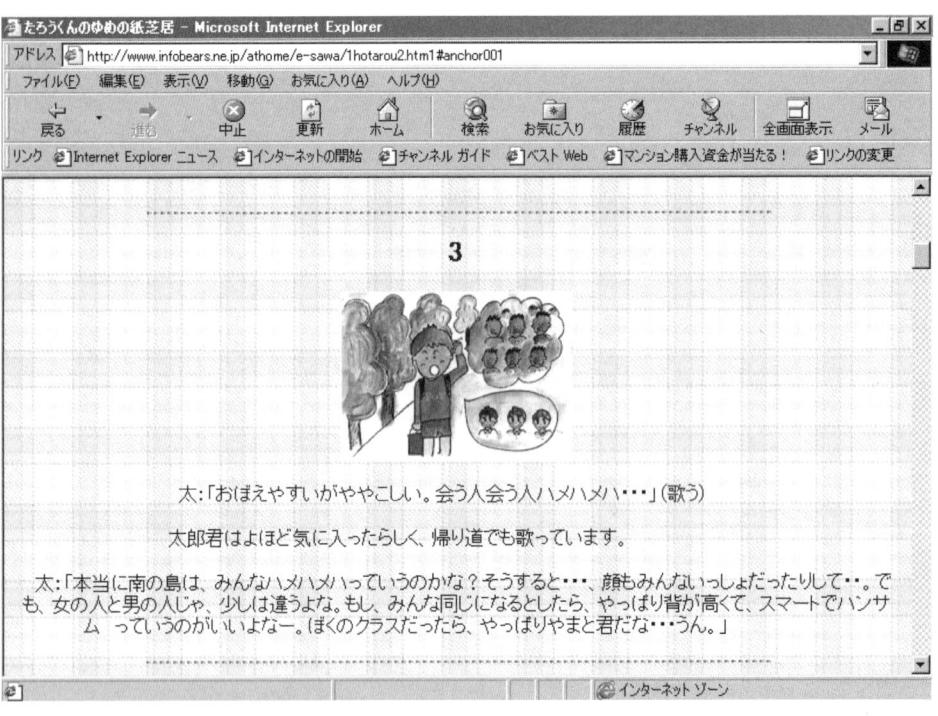

3

太:「おぼえやすいがややこしい。会う人会う人ハメハメハ・・・」(歌う)

太郎君はよほど気に入ったらしく、帰り道でも歌っています。

太:「本当に南の島は、みんなハメハメハっていうのかな？そうすると・・・、顔もみんないっしょだったりして・・。でも、女の人と男の人じゃ、少しは違うよな。もし、みんな同じになるとしたら、やっぱり背が高くて、スマートでハンサム　っていうのがいいよなー。ぼくのクラスだったら、やっぱりやまと君だな・・・うん。」

4

そして、その夜、太郎君は、やっぱり、「ハメハメハ・・」って口ずさみながら、ふとんに入りました。

太郎君が眠っていると・・・、どこからかヒソヒソと話しあう声がきこえてきます。

や:「今度は太郎君だよ。」

や:「太郎君はどこが悪いんだ？」

や:「たしか、少し背が低かったんじゃない？」

太郎君について話し合っているようです。いったい、何なんでしょう。

太郎君は、こわごわそっと目をあけてみました。

168

5

太:「うわー、な、なんでだよー。」

おどろくことに、クラスで一番背が高く、ハンサムなあのやまと君が立っているのです。しかも、一人ではありません。少なくとも20人くらいは、やまと君らしい子が立っているのです。

太:「ど、どうして、やまと君が、こんなにたくさんいるの？どれが本当のやまと君なんだよ？」

や:「もちろん、全部さ、みんなやまとだよ。」

太:「そんなー、だって、やまと君は一人しかいないはずだよ。ふたごでも三つ子でもないし‥。なんでこんなにいっぱいいるのさ？」

6

や:「それは、こういうことなんだよ。」

やまと君の一人が、話し始めました。

や:「今日、君が帰った後、こんな話になったのさ。」

や:「僕たちのクラスには、いろんなひとたちがいるだろう？」

太:「うん。」

や:「そして、中には、いやなあだなで呼ばれいる人がいる。」

太:「ぼくだってそうだ。」

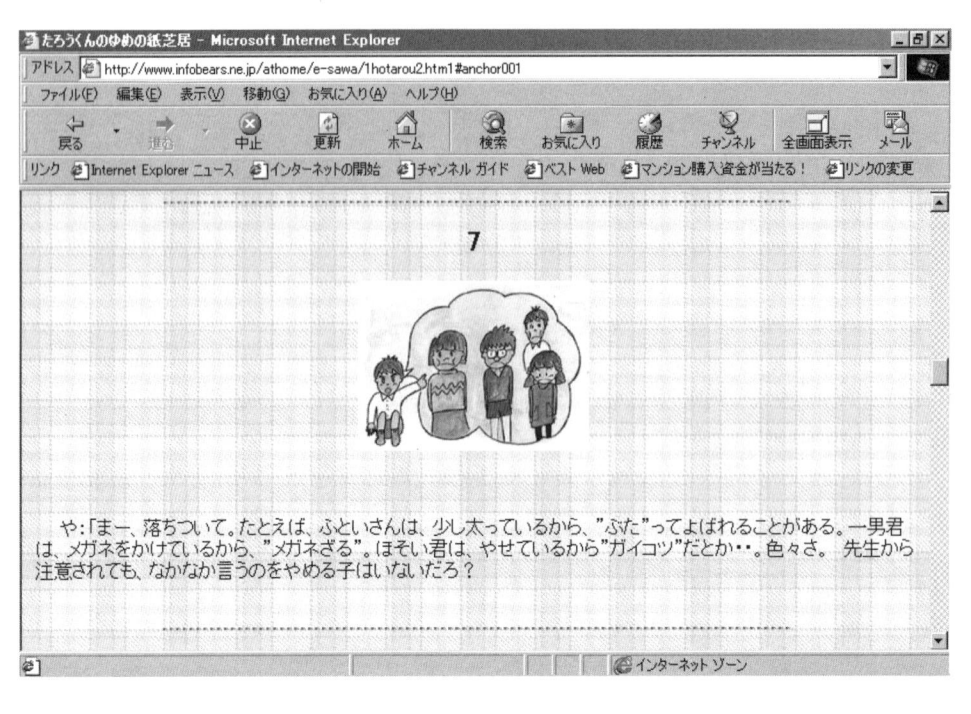

7

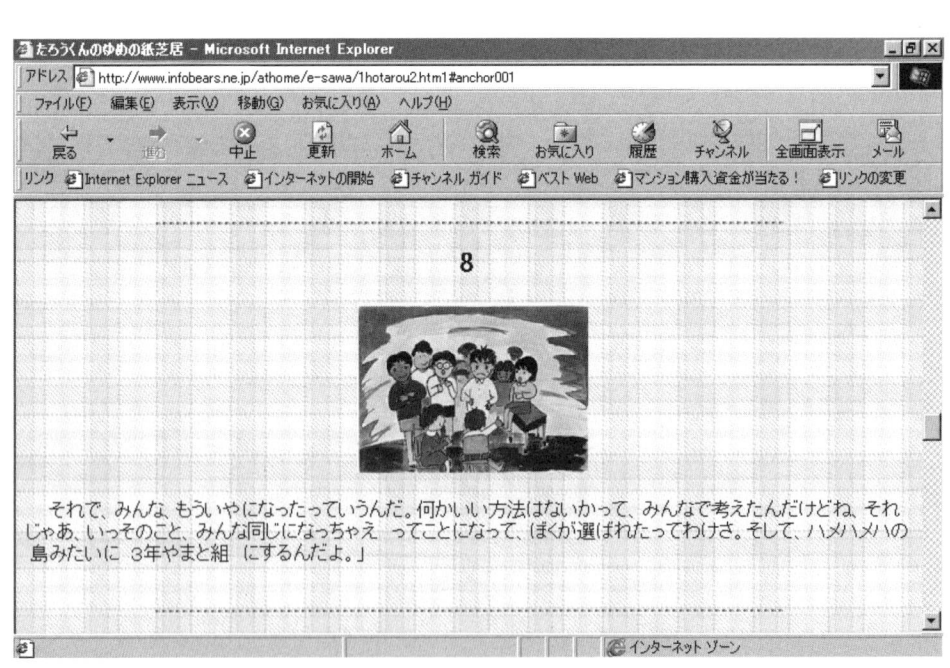

や:「まー、落ちついて。たとえば、ふといさんは、少し太っているから、"ぶた"ってよばれることがある。一男君は、メガネをかけているから、"メガネざる"。ほそい君は、やせているから"ガイコツ"だとか‥。色々さ。 先生から注意されても、なかなか言うのをやめる子はいないだろ？

8

それで、みんな、もういやになったっていうんだ。何かいい方法はないかって、みんなで考えたんだけどね、それじゃあ、いっそのこと、みんな同じになっちゃえ ってことになって、ぼくが選ばれたってわけさ。そして、ハメハメハの島みたいに 3年やまと組 にするんだよ。」

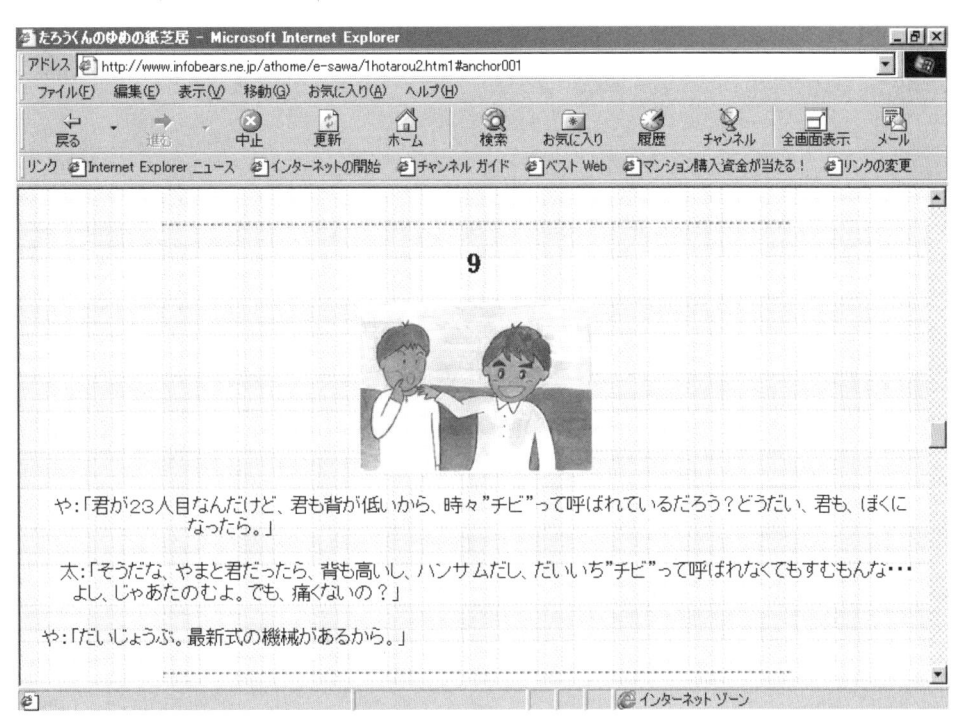

9

や:「君が23人目なんだけど、君も背が低いから、時々"チビ"って呼ばれているだろう?どうだい、君も、ぼくになったら。」

太:「そうだな、やまと君だったら、背も高いし、ハンサムだし、だいいち"チビ"って呼ばれなくてもすむもんな‥‥よし、じゃあたのむよ。でも、痛くないの?」

や:「だいじょうぶ。最新式の機械があるから。」

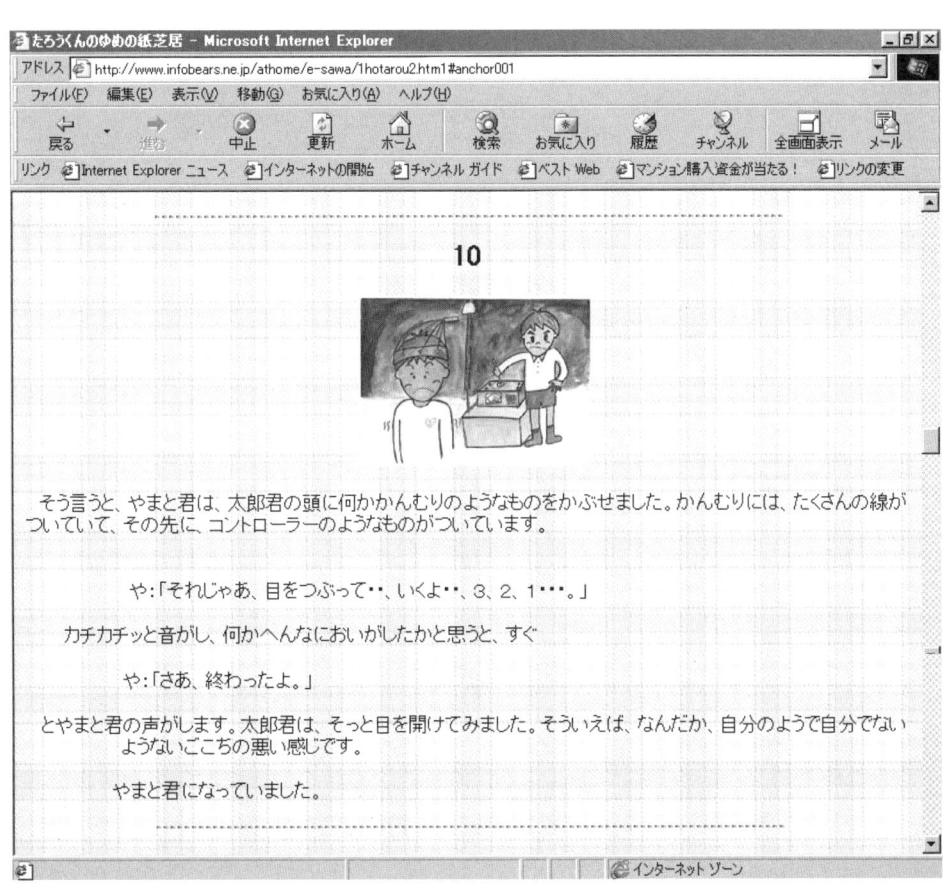

10

　そう言うと、やまと君は、太郎君の頭に何かかんむりのようなものをかぶせました。かんむりには、たくさんの線がついていて、その先に、コントローラーのようなものがついています。

　　　や:「それじゃあ、目をつぶって‥、いくよ‥、3、2、1‥‥。」

　カチカチッと音がし、何かへんなにおいがしたかと思うと、すぐ

　　　や:「さあ、終わったよ。」

とやまと君の声がします。太郎君は、そっと目を開けてみました。そういえば、なんだか、自分のようで自分でないようないごこちの悪い感じです。

　　　やまと君になっていました。

11

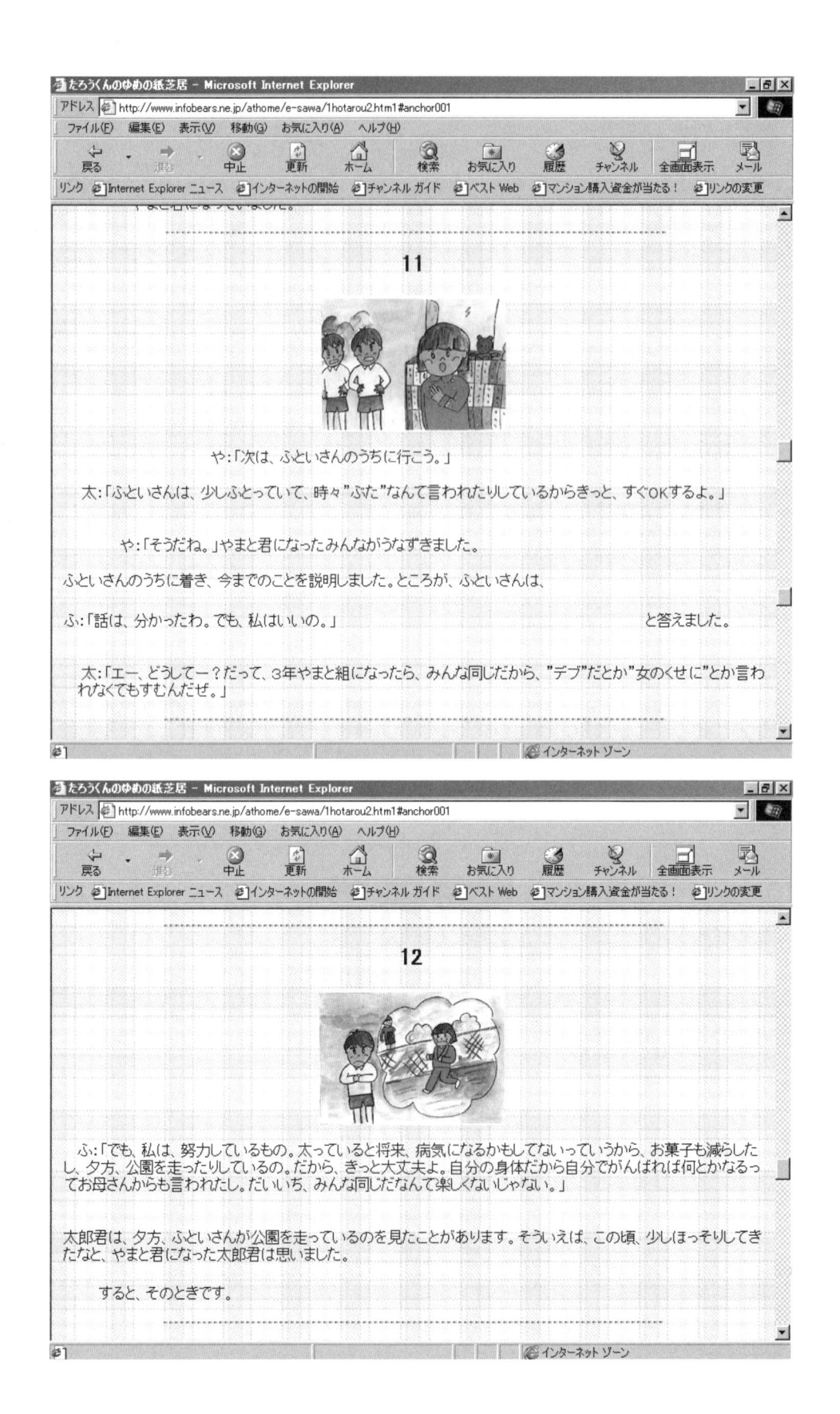

や：「次は、ふといさんのうちに行こう。」

太：「ふといさんは、少しふとっていて、時々"ぶた"なんて言われたりしているからきっと、すぐOKするよ。」

や：「そうだね。」やまと君になったみんながうなずきました。

ふといさんのうちに着き、今までのことを説明しました。ところが、ふといさんは、

ふ：「話は、分かったわ。でも、私はいいの。」　　　　　　　　　　　　と答えました。

太：「エー、どうしてー？だって、3年やまと組になったら、みんな同じだから、"デブ"だとか"女のくせに"とか言われなくてもすむんだぜ。」

12

ふ：「でも、私は、努力しているもの。太っていると将来、病気になるかもしてないっていうから、お菓子も減らしたし、夕方、公園を走ったりしているの。だから、きっと大丈夫よ。自分の身体だから自分でがんばれば何とかなるってお母さんからも言われたし。だいいち、みんな同じだなんて楽しくないじゃない。」

太郎君は、夕方、ふといさんが公園を走っているのを見たことがあります。そういえば、この頃、少しほっそりしてきたなぁ、やまと君になった太郎君は思いました。

すると、そのときです。

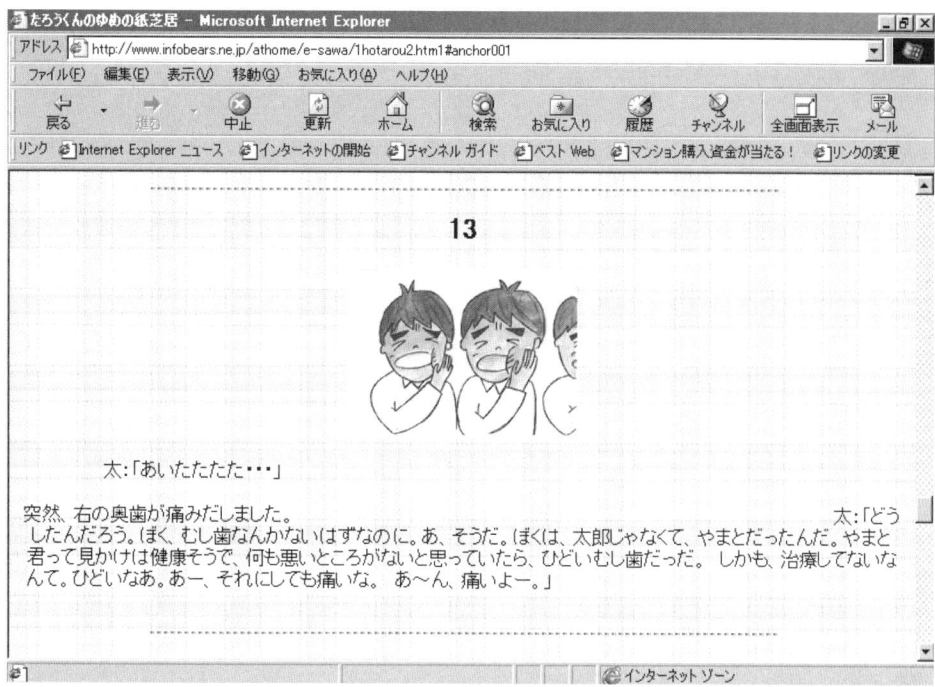

13

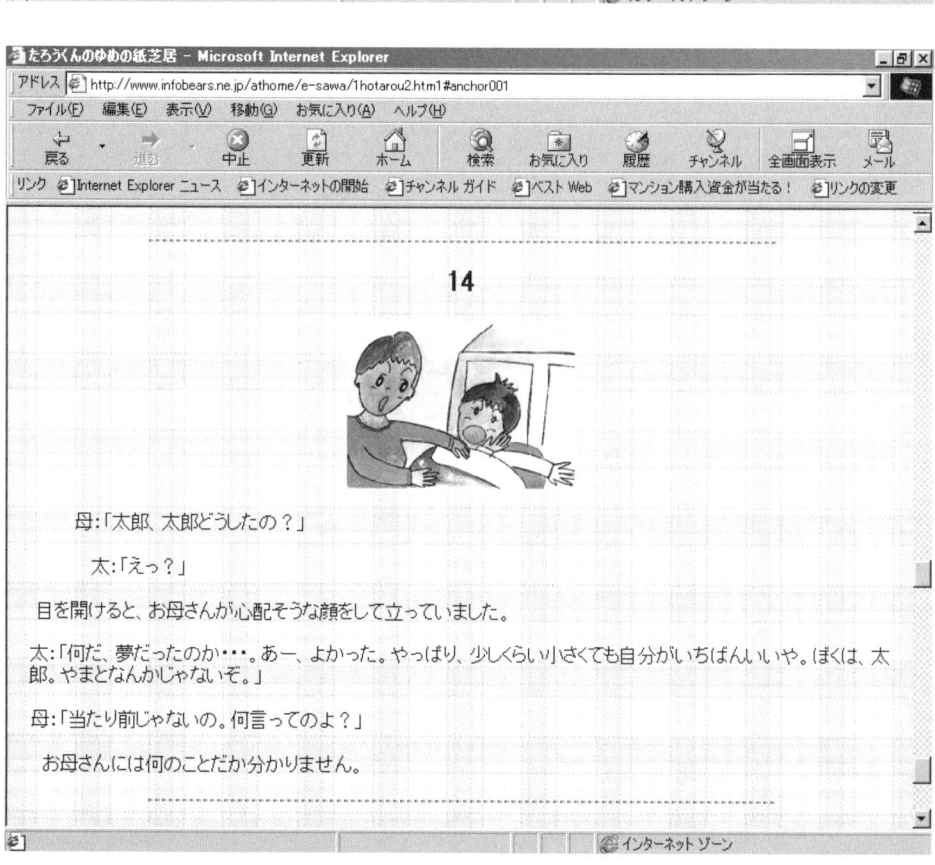

太:「あいたたたた・・・」

突然、右の奥歯が痛みだしました。　　　　　　　　　　　　　　　　　　　　　　　　太:「どう
　したんだろう。ぼく、むし歯なんかないはずなのに。あ、そうだ。ぼくは、太郎じゃなくて、やまとだったんだ。やまと
君って見かけは健康そうで、何も悪いところがないと思っていたら、ひどいむし歯だっだ。しかも、治療してないな
んて。ひどいなあ。あー、それにしても痛いな。あ〜ん、痛いよー。」

14

母:「太郎、太郎どうしたの？」

太:「えっ？」

目を開けると、お母さんが心配そうな顔をして立っていました。

太:「何だ、夢だったのか・・・。あー、よかった。やっぱり、少しくらい小さくても自分がいちばんいいや。ぼくは、太
郎。やまとなんかじゃないぞ。」

母:「当たり前じゃないの。何言ってるのよ？」

お母さんには何のことだか分かりません。

15

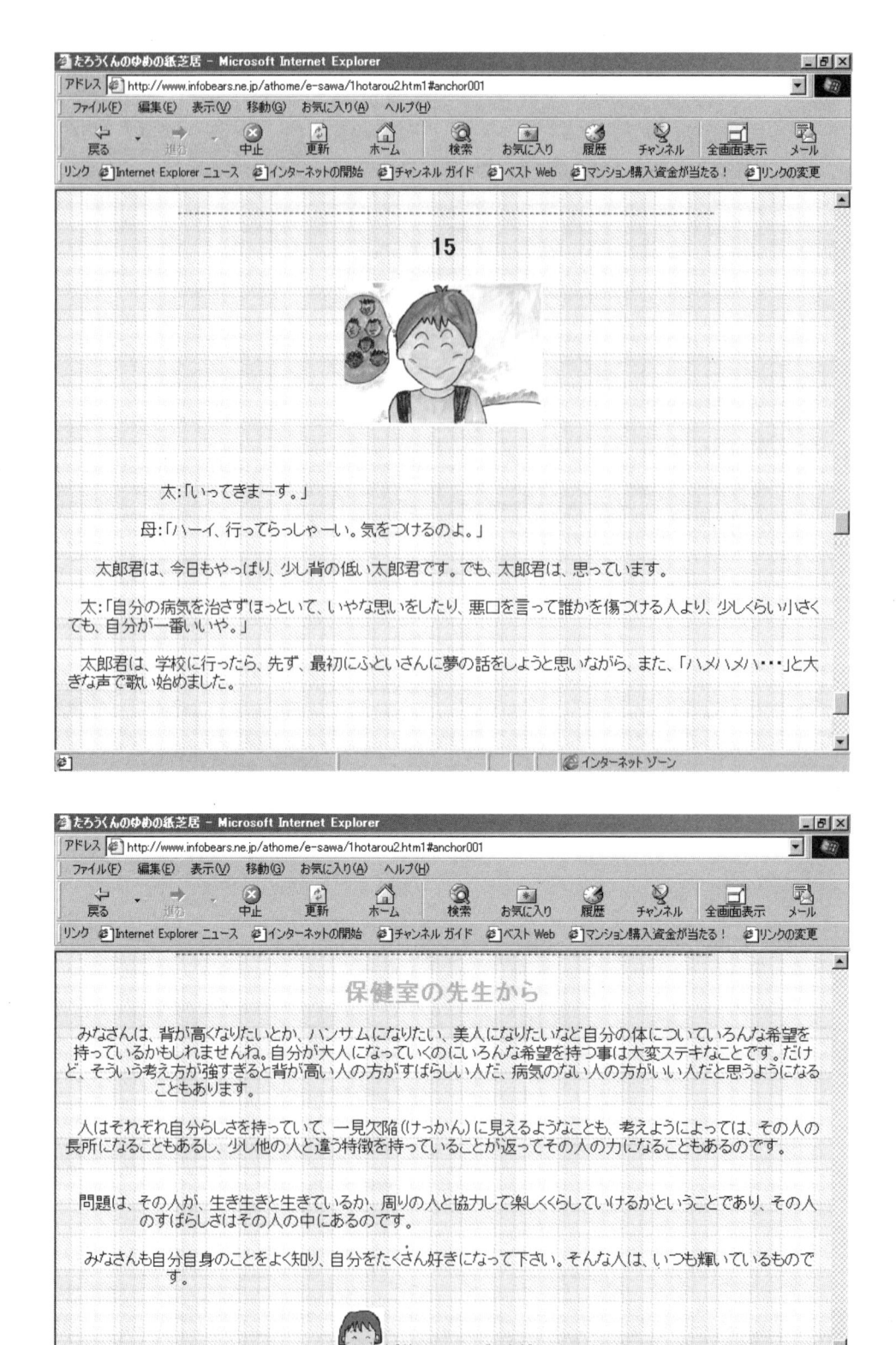

太:「いってきまーす。」

母:「ハーイ、行ってらっしゃーい。気をつけるのよ。」

太郎君は、今日もやっぱり、少し背の低い太郎君です。でも、太郎君は、思っています。

太:「自分の病気を治さずほっといて、いやな思いをしたり、悪口を言って誰かを傷つける人より、少しくらい小さくても、自分が一番いいや。」

太郎君は、学校に行ったら、先ず、最初にふといさんに夢の話をしようと思いながら、また、「ハメハメハ・・・」と大きな声で歌い始めました。

保健室の先生から

みなさんは、背が高くなりたいとか、ハンサムになりたい、美人になりたいなど自分の体についていろんな希望を持っているかもしれませんね。自分が大人になっていくのにいろんな希望を持つ事は大変ステキなことです。だけど、そういう考え方が強すぎると背が高い人の方がすばらしい人だ、病気のない人の方がいい人だと思うようになることもあります。

人はそれぞれ自分らしさを持っていて、一見欠陥(けっかん)に見えるようなことも、考えようによっては、その人の長所になることもあるし、少し他の人と違う特徴を持っていることが返ってその人の力になることもあるのです。

問題は、その人が、生き生きと生きているか、周りの人と協力して楽しくくらしていけるかということであり、その人のすばらしさはその人の中にあるのです。

みなさんも自分自身のことをよく知り、自分をたくさん好きになって下さい。そんな人は、いつも輝いているものです。

紙芝居のページにもどる

ラシク星の銅像については，省略している。
ホームページで，ぜひご覧ください。

こっち森のトール

　紙芝居にすることを目的に作ったお話だったのですが、あまりに気持ちを入れすぎたため、かなり長いお話になって

しまいました。できれば、絵本みたいな形にできないかと思いながら、時が過ぎてしまい、結局大事に持っていただ

けのお話になってしまいました。自分では、とても気に入っているお話です。どうぞ、何かの折にお使い下さい。

　　　　　　　　　　澤　栄美

　ぼくは、リスのケンケン。町の西はずれにあるこっち森に住んでいるんだ。ぼくは、夕やけのきれいなこの森がとっても大好き。

　こっち森では、動物も虫たちも、魚も木も、みんななかよくくらしいるんだよ。

　ところで、君には、なかよしの友だちっている？ぼくには、大のなかよしがいるんだ。名前は、トール。トールはね、こっち森で一番の

っぽのくすのきなんだよ。せが高いから、森で一番に朝日を見ることができるし、ぼくの知らないあっち森やとおくの町のようすもよく

知っている物知りなんだ。それに、すごいんだよ！お日さまと話をすることもできるんだから！

　それからね、トールは森のみんなの人気者なんだ。なぜかって、物知りなだけでなくて、暑い夏の日は、大きな手を広げて動物たちにか

げを作ってくれるし、雨のふる日は、道にまよった虫や動物たちの雨やどりのお手つだいをしてくれる。だから、いつもトールのまわりは、

動物や虫たちでいっぱいなんだよ。ぼくも、トールのところに行って、いろんな話をするのをたのしみにしているんだ。トールと一緒にい

ると、とっても優しい気持ちになるからね。ぼくは、トールのことを一番の友だちと思っている。

　母さんはよく言う。

「友だちを大切にしなさい」って。

ぼくが

「どうやって大切にすればいい？」って聞くと、母さんはニッコリ笑って言った。

「してあげたいと思うことを、してあげればいいわ。」

何だかよく分からなかったけど、ぼくは、「うん」って答えておいた。

　この頃、ぼくには気になっている事がある。少し前から、トールのようすがおかしいんだ。何だか、サラサラという葉音がいつもと違う。

それに、ときどきあっち森の方を見ては、ためいきをついたり、しゃべりかけても上の空だったりするんだ。それで、ぼくは、とっても心配

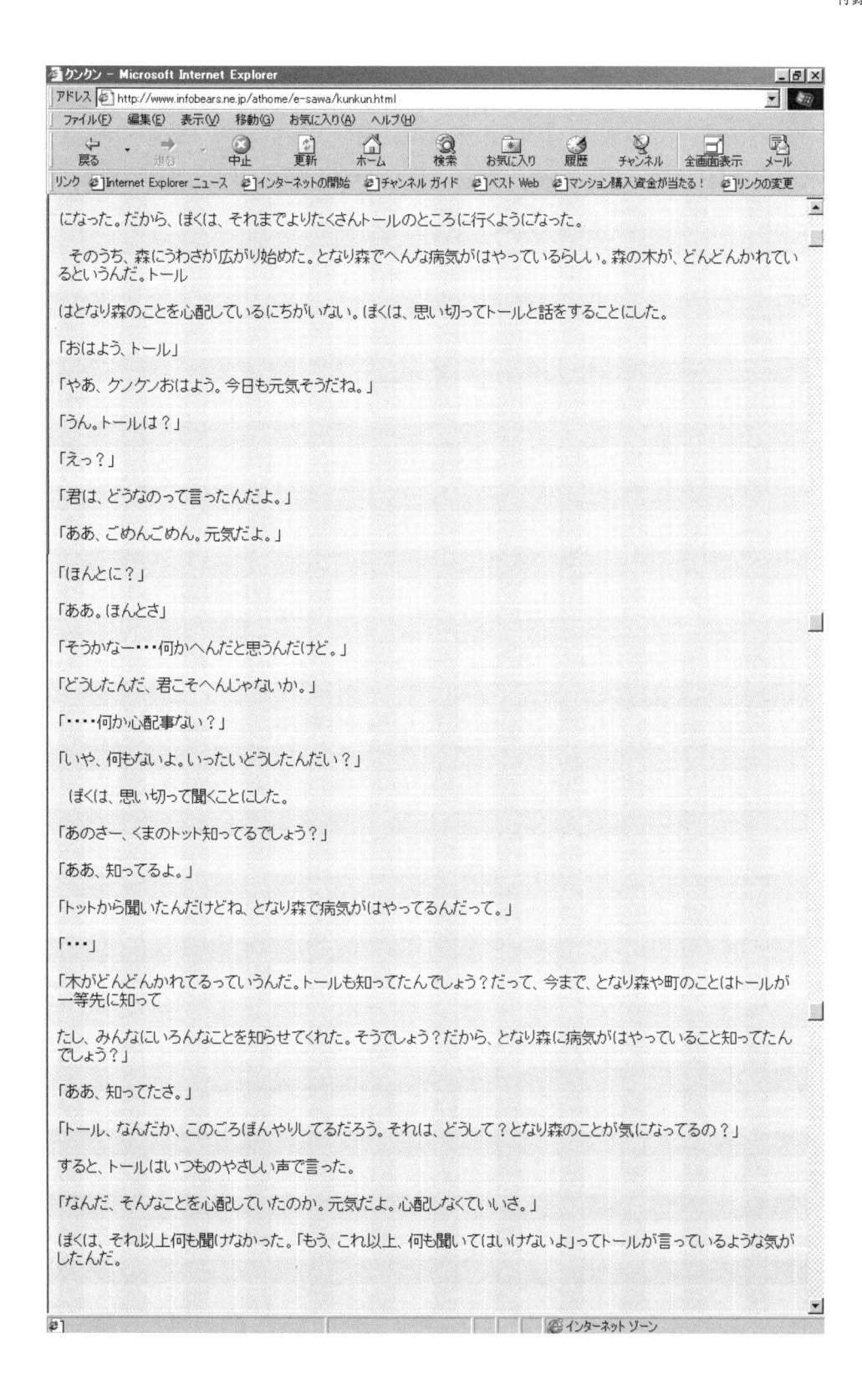

になった。だから、ぼくは、それまでよりたくさんトールのところに行くようになった。

　そのうち、森にうわさが広がり始めた。となり森でへんな病気がはやっているらしい。森の木が、どんどんかれているというんだ。トール

はとなり森のことを心配しているにちがいない。ぼくは、思い切ってトールと話をすることにした。

「おはよう、トール」

「やあ、クンクンおはよう。今日も元気そうだね。」

「うん。トールは？」

「えっ？」

「君は、どうなのって言ったんだよ。」

「ああ、ごめんごめん。元気だよ。」

「ほんとに？」

「ああ。ほんとさ」

「そうかなー・・・何かへんだと思うんだけど。」

「どうしたんだ、君こそへんじゃないか。」

「・・・・何か心配事ない？」

「いや、何もないよ。いったいどうしたんだい？」

　ぼくは、思い切って聞くことにした。

「あのさー、くまのトット知ってるでしょう？」

「ああ、知ってるよ。」

「トットから聞いたんだけどね、となり森で病気がはやってるんだって。」

「・・・」

「木がどんどんかれてるっていうんだ。トールも知ってたんでしょう？だって、今まで、となり森や町のことはトールが一等先に知って

たし、みんなにいろんなことを知らせてくれた。そうでしょう？だから、となり森に病気がはやっていること知ってたんでしょう？」

「ああ、知ってたさ。」

「トール、なんだか、このごろぼんやりしてるだろう。それは、どうして？となり森のことが気になってるの？」

すると、トールはいつものやさしい声で言った。

「なんだ、そんなことを心配していたのか。元気だよ。心配しなくていいさ。」

ぼくは、それ以上何も聞けなかった。「もう、これ以上、何も聞いてはいけないよ」ってトールが言っているような気がしたんだ。

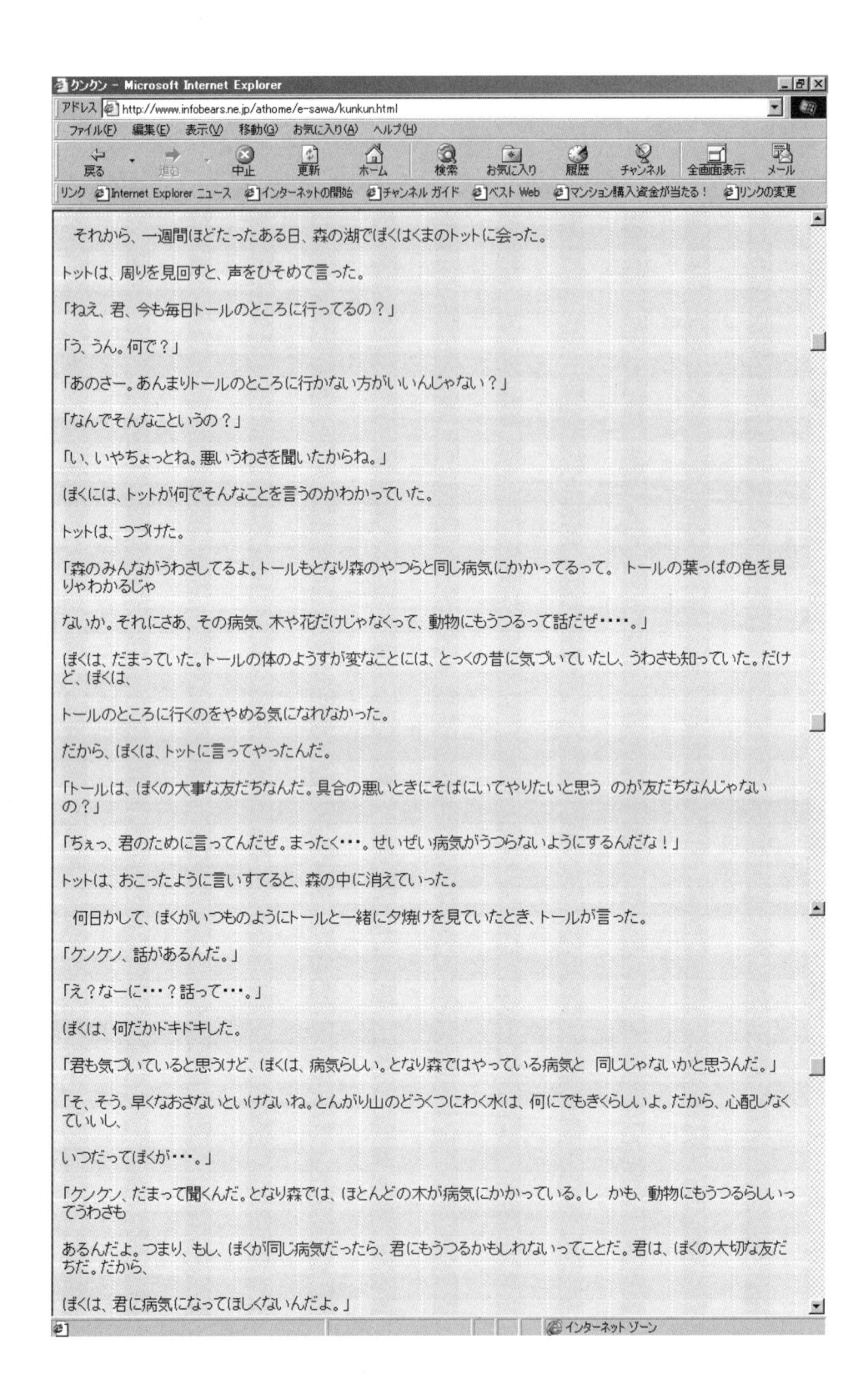

それから、一週間ほどたったある日、森の湖でぼくはくまのトットに会った。

トットは、周りを見回すと、声をひそめて言った。

「ねえ、君、今も毎日トールのところに行ってるの？」

「う、うん。何で？」

「あのさー。あんまりトールのところに行かない方がいいんじゃない？」

「なんでそんなこというの？」

「い、いやちょっとね。悪いうわさを聞いたからね。」

ぼくには、トットが何でそんなことを言うのかわかっていた。

トットは、つづけた。

「森のみんながうわさしてるよ。トールもとなり森のやつらと同じ病気にかかってるって。トールの葉っぱの色を見りゃわかるじゃ

ないか。それにさあ、その病気、木や花だけじゃなくって、動物にもうつるって話だぜ‥‥。」

ぼくは、だまっていた。トールの体のようすが変なことには、とっくの昔に気づいていたし、うわさも知っていた。だけど、ぼくは、

トールのところに行くのをやめる気になれなかった。

だから、ぼくは、トットに言ってやったんだ。

「トールは、ぼくの大事な友だちなんだ。具合の悪いときにそばにいてやりたいと思うのが友だちなんじゃないの？」

「ちぇっ、君のために言ってんだぜ。まったく‥‥。せいぜい病気がうつらないようにするんだな！」

トットは、おこったように言いすてると、森の中に消えていった。

　何日かして、ぼくがいつものようにトールと一緒に夕焼けを見ていたとき、トールが言った。

「ケンケン、話があるんだ。」

「え？なーに‥‥？話って‥‥。」

ぼくは、何だかドキドキした。

「君も気づいていると思うけど、ぼくは、病気らしい。となり森ではやっている病気と同じじゃないかと思うんだ。」

「そ、そう。早くなおさないといけないね。とんがり山のどうくつにわく水は、何にでもきくらしいよ。だから、心配しなくていいし、

いつだってぼくが‥‥。」

「ケンケン、だまって聞くんだ。となり森では、ほとんどの木が病気にかかっている。しかも、動物にもうつるらしいってうわさも

あるんだよ。つまり、もし、ぼくが同じ病気だったら、君にもうつるかもしれないってことだ。君は、ぼくの大切な友だちだ。だから、

ぼくは、君に病気になってほしくないんだよ。」

「何が言いたいの？」

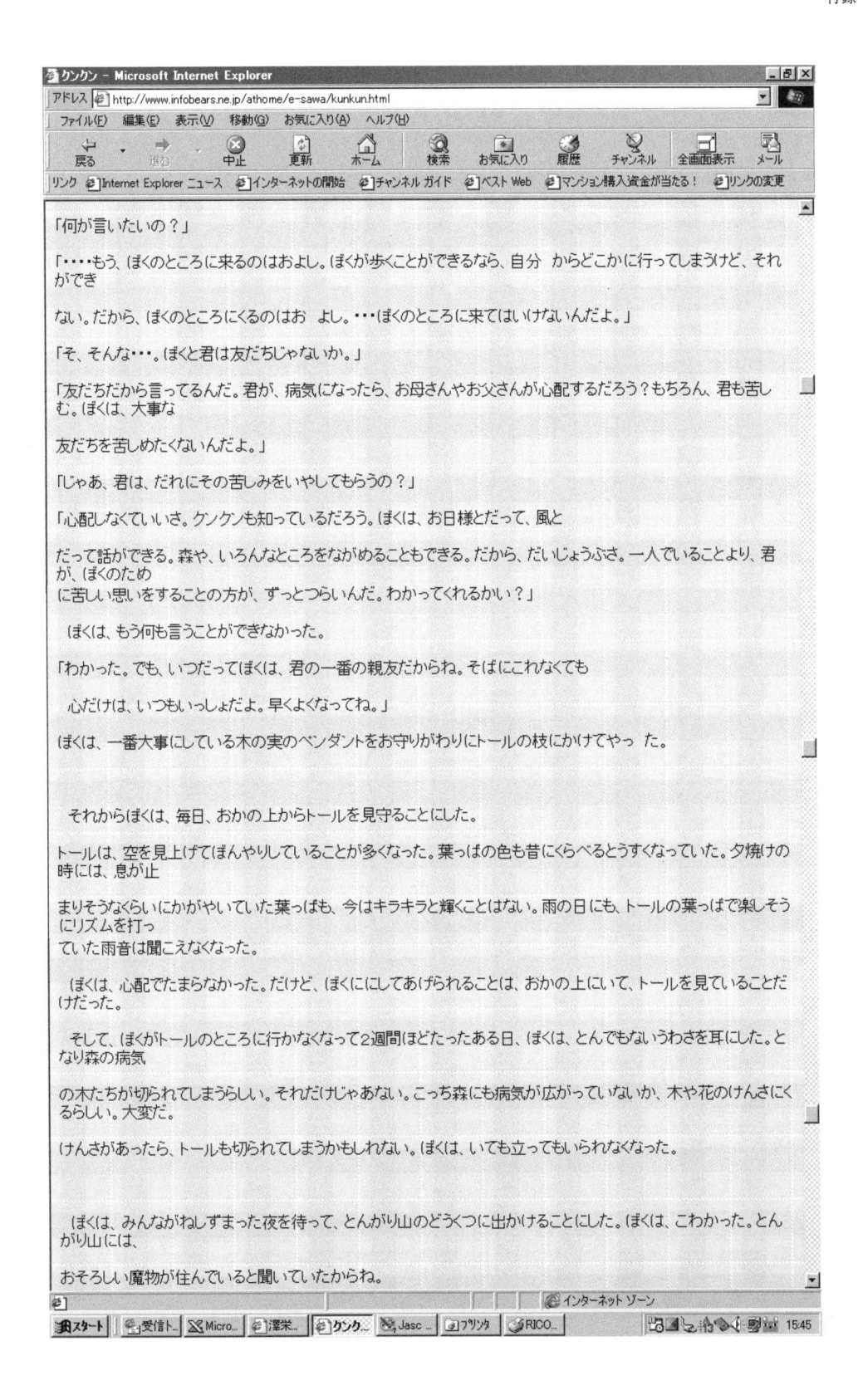

「‥‥もう、ぼくのところに来るのはおよし。ぼくが歩くことができるなら、自分からどこかに行ってしまうけど、それができ

ない。だから、ぼくのところにくるのはおよし。‥‥ぼくのところに来てはいけないんだよ。」

「そ、そんな‥‥。ぼくと君は友だちじゃないか。」

「友だちだから言ってるんだ。君が、病気になったら、お母さんやお父さんが心配するだろう？もちろん、君も苦しむ。ぼくは、大事な

友だちを苦しめたくないんだよ。」

「じゃあ、君は、だれにその苦しみをいやしてもらうの？」

「心配しなくていいさ。クンクンも知っているだろう。ぼくは、お日様とだって、風と

だって話ができる。森や、いろんなところをながめることもできる。だから、だいじょうぶさ。一人でいることより、君が、ぼくのため
に苦しい思いをすることの方が、ずっとつらいんだ。わかってくれるかい？」

　ぼくは、もう何も言うことができなかった。

「わかった。でも、いつだってぼくは、君の一番の親友だからね。そばにこれなくても

　心だけは、いつもいっしょだよ。早くよくなってね。」

ぼくは、一番大事にしている木の実のペンダントをお守りがわりにトールの枝にかけてやった。

　　それからぼくは、毎日、おかの上からトールを見守ることにした。

トールは、空を見上げてぼんやりしていることが多くなった。葉っぱの色も昔にくらべるとうすくなっていた。夕焼けの時には、息が止

まりそうなくらいにかがやいていた葉っぱも、今はキラキラと輝くことはない。雨の日にも、トールの葉っぱで楽しそうにリズムを打っ
ていた雨音は聞こえなくなった。

　ぼくは、心配でたまらなかった。だけど、ぼくににしてあげられることは、おかの上にいて、トールを見ていることだけだった。

　そして、ぼくがトールのところに行かなくなって2週間ほどたったある日、ぼくは、とんでもないうわさを耳にした。となり森の病気

の木たちが切られてしまうらしい。それだけじゃあない。こっち森にも病気が広がっていないか、木や花のけんさにくるらしい。大変だ。

けんさがあったら、トールも切られてしまうかもしれない。ぼくは、いても立ってもいられなくなった。

　　ぼくは、みんながねしずまった夜を待って、とんがり山のどうくつに出かけることにした。ぼくは、こわかった。とんがり山には、

おそろしい魔物が住んでいると聞いていたからね。

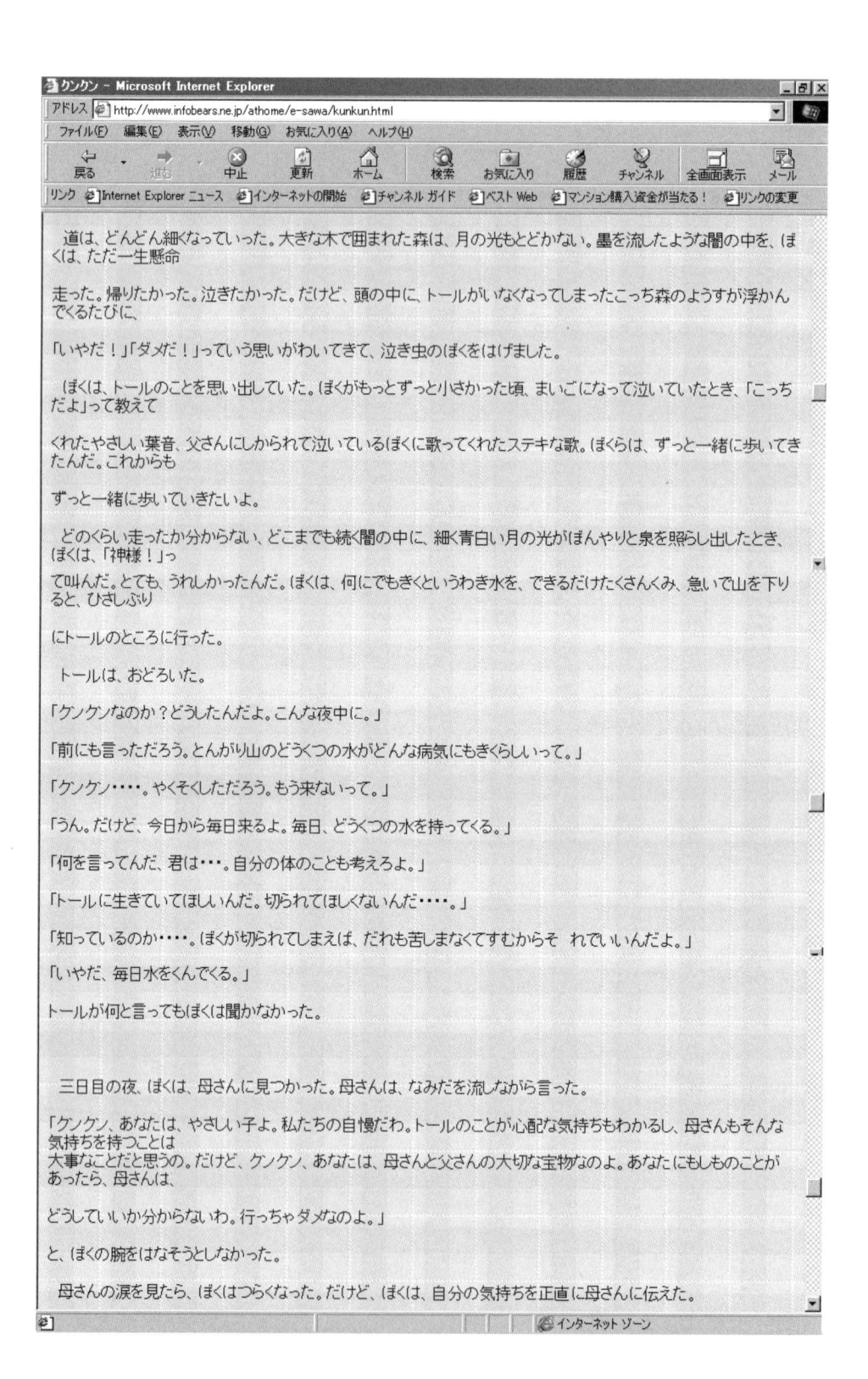

道は、どんどん細くなっていった。大きな木で囲まれた森は、月の光もとどかない。墨を流したような闇の中を、ぼくは、ただ一生懸命

走った。帰りたかった。泣きたかった。だけど、頭の中に、トールがいなくなってしまったこっち森のようすが浮かんでくるたびに、

「いやだ！」「ダメだ！」っていう思いがわいてきて、泣き虫のぼくをはげました。

　ぼくは、トールのことを思い出していた。ぼくがもっとずっと小さかった頃、まいごになって泣いていたとき、「こっちだよ」って教えて

くれたやさしい葉音、父さんにしかられて泣いているぼくに歌ってくれたステキな歌。ぼくらは、ずっと一緒に歩いてきたんだ。これからも

ずっと一緒に歩いていきたいよ。

　どのくらい走ったか分からない、どこまでも続く闇の中に、細く青白い月の光がぼんやりと泉を照らし出したとき、ぼくは、「神様！」っ

て叫んだ。とても、うれしかったんだ。ぼくは、何にでもきくというわき水を、できるだけたくさんくみ、急いで山を下りると、ひさしぶり

にトールのところに行った。

　トールは、おどろいた。

「クンクンなのか？どうしたんだよ。こんな夜中に。」

「前にも言っただろう。とんがり山のどうくつの水がどんな病気にもきくらしいって。」

「クンクン‥‥。やくそくしただろう。もう来ないって。」

「うん。だけど、今日から毎日来るよ。毎日、どうくつの水を持ってくる。」

「何を言ってんだ、君は‥‥。自分の体のことも考えろよ。」

「トールに生きていてほしいんだ。切られてほしくないんだ‥‥。」

「知っているのか‥‥。ぼくが切られてしまえば、だれも苦しまなくてすむからそれでいいんだよ。」

「いやだ、毎日水をくんでくる。」

トールが何と言ってもぼくは聞かなかった。

　三日目の夜、ぼくは、母さんに見つかった。母さんは、なみだを流しながら言った。

「クンクン、あなたは、やさしい子よ。私たちの自慢だわ。トールのことが心配な気持ちもわかるし、母さんもそんな気持ちを持つことは

大事なことだと思うの。だけど、クンクン、あなたは、母さんと父さんの大切な宝物なのよ。あなたにもしものことがあったら、母さんは、

どうしていいか分からないわ。行っちゃダメなのよ。」

と、ぼくの腕をはなそうとしなかった。

　母さんの涙を見たら、ぼくはつらくなった。だけど、ぼくは、自分の気持ちを正直に母さんに伝えた。

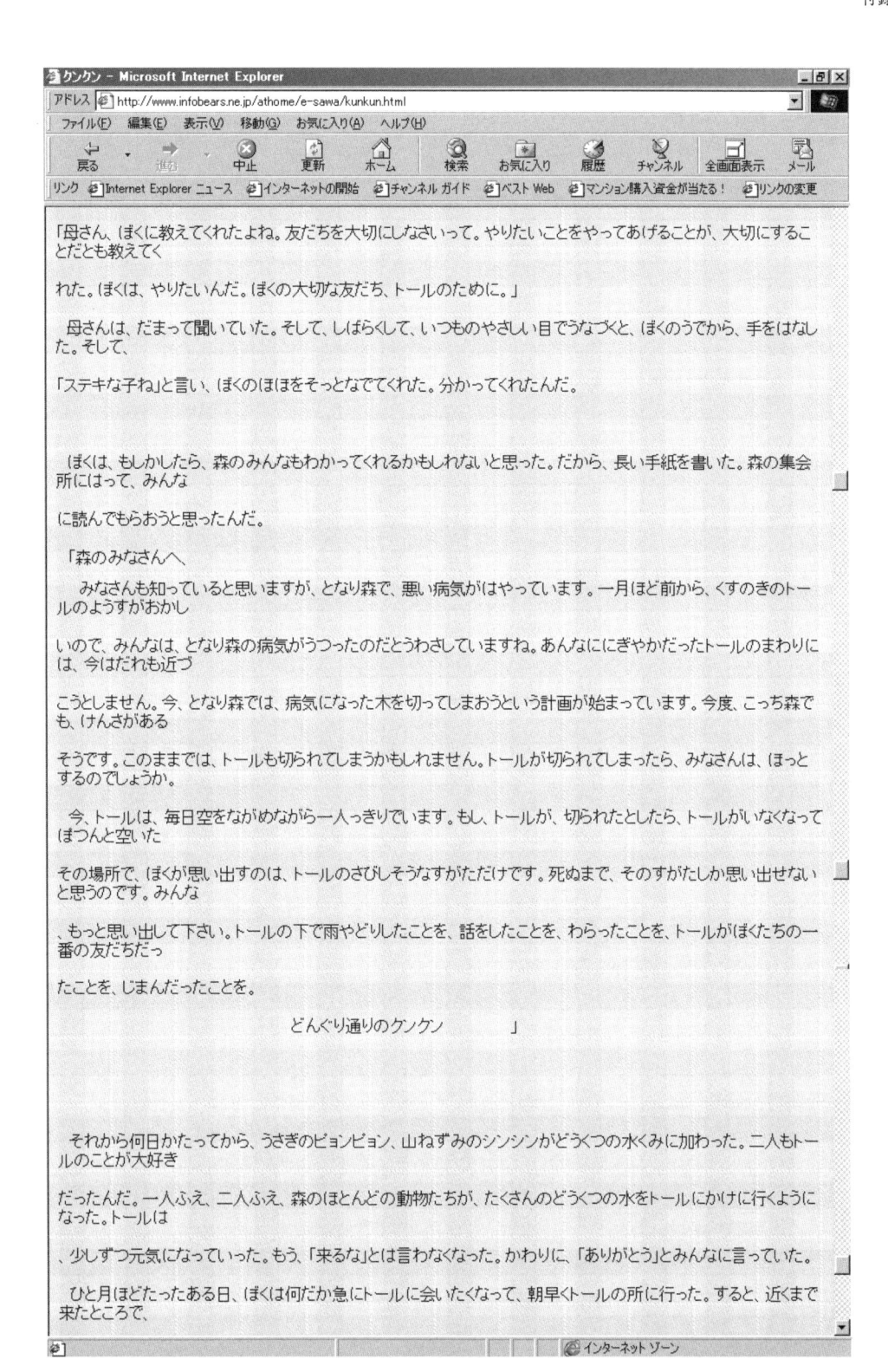

「母さん、ぼくに教えてくれたよね。友だちを大切にしなさいって。やりたいことをやってあげることが、大切にすることだとも教えてく

れた。ぼくは、やりたいんだ。ぼくの大切な友だち、トールのために。」

　母さんは、だまって聞いていた。そして、しばらくして、いつものやさしい目でうなづくと、ぼくのうでから、手をはなした。そして、

「ステキな子ね」と言い、ぼくのほほをそっとなでてくれた。分かってくれたんだ。

　ぼくは、もしかしたら、森のみんなもわかってくれるかもしれないと思った。だから、長い手紙を書いた。森の集会所にはって、みんな

に読んでもらおうと思ったんだ。

　「森のみなさんへ

　　みなさんも知っていると思いますが、となり森で、悪い病気がはやっています。一月ほど前から、くすのきのトールのようすがおかし

いので、みんなは、となり森の病気がうつったのだとうわさしていますね。あんなににぎやかだったトールのまわりには、今はだれも近づ

こうとしません。今、となり森では、病気になった木を切ってしまおうという計画が始まっています。今度、こっち森でも、けんさがある

そうです。このままでは、トールも切られてしまうかもしれません。トールが切られてしまったら、みなさんは、ほっとするのでしょうか。

　今、トールは、毎日空をながめながら一人っきりでいます。もし、トールが、切られたとしたら、トールがいなくなってぽつんと空いた

その場所で、ぼくが思い出すのは、トールのさびしそうなすがただけです。死ぬまで、そのすがたしか思い出せないと思うのです。みんな

、もっと思い出して下さい。トールの下で雨やどりしたことを、話をしたことを、わらったことを、トールがぼくたちの一番の友だちだっ

たことを、じまんだったことを。

　　　　　　　　　どんぐり通りのクンクン　　　　　」

　それから何日かたってから、うさぎのピョンピョン、山ねずみのシンシンがどうくつの水くみに加わった。二人もトールのことが大好き

だったんだ。一人ふえ、二人ふえ、森のほとんどの動物たちが、たくさんのどうくつの水をトールにかけに行くようになった。トールは

、少しずつ元気になっていった。もう、「来るな」とは言わなくなった。かわりに、「ありがとう」とみんなに言っていた。

　ひと月ほどたったある日、ぼくは何だか急にトールに会いたくなって、朝早くトールの所に行った。すると、近くまで来たところで、

水の音が聞こえたんだ。まだ夜が明け切らぬうす暗い中、トールの大きな根っこのあたりに誰かの後ろ姿がぼんやりと見えた。

「こんな時間にだれだろう？」

ぼくは、そっと木陰からのぞいた。

くまのトットだ！あんなにトールに近づくのをいやがっていたトットがトールの根っこに水をかけていたんだ！

ぼくは、思わず「トット！」と声をかけた。

トットは、悪いことでもしたかのように下を向くと、「ごめん」と小さな声で言った。

「トットは、もう何日も前からぼくのところにこうやって水をかけに来てくれているんだよ。」トールが言った。

ぼくは、前に湖で会ったときのトットの言葉を思い出して、何だかはらが立った。だけど、いつもやんちゃなトットが何も言わず、ただ

うつむいている姿を見ていたら、トットのあの時のすがたが、頭の中でスッと消えていく気がした。

いよいよ、けんさの日がやってきた。森のみんなは、何日も前からトールの具合が悪かったときに落ちた古い葉っぱを集めて山向こうの

谷にすてに行ったり、トールがいやがるのも聞かず、トールの葉っぱや幹をていねいにみがいたりした。

そして、その日、森のみんなは何ごともなかったように森のあちこちや、トールのそばで、けんさのようすを見守った。ぼくは、おかの

上からようすを見ていた。

けんさの人は、虫メガネのような物や、小さなきかいを手に、こっち森の木をひとつひとつ調べていた。そして、森を一周すると言った。

「いやー。こっち森はだいじょうぶのようですね。」

「ほんとだな、どの木も元気だし、安心だ。」

みんなは、心の中で、そっとさけんだ。「やったー」って。

ぼくは、丘の上からけんさの人が帰るのを見はって、こっち森を出るところをハッキリたしかめると、みんなに知らせた。

「検査の人が、帰ったよ。もう行ってしまったんだ！」

みんなは、飛びはねて、大きな声で「やった、やったー。」と口々にさけんだ。

ぼくは、なみだがとまらなかった。うれしいときにもなみだがでるんだね。

その日の夕方、みんなはトールのまわりに集まった。そして、みんなで夕日をながめた。みんなの顔がきらきらかがやいて、とっても

きれいだった。すっかり元にもどったトールのはっぱも、オレンジ色にかがやいていた。

「トール、よかったね。」

「うん。君のおかげだよ。」

「どうくつの水って、本当によくきくんだね。」

「いいや、あの水のせいじゃないよ。森のみんなの気持ちが、ぼくの病気をなおしてくれ たんだ。もし、だれもぼくのそばにいてくれ

なかったら、どんな薬もきいていなかっ たよ。」

ぼくには、トールの言っていることが、よくわからなかった。だけど、ぼくは、サラサラとゆれるトールの葉っぱの音を聞きながら、

胸の中が、何だかとっても暖かくなっていくのを感じていた。

紙芝居のページに行く

●参考文献・参考資料
1) 鈴木敏恵：ポートフォリオで評価革命，学事出版，2000．
2) 情報教育学研究会・情報倫理教育研究グループ：インターネットの光と影，北大路書房，2000．
3) 上條晴夫編著：教師のためのインターネット仕事術，学事出版，2000．
4) 粂井高雄：手にとるようにパソコン用語がわかる本，かんき出版，1994．
5) 高作義明，川嶋優子：誰でもわかるパソコン用語辞典，新星出版社，2000．
6) 濱田宏貴：バイオＣ１の心得，SOFT BANK，1998．
7) 諏訪邦夫：発表の技法，講談社，1995．
8) 高橋憲行：プレゼンテーションの基本がわかる本，大和出版，1993．
9) 塚本光夫（熊本大学教育学部）：熊本大学教育学部情報教育研究会講義資料，2000．
10) 熊本大学情報教育研究会著：『イラストでつかむ子どもに「学習プレゼン能力」を育てるノウハウ』，明治図書，2002．

おわりに

　本文にも登場する鈴木敏恵さんから「本を書いてみたら」と勧められたのが2年前の7月。「まさか，私が何を書けるっていうんですか・・・」と答えたことを覚えている。
　ちょうどその頃，この本の担当者である大修館の山川さんとお会いする機会があった。その席で，鈴木さんの提案をお話ししたものの，自分の中では，本の出版などただの「非現実的な話題」でしかなかった。もちろん，自分にそんなことができるなんて，これっぽっちも思っていなかったし。ところが，何だかトントン拍子に話が進んで，その年の12月には，出版が決定となった。

　そして，書き始めたのが翌年（昨年）の2月初め。仕事や家事の合間を縫って少しずつ書き続け，一応の原稿が出来上がったのは9か月後の11月であった。その後，出版社の方の作業や校正にさらに数か月。話が始まってから2年近くが過ぎてしまった。
　情報技術の最先端は，私の遅々たる執筆の歩みを後目に日々進歩し，新聞やテレビでIT（情報通信技術）の言葉を目にしない日はなくなった。テレビもデジタル放送の時代に突入し，一方的に情報を得るためのものだったテレビという媒体は，双方向の情報伝達の道具へと変化しようとしている。
　そのような世の中の変化を見るにつけ，「わ〜，あんまり先に進まないでよ！」と，引き離されていくような焦りも感じたが，
　「この本はマニュアル本ではない」
　「養護教諭の共有の形をコンピュータ利用の経験を通して書くのだ」
　そう自分に言いきかせながら，ただひたすら自分の歩んできた道をふり返りつつ，読んでくださるみなさんのお役に立つように・・・と書かせていただいた。

　さて，約束通り，原稿の送付後，再度山川さんとお会いした折りに，「なぜ，私だったのでしょうか」と尋ねてみた。
　「ボーダレスの時代だから私なんですかねえ」という問いに，「いえ，それもありますが，それだけではありません」という山川さんからの答え。
　「他に何が・・・」と，何の答も思いつかない私に，山川さんは，理論や理屈でなく実際に現場で使ってきた人に書いて欲しかったのだと答えてくださった。
　その答を聞いた時点で，日々進歩する「先端」に沿ってはいなかったとしても，私に求められていたのは，
　「マニュアルではない」
　「現場の養護教諭のコンピュータ利用の経験」

であったのだと納得し，何だかホッとした。

　私は，完璧な養護教諭というわけではない。先端を行く者でもない。ごくふつうの養護教諭である。そんな私が，このようなすばらしい経験をさせていただいたのは，やはり，コンピュータを通した出会いがあったからである。

　本の執筆を勧めてくださった未来教育デザイナーの鈴木敏恵さんとは，情報教育研究会が縁で出会った。また，忙しい中，快くこの本のイラストを担当してくださった熊大教育学部附属小の前田康裕さんは，7年前，私がコンピュータを使うきっかけを作ってくださった方であり，今でも私のよきアドバイザーである。

　また，お2人のほかにもこの本を書くに当たっては，ＭＬの仲間をはじめ本当に色々な方々にお世話になった。そのすべての方々に心から感謝している。

　最後に，どんなくだらない質問や不安にも「大丈夫です。心配いりません」「まったく問題ありません。」と2年近くの長い間，私の執筆を支えてくださった大修館書店の山川さんに，お礼を申し上げ，この本を書き終えることにする。

　この本が，読者のみなさんの「前への一歩」につながることを願って。

著者

［著者紹介］

澤 栄美（さわ えみ）

1958年，熊本県生まれ
1981年，熊本大学養護教諭特別別科卒業
現在，熊本市立城北小学校養護教諭

ACE（教育とコンピュータ利用研究会）会員
熊本大学教育学部情報教育研究会会員

1998年1月，養護教諭のML，HET（Health Education Teachers）MLを開設。
2003年7月現在、全国260名を超す会員で養護教諭同士の情報交換の場を提供。

〈連載〉
・インターネットによるネットワーク作り
　「学校保健のひろば」（大修館書店）1998夏号～1999春号
・広げよう！健康教育のわ!!：グループHET（共著）
　「健康教室」（東山書房）2000～2001
・健康観　命と体を考える
　「小学校教師用メールマガジン」1999.10～2003.3
・レッツメイクほけんしゅうかい
　「健康教室」（東山書房）2002.4～2003.3

〈共著〉
・ポートフォリオで評価革命（学事出版）
・イラストでつかむ子どもに「学習プレゼン能力」をつけるノウハウ（明治図書）
・校務の効率化を図る主任の仕事術（明治図書）

養護教諭のためのパソコン活用法
© Emi Sawa 2001　　　　　　　　　　　NDC374 192p 24cm

初版第1刷発行 ───── 2001年7月1日
　　第2刷発行 ───── 2003年9月1日

著　者 ─── 澤　栄美（さわ えみ）
発行者 ─── 鈴木一行
発行所 ─── 株式会社大修館書店
　　　　　　〒101-8466　東京都千代田区神田錦町3-24
　　　　　　電話03-3295-6231（販売部） 03-3294-2359（編集部）
　　　　　　振替00190-7-40504
　　　　　　［出版情報］http://www.taishukan.co.jp
装丁者 ─── 平　昌司
印刷所 ─── 広研印刷
製本所 ─── 難波製本

ISBN4-469-26475-X　　Printed in Japan

Ⓡ本書の全部または一部を無断で複写複製（コピー）することは、
著作権法上での例外を除き禁じられています。